国家检察官学院检察实务培训讲义
全国检察机关十大业务系列教材配套用书

公益诉讼检察实务培训讲义

第三版

GONGYI SUSONG JIANCHA SHIWU PEIXUN JIANGYI

主　编◎周洪波　刘　辉
副主编◎周晓霞　宋京霖

法律出版社
LAW PRESS·CHINA
北京

图书在版编目(CIP)数据

公益诉讼检察实务培训讲义 / 周洪波，刘辉主编
. --3 版. --北京：法律出版社，2022(2024.4 重印)
ISBN 978-7-5197-6746-4

Ⅰ. ①公… Ⅱ. ①周… ②刘… Ⅲ. ①诉讼法—研究
—中国 Ⅳ. ①D925.04

中国版本图书馆 CIP 数据核字(2022)第 090895 号

公益诉讼检察实务培训讲义(第三版)
GONGYI SUSONG JIANCHA SHIWU
PEIXUN JIANGYI(DI-SAN BAN)

主　编 周洪波　刘　辉
副主编 周晓霞　宋京霖

策划编辑 薛　晗　赵明霞
责任编辑 赵明霞
装帧设计 汪奇峰

出版发行 法律出版社
编辑统筹 法商出版分社
责任校对 王　丰
责任印制 胡晓雅
经　　销 新华书店

开本 710 毫米×1000 毫米 1/16
印张 17.5　字数 305 千
版本 2022 年 9 月第 3 版
印次 2024 年 4 月第 4 次印刷
印刷 永清县金鑫印刷有限公司

地址：北京市丰台区莲花池西里 7 号(100073)
网址：www.lawpress.com.cn
投稿邮箱：info@lawpress.com.cn
举报盗版邮箱：jbwq@lawpress.com.cn

销售电话：010-83938349
客服电话：010-83938350
咨询电话：010-63939796

书号：ISBN 978-7-5197-6746-4　定价：68.00 元

凡购买本社图书，如有印装错误，我社负责退换。电话：010-83938349

《检察实务培训讲义》编委会

出版说明

为适应新时代对检察教育培训工作的新要求，通过教育培训推动检察队伍建设迈上新台阶，学院在充分发掘近一年优质师资和课程的基础上，决定编写一套贴近检察实务、满足培训需求的高质量系列讲义和教材。本次出版的检察实务培训讲义即是该系列的重要组成部分，包括《刑事检察实务培训讲义》《民事检察实务培训讲义》《行政检察实务培训讲义》《公益诉讼检察实务培训讲义》《检察官职业道德实务培训讲义》。所收录的专题文章，主要是在学院课堂上备受学员好评的教学成果，还有个别立足办案能极大助力检察人员业务素能提升的特约稿件。现整理结集出版，作为学院教育培训的辅助用书。

本套讲义具有以下突出特点：

第一，理念引领，知识方法并重。方向决定道路，理念事关全局。本套讲义深入贯彻社会主义法治理念教育，强化政治意识、大局意识，把新时代检察工作新理念传导给广大检察人员。不仅强调传授知识、技能，更重要的是传授方法，切实帮助检察人员全面提高业务素质和工作能力。

第二，内容合理，重点难点突出。本套讲义在兼顾体系完整性的前提下，着力突出对办案中重点、难点和疑点问题的研究。同时还关注司法实践和司法改革前沿热点问题，让检察人员了解立法司法的最新情况。力求在内容上直面热点、回应关切、重点突出，不必面面俱到，但要皆为“干货”和“精华”。

第三，面向实战，讲究实用实效。本套讲义的目的重在加强理念引领和提升职业素能，书中的问题均来自实践第一线，解决问题的办法也来自实践第一线，是实实在在理念思维、技能方法的传授。讲义内容主要根据讲课录音整理,尽量保留口语授课通俗易懂、生动活泼的表达特点,力求再现课堂教学的良好效果。

近年来,学院以争创"中国一流的干部学院、世界一流的司法官学院"为目标,下大力气推动教学改革,以培训项目化管理为抓手,全面推行集体备课、教学会商、课程体系完善、教学质量评估等一系列创新举措,积极推动检察教育培训创新,现已初显成效。

我们真诚期盼这套讲义和教材能够在培育检察专业精神和素养方面切实发挥作用,做到既授人以鱼更授人以渔。随着司法改革和检察改革的不断深入,学院将会编写出版更多更好的系列教学科研成果,提供更加优质的教育培训,全面促进检察工作更大发展。

本讲义于2019年初版,在修订过程中,恰逢最高人民检察院组织编写了全国检察机关十大业务系列教材,为与之成龙配套,我们特别在体例和内容上做了系统调整。尽管我们力求编写出上品佳作,但由于水平有限,加之时间仓促,难免存在疏漏与不足,诚请读者批评指正。

编委会

目录 contents

以系统思维把握公益诉讼的职能定位与发展规律

——“四大检察”融合发展中的公益诉讼检察

胡卫列 *　最高人民检察院

目　次

* 胡卫列，最高人民检察院第八检察厅厅长。

公益诉讼检察是“四大检察”当中最年轻的检察业务,是一项新兴的检察职能。近几年虽然发展比较迅猛,展现了快速发展的良好势头,获得了全社会的广泛关注,但是从总体上看依然很薄弱,制度没有定型,没有进入常态化的自我发展轨道,可以说还处于探索发展的特殊时期,是因为有党中央和地方各级党委、人大、政府等各方面的高度重视和大力支持,而且检察机关内部,从最高人民检察院到地方各级检察院都在以超常的投入推动这项工作,才会有这样一种超常规的发展态势。所以我们必须让它尽快走入常规化,能够继续健康发展,才能使这项工作有美好未来,否则它不一定是可持续的。

下面笔者将为大家介绍最高人民检察院关于公益诉讼检察的一些工作安排、工作部署背后的考虑。

以“四大检察”融合作为背景,笔者起了一个运用系统思维的题目。笔者认为,融合,最核心的,它背后的哲学基础应当就是系统思维,也就是把一项工作放到整体里去理解,放到相互联系中去理解这项制度内在的本质、发展规律。

《人民检察院公益诉讼办案规则》(以下简称《办案规则》)已发布,这是对公益诉讼发展来说具有特别重要意义的制度性规范,引起了社会各方面,特别是相关行政机关和专家学者的广泛关注。这是检察机关独立发布的第一个具有司法解释属性的办案规则,相当于检察机关内部关于公益诉讼的基本程序法。检察系统上下始终对制定这个规则抱有极大的期望。制定《办案规则》,是针对实践中的问题,总结、提炼理论和实践成果,梳理、创制制度规范的过程。起草过程中,吸纳一线办案检察官全程参与,充分征求了全系统的意见,广泛听取了相关行政机关的意见建议,与专家学者进行了深入的研究论证。起草过程是艰辛而充实的,我们深化了对中国特色检察公益诉讼实践、制度和理论的理解,通过规则起草解决了不少问题,凝聚了很多共识;起草过程也是复杂而留有遗憾的,对于一些不能达成共识的问题,只能留待未来的实践去深化探索,对于不断出现的新问题,也只能通过实践去积累经验。但不管怎样,第一部公益诉讼办案规则的诞生,标志着检察公益诉讼走到了一个崭新的阶段,走上了一个新的台阶。

笔者个人理解的融合,其实就是放在系统中、放在联系中来理解、把握公益诉讼的制度定位和发展规律。融合实际上是马克思主义的哲学思想,是辩证思维的组成部分,我们要用系统思维,用辩证思维来理解和把握公益诉讼。

一、在国家治理体系中把握检察制度的职能特点和公益诉讼检察的制度定位——在国家治理体系中理解融合

在国家治理体系中理解融合，就是在中国这样的政治和法律背景下，在国家治理体系中把握检察制度的职能特点和公益诉讼检察的制度定位。笔者认为，公益诉讼与国家治理体系的融合可以从不同的角度来理解。从哲学角度讲，我们讲的是系统思维，是一种辩证的思维，是联系的思维。从政治视角来讲，最高人民检察院张军检察长从政治角度对检察职能做了很深刻的解读。对于公益诉讼检察职能，我们也要放到大局中，从政治的角度来理解，才能真正深刻地把握。

在国家治理体系中理解公益诉讼检察，就是要把公益诉讼检察放到新时代这样一个时代背景中，放到习近平新时代中国特色社会主义思想和习近平法治思想这样一个理论背景中去理解。检察机关提起公益诉讼是十八届四中全会提出来的。这项制度既是习近平法治思想孕育、产生、发展过程中，在习近平新时代中国特色社会主义思想指导下诞生的，同时也是习近平法治思想的组成部分。

（一）公益诉讼制度的背景、源头和发展脉络

为什么要有这样的制度？公益诉讼制度不只是检察机关提起公益诉讼，它有一系列的法律制度，都蕴含在习近平法治思想孕育诞生的过程中。总体来说，张军检察长作了多次系统的解读，就是为了适应我们党和国家所处的特殊时代背景，适应“两个大局”，国际是世界百年未有之大变局，国内是社会矛盾的深刻变化，人民群众对美好生活需要更高的要求。时代变了，原来的治理体系不适应了，在这个过程中方方面面都在孕育着改革创新，所以十八大后两次重要的会议，三中全会是全面深化改革，四中全会是全面依法治国，这两个被称为改革的姊妹篇，仅十八届四中全会就涉及 180 多项改革措施。所以，中央提出探索建立检察机关提起公益诉讼制度，是适应党和国家面临的新形势新任务，完善国家治理体系，提高治理能力的一种现实需要，同时也是满足人民群众更高要求的客观需要。这就是它的时代背景。

在十八届四中全会 180 多项改革措施中，习近平总书记只对 10 个问题，在说明稿中作了单独的说明，第 9 个就是探索建立检察机关提起公益诉讼制度。回首人民检察史，人民检察制度 1931 年在瑞金诞生，在鄂豫皖根据地当年七八月也有局部的实践。在这个历史过程中，党中央在中央全会里面单独就检察工作作出决定是不多的，总书记单独作说明的更少，充分体现了党中央对这项工作的高度重视。十八届四中全会就是公益诉讼检察的制度源头。

十八届四中全会的说明中,习近平总书记分两段作了解读,第一段讲的是为什么要建立检察机关提起公益诉讼制度,着重讲对行政机关的监督。他用很通俗的语言作了这样的逻辑阐述:现实生活当中存在大量的违法行为,这些违法行为又是和行政机关的不作为、乱作为联系在一起的,这种情况下按照传统的检察职能,主要是刑事职能,构成犯罪的又是少数,大部分没有办法进入检察监督、司法监督中去,所以得不到纠正,因此,要赋予检察机关提起公益诉讼的职能。首先要用督促起诉、检察建议来督促行政机关自我纠正。

第二段讲的是检察机关提起公益诉讼可以发挥什么样的职能作用,或者有什么样的价值追求。对一些行政机关违法行使职权或者不作为给国家利益和社会公共利益造成侵害或者有侵害危险的案件,由于与公民、法人和其他社会组织没有直接利害关系,其没有也无法提起公益诉讼,导致违法行政行为缺乏有效司法监督,赋予检察机关提起公益诉讼的资格,具有重要的现实意义。习近平总书记讲了三句话,即可以优化司法职权配置、完善行政诉讼制度、促进法治政府建设。

这两段话是整个检察公益诉讼制度的源头。党的十九大把"不忘初心、牢记使命"写入大会主题,习近平总书记反复强调我们要牢记党的初心和使命。检察公益诉讼的初心和使命就蕴含在习近平总书记的阐述当中。这不仅是我们认识和把握检察公益诉讼的基础,在制度实践中对于法律规定不明确、存在认识分歧的具体问题,也都可以回到源头去理解、去找寻答案。

需要特别注意的是,虽然这两段话是对检察机关提起公益诉讼制度作出的说明,但实际上讲的都是行政公益诉讼。换句话说,检察公益诉讼的制度初衷就是行政公益诉讼,在十八届四中全会之后中央一系列文件以及中央领导的讲话中我们可以清晰地看到,中央关于设立检察公益诉讼的初衷从来没有改变过,就是用来监督行政机关依法行政,在这个意义上,行政公益诉讼是公益诉讼的"初心使命"。

2015 年 5 月中央深改组第十二次会议对检察机关提起公益诉讼改革试点作了部署,强调要牢牢抓住公益这个核心。检察公益诉讼维护的公益是国家利益和社会公共利益,在中国,国家利益和社会公共利益,归根结底就是人民的利益,所以公益诉讼的本质、宗旨、初心使命和党的宗旨是完全一致的,而且与党的执政基础紧密联系在一起。

综合起来说,检察公益诉讼制度主要包含两个方面的价值追求,最直接的就是要监督行政机关,促进法治政府建设;归根结底是为人民服务,保护人民的利益。

2015 年 7 月 1 日，全国人大常委会作出决议，授权最高人民检察院在 13 个地区进行公益诉讼的试点，检察公益诉讼从制度构想真正步入实践。2017 年 6 月 27 日《民事诉讼法》和《行政诉讼法》修正，决定从 2017 年 7 月 1 日开始，公益诉讼全面推开。从试点到全面实施都是 7 月 1 日。2022 年《办案规则》实施日期也是 7 月 1 日。公益诉讼有幸与党的生日联系在一起，党的生日也是公益诉讼的生日。

还有一个需要说明的是，行政公益诉讼的诉前检察程序是放在制度构建里面的。习近平总书记在 2020 年中央全面依法治国会议上特别提到，中国这样的大国，不能什么都走诉讼途径，我们不光要抓末端、治已病，还要抓前端、防未病，没有病的时候要预防，诉前检察建议就体现了这样一种理念。到现在为止，大约 95% 以上行政公益诉讼案件是通过诉前解决的，而且比较好地实现了预期目的。

2021 年第一季度我们在做数据分析的时候发现，民事公益诉讼案件的数量和占比都大幅度提升，行政案件占比相应下降，最低的省份只有 50% 左右，这与公益诉讼制度的初衷是不相符的。对此，我们向相关省级检察院作了提示。我们对 2021 年上半年的数据进行了研判，目前只有一个省是 68% 多一点，其他的都在 80% 以上，基本还是正常的。

总之，检察机关提起公益诉讼制度，是党中央和习近平总书记亲自决策、部署和推进的一项重大改革举措，也是国家的一项重要制度设计，有着清晰的制度目标。用通俗的话来说，不是我们自己想干就能干的，不是我们想怎么干就能怎么干的，而是党和国家赋予检察机关的一项政治责任和法定职责，国家需要检察机关承担起这项职责使命，国家治理体系的完善也需要检察机关发挥这方面的作用。我们一定要自觉融合到国家治理的制度体系当中，认真履行好法定的职责，按照制度设计的初衷发挥好职能作用。

笔者特意花了一点时间解读公益诉讼的源头和初衷，把这个理解透了，整个公益诉讼制度就比较好把握了，这是我们碰到实务问题时的基本分析工具。

十八届四中全会召开 5 年后，十九届四中全会又有两句话涉及公益诉讼，一是拓展公益诉讼案件范围，二是完善生态环境公益诉讼制度，这两句话 22 个字内涵非常丰富。第一，从中央层面对公益诉讼制度的充分肯定。第二，既是对公益诉讼制度实践的充分肯定，也是对检察机关公益诉讼检察工作的肯定。第三，对公益诉讼制度更充分发挥作用的一种期许、期待。拓展公益诉讼案件范围，换句话说是中央希望这项制度未来在更多的领域、更广的空间发挥更大的作用。第四，明确了公益诉讼的制度定位。十九届四中全会对此虽然没有作过多的阐述，但是它把拓展公益诉讼范围放到法律实施监督部分,将其作为一种保障、监督法律实施的制度设计和安排。第五,指出了重点领域、发展方向,生态环境是中央高度关注的,也是公益诉讼的重点。此后,还有一些文件,如中共中央 2020 年发布的《法治中国建设规划(2020—2025 年)》中也有几句话,其和十九届四中全会的表述是一样的,就是拓展范围,完善法律制度,但不限于完善生态环境的法律制度。

概括来讲,公益诉讼是总书记亲自决策部署、亲自推进的一项制度。就是希望通过监督法律的正确实施维护公共利益、促进国家治理,是通过法治思维和法治方式完善国家治理体系和治理能力现代化的一种制度安排。这是一种系统思维的方式,要放到国家治理的层面,才能真正把握公益诉讼的制度本质。从这个角度来讲,公益诉讼既是治理体系的重要组成,也是治理体系的重要保障。

(二)检察公益诉讼体现了检察机关法律监督职能运行的特点和规律

接下来从检察职能的角度作一个简要解读,它是法律监督的时代回应。我们国家不仅对新时代公益诉讼工作,而且对整个检察工作都提出了新的要求,包括认罪认罚从宽制度,很多检察职能都在发生新的变化。一方面是中央的要求,另一方面是最高人民检察院党组、全国检察机关根据党和国家的新要求,根据人民的新期待,主动去回应、去适应,主动担当作为的结果。从这个角度去理解检察职能在国家治理体系当中的定位和作用,不光是公益诉讼,其他检察职能也是这样的,检察权也有这样的特点,就是通过法律监督来保障法律的统一正确实施,促进国家治理。

我们从系统的角度理解检察权的特点。一是监督性,大家都清楚,不再展开。二是程序性。比如,现在认罪认罚的量刑建议,建议当中可能会有一些实体性的内容,但是真正的决定权并不在检察院,虽然检察机关在和犯罪嫌疑人协商以后可以做出一些量刑建议,法院也支持我们,我们有很大的话语权,但是归根结底还是程序性的建议权,和法院的实体裁判是有区别的。从制度设计上讲,每一项检察职能或者检察职权都不能做出实体性处分。

这两个特点决定:我们常说的监督者应该有更高的地位,谁来监督监督者?那是一种传统的监督思维,但是检察机关的监督不是这种设计,检察机关的监督是什么?笔者个人理解检察机关的监督,其实最核心的意义是强制性地启动了一个监督的程序而已,如我们刑事当中纠正违法、批捕、提起公诉,其实就是在检察监督过程中,最终都不是我们来决定的,而是交给有权机关,特别是人民法院作出最后的决定。

这样一种设计主要来自苏联的设计，而不是我们的传统，我们传统监督的权力是很大的，中国古代的监察御史权力就很大。我们现在的制度框架下监督权是一种很高的权力，可以挑人家的毛病，感觉好像是上位的权力。但是我们在具体执行当中又不是直接去纠正，说白了就是建议纠正，这样有什么好处？我们倒过来想，如果我们监督你，让你直接纠正，我们犯错了怎么办？立刻就会出现谁来监督监督者的问题，对于检察机关来说不受制约的权力设置可能带来的风险和后果其实是很可怕的事。

但是现在关于检察监督的制度机制不是这样的，检察机关针对发现可能有错的事项，提醒相关责任主体，先自我审查，如果不自我检查纠错，可以让别的有权机关通过法定程序去查处。这种监督是正确的还是错误的，最终的评判权不在检察机关，包括认罪认罚，最后还是要由法院确认才行。从这个角度理解检察机关的职能特别重要，一方面，不要认为我们对违法行为的判断是绝对真理，也不要认为一经我们提出，行政机关就必须纠正，国家没有给我们这么大的权力。而且，从理论逻辑和实践逻辑来看，检察机关也同样不能保证做的全是对的。另一方面，我们也不必妄自菲薄。比如公益诉讼中，诉前检察建议成效特别明显，但也有人说那个不是你们做的，最后都是行政机关自己做的。这确实是事实，虽然检察机关只是发了一个检察建议，有的时候是作了跟进调查，最后都是行政机关发挥了作用。但它是检察机关一个程序性行为，如果没有检察机关的介入，没有诉前检察建议，没有跟进监督，有的实际问题就是得不到解决。这既是检察权权能或者制度深层次的特点，也是内在的辩证关系。

一个权能比较广泛的职能，不应该是终极裁决的，否则它错误或者不当使用的危险很大。仅有检察职能，不能形成一个完整的闭环，检察职能要真正发挥作用，需要借助其他的主体和职能，借助其他的制度机制，才能形成监督的闭环。这是我们制度的一个特点。也就是说，融合，不仅是检察部门自己的融合，还需要和其他监督制度融合，要放到系统里理解。

三是有限性。检察机关顶多是强制性启动程序，这种程序性的监督权，当然可以监督实体，但是我们启动的权力是很有限的。同时我们的范围注定是有限的。另外虽然我们不太愿意自我承认，但实际上我们最终发挥的作用也是有限的。

四是兜底性。公益诉讼最明显，在其他制度能有效运行的时候，不要冲在第一线。因为检察机关是监督行政权的，也是对行政职能的一种协同，不能混同、替代行政权。因此检察机关和行政机关沟通协作很重要,有的行政机关一开始对检察机关的公益诉讼是有抵触情绪的,现在已经有越来越多的了解、理解和认同,有的还主动邀请我们予以监督、加强协同。比如退役军人事务部和最高人民检察院联合发布了典型案例,这就可以体现出我们对他们是一种支持。虽然是监督,但也是一种支持配合,能够帮助他们更好地履职,而不是给他们添堵、添乱。

五是协同性。如前所述,检察机关不能自我实现检察监督的制度效力,需要依赖于别的机制的有效运行、协同配合才能共同发挥监督的效能,所以我们更要放在体系当中,放在系统当中去理解。

为什么要建立法律职业共同体,为什么要有共识,其实就是这个意思,我们行使职能最终是和法院、监委、人大等紧密相关的。这不仅是公益诉讼,也是整个检察职能共同的特点。检察机关比其他任何机关都更需要系统思维,要有主动融入大局的自觉性,这是我们的职能特点决定的,单打独斗可能什么都做不成。正是基于检察机关这样的职能特点,最高人民检察院党组特别强调"双赢多赢共赢"的理念,并将其从公益诉讼理念延展到所有检察职能都要共同坚持的理念。

(三)公益诉讼的制度定位

从公益诉讼的角度看,张军检察长在一些不同的场合有过一些不同的表述,主要有四句话。

第一,公益诉讼以诉的方式履行法律监督职能。这句话很有意义,这句话现在看着很普通,但是检察长说出来是有特殊意义的,解决了我们系统里一直讨论、争议的问题:我们是公共利益的代表,还是法律监督者?公益诉讼是不同于传统法律监督的一种新的职能,还是法律监督职能的一种拓展,背后的理论基础是不一样的。这句话强调,检察机关公益诉讼履行的依然是法律监督的职责。

第二,公益诉讼是新时代检察工作发展的着力点。着力点是对公益诉讼在新时代检察工作新格局——"四大检察""十大业务"中的地位和重要性的肯定。

第三,公益诉讼是更具有主动性的诉讼职能。这是对公益诉讼职能特点的阐述,即更具有主动性。关于主动性,张军检察长有很多的论述。但是不管怎么说,检察工作一定是司法工作当中相对具有主动性的司法职能。与传统的诉讼职能相比,公益诉讼是更具有主动性的诉讼职能,为什么?发现线索,决定立案,是不是发出诉前检察建议,是不是提起诉讼,在刑事当中前面有公安机关,但公益诉讼前面是没有的,起点就在检察院,做不做全在我们自己。它确实开启了检察职能运行的一种新方式。

第四，公益诉讼是为人民群众新时代更高水平、更丰富内涵的需求提供服务的检察业务。这指出了公益诉讼发挥的作用和目标定位，强调公益诉讼的人民性和时代性。

另外，作为从事检察公益诉讼的检察官，我们对公益诉讼检察职能也有自己的理解和概括，用来激励和凝聚公益诉讼检察人。我们讲公益诉讼是一项崇高的政治责任，既是一项神圣的法定职责，也是美好的公益使命，还是一项创新的检察职能，它承载着新时代很多特殊的职责和使命。我们通过开展“公益诉讼守护美好生活”专项监督活动，把“守护美好生活”作为公益诉讼的代名词。

二、公益诉讼检察职能的特点决定特别需要检察资源的统筹和融合——从法律责任和检察职能体系理解融合

（一）运用体系化思维，深刻领会和构建相互衔接的法律责任体系

整个国家法律责任是一个相互衔接的体系。公益诉讼当中有一些事项同时会涉及多个责任主体，最典型的是最近大家很关注的醉驾问题，醉驾已经迅速成为占比最高的刑事犯罪，占到 1/4 左右。在这种情况下不少人在反思，醉驾直接追究刑事责任，到底好还是不好？要追究是肯定的，也有人提出来，是不是规定得越严厉治理的效果越好？越能起到震慑作用？其实不一定是这样的。这里涉及法社会学的问题，什么样的管理，什么样的治理才是最有效的？可能不一定是最严厉就最有效，能够无遗漏地得到追究可能才是最有效的。举醉驾的例子是想说，责任有很多的形式，比如，一个很普通的环境污染、危险废物倾倒，可能侵害到当事人的利益，可以通过民事诉讼承担民事侵权责任；可能要被行政处罚，就变成行政责任；如果构成犯罪就要追究刑事责任。它其实是一个责任的链条，一个责任的体系。

这个责任体系交由不同的职能部门在执行。最先的应当是民事的，在民事侵权平等主体之间发生了纠纷，或者有侵权，可以通过民事诉讼、通过仲裁或调解来解决，承担相应的民事责任。如果违反了行政法律法规，可能要追究行政责任，行政机关就介入进来；构成犯罪要追究刑事责任。但是通过公益诉讼承担的，是什么责任类型？民事公益诉讼和行政公益诉讼的责任类型有没有区别？

需要提醒大家注意分析一下，民事公益诉讼与普通的民事诉讼差别大不大？应当说差别还是很大的。基本的差别或者最初步的差别是，看看民事公益诉讼要追究的那些民事案件违反了哪些法律规定，不是合同法、经济法等平等主体之间

的那种关系,而是违反水污染防治法、环境保护法这一类行政法律法规,并由此造成了对公共利益的损害。有人说,民事公益诉讼本身就是国家把一部分的管理职能通过民事手段来实现。从责任的角度讲其实就是将责任的链条的一个环节通过民事公益诉讼的方式来实现。在很多情况下,违法、犯罪行为就一个,只是因为法律规范不同,职能部门不同,责任形式也截然不同了,但事实上是我们人为把它们分开,所以在追究的时候也有一个相互衔接和关联的问题,不能各干各的,要系统地来考虑、统筹责任承担的方式、程度。

(二)从公益诉讼特点来讲,公益诉讼更需要融合

第一,线索的移送和信息共享。目前,公益诉讼的办案线索来源各地不太一样,但是总体而言,刑事检察部门移送过来的线索还是占了一定比例的。

第二,职能的协同。内蒙古检察机关进行了环境资源案件的"三合一"改革,把"三个责任"的追究都放到一起,单独成立了一个部门。有的地方金融检察,包括现在未成年人检察工作也是这样,就是几个职能融合。这是有一定道理的。就是刚才笔者讲的,本身就是同一个违法犯罪行为,这样可能更容易统筹。

首先是与刑事的衔接。目前除了线索的移送之外,最直接的就是刑事附带民事公益诉讼,既有刑事附带民事诉讼,也有附带民事公益诉讼,一些专家对两者的区别也作出阐述。笔者认为,虽然目前两者有一些区别,比如刑事附带民事诉讼针对的是国家财产、集体财产的损失,而刑事附带民事公益诉讼可以是生态损害赔偿这样非物质的损失,还不能涵盖在刑事附带民事诉讼的范围内。但从本质上说两者有共性,检察机关提起的刑事附带民事公益诉讼和刑事附带民事诉讼都是检察机关基于国家利益和社会公共利益被侵害而提起的民事赔偿之诉,只是因为两者是在不同时间段创制的,才在形式上表现为两种不同的制度,在实际的适用中,应当统筹考虑,注意衔接,未来应当通过完善司法解释,并最终通过修法将两者融合到一起。

另外,需要考虑将刑事附带民事公益诉讼和认罪认罚从宽制度衔接起来,如环境污染公益诉讼案件。张军检察长对认罪认罚从宽制度做了深刻的解读,这是我们整个刑事司法理念、国家治理理念的一个重大变化,能够通过宽缓的方式解决纠纷,特别是能够弥补侵害的,相应的责任追究和受的处罚可以少一点。刑事附带民事公益诉讼实际上在传统的刑事责任体系中,在一种惩罚性为主的功能中叠加了恢复性司法理念,促进被侵害的公益的有效恢复,从而更充分、更全面地发挥了刑事司法的职能作用。

其次是与民事的关系。主要涉及消费者领域的惩罚性赔偿的性质问题，分歧主要在两个方面。一是到底是什么性质，是惩罚性的，还是赔偿性的。如果纯粹是惩罚性的，就涉及与其他责任衔接问题，如行政处罚，有的地方案例，就在惩罚性赔偿中扣除了前面行政处罚罚款。刑事罚金，甚至包括刑事附带民事诉讼要不要一并考虑？它们是什么关系，能不能叠加？这是和公权力的关系。二是与被侵害私权利主体的关系，因为《消费者权益保护法》和《食品安全法》这两部法律有惩罚性赔偿规定。被侵害的消费者认为自己被侵害的时候可以主张3倍、10倍的惩罚性赔偿，检察机关主张了以后当事人还能不能主张？这个又有悖论在里面，如果我们认为这跟当事人申请的惩罚性赔偿是两种不同的责任的话，都可以共同主张。共同主张对于违法主体来说可能要承担双倍的惩罚性赔偿，是不是不符合比例原则？如果我们认为消费者不能主张，那检察机关是不是变成了被侵害主体的团体诉讼的代表，这个还算不算公益诉讼？

民事公益诉讼尤其是食品药品领域、消费者领域的民事公益诉讼分歧意见很大，实践中做法差异也很大，检察机关应当认真总结梳理，把实践当中认为靠谱的做法拿出来，用实践来说话，提一点倾向性意见，对目前还不确定的，继续通过实践去深化探索。

（三）人员的统筹

不同部门之间还有人员统筹。我们很高兴地看到，之前几起公益诉讼案件起诉的时候，刑事检察部门给予大力支持，有的刑事公诉人帮助出庭，效果很好，希望继续给予支持。不仅是出庭，还可以传授出庭的经验、技巧等。

三、公益诉讼自身的特点决定了必须走融合发展的道路——从公益诉讼检察职能的特点理解融合

（一）工作理念

双赢多赢共赢。这个理念大家现在耳熟能详，最早也是张军检察长就公益诉讼工作提出来的，他自己介绍这原来是对公益诉讼的要求，现在延伸到所有的检察业务。那么，落实双赢多赢共赢理念。我们应该怎么做？双赢多赢共赢对我们公益诉讼工作的要求是全方位的，贯穿我们办案的全过程，包括工作重点的确定，办案思路的确定，甚至最后的新闻宣传都要贯彻双赢多赢共赢理念。我们发布的案例在体例上都有所体现，把案例名称表述方式改了，之前案例都是某某诉某个

行政机关,后来我们把行政机关名称从题目上去掉了,变成督促纠正什么行为,或者保护什么事项。这只是一个很小的例子,就是要大家发自内心地去理解双赢多赢共赢的含义,其实不是为了讨好谁,这是基于检察机关职能特点而必然的要求,从实践看也是大有好处的,有利于形成一种良性的循环。

把诉前实现公益保护作为最佳司法状态。为什么我们特别重视诉前检察建议?就是因为诉前检察建议体现了中国检察公益诉讼制度的最大特点、最核心特点——诉前解决公益纠纷。实务当中也有一个很好的例证,现在行政公益诉讼占到案件总数的90%左右,行政公益诉讼当中诉前检察建议占95%以上,仅从数量比例看,公益诉讼的成效几乎都体现在诉前检察程序中。诉前让行政机关自我纠错是中国检察公益诉讼的最大特点,也是一种制度优势,是党领导下的社会主义国家治理的制度优势转化为治理效能的生动体现,诉前解决公益问题,不用进入诉讼程序,避免浪费司法资源,而且避免激化社会矛盾。相应地,诉前解决问题检察机关和行政机关相对更容易产生一种顺畅、良性的互动。换句话说,这就是我们要追求的,而且符合制度设计的要求。我们认为这样的解决方式是更有效的,当然不要过高地估价自己,这种双赢多赢共赢既是我们努力的结果,也得益于国家治理大背景,让这项制度的成效发挥出来,因为诉前不解决后面跟着起诉,行政机关普遍不愿意被诉,怕丢面子,也怕党纪、行政纪律追责,由不愿意进入诉讼而促成诉前整改。有几个案件,前面检察建议一直没解决,后面一起诉,各级行政机关连夜清理垃圾,解决问题。可以说,一个很重要的方面是从严治党的大背景下,行政机关领导干部担当意识、责任意识得到了不断强化。这也是我们职能发挥作用的系统观念,不要单独地去看待这些问题。诉前程序设计也有很深厚的中华传统文化的基因传承,也很契合当前国家全面推进诉源治理的改革导向。我们需进一步深入挖掘行政公益诉讼诉前程序的制度价值,不断完善制度建设,构建具有中国特色的公益司法保护制度体系。

办理一个案件、整治一片、教育社会面。这是最能体现公益诉讼在国家治理体系当中发挥作用的制度设计和制度实践。

(二)工作重点

我们一直讲如何确定检察公益诉讼的重点,自始至终强调"两个服务",即服务大局、服务人民。大局指的是党和国家的中心工作、重大战略和重要决策部署。这是我们反复强调的,要从这个角度去找寻公益诉讼工作的着力点,各地几乎都是这么做的,比较有影响的如黑龙江的小煤窑清理。张军检察长指出,黑龙江省省长在两会期间反复说这个案件办得好，替党委、替政府分忧。服务人民更好理解，就是解决人民群众急难愁盼的事情。比如无障碍设施建设，法律对此并没有特别明确和强制性的规定，但涉及众多人民群众的利益，检察院与残联一道大力推动，效果很好。现在已经扩展到信息领域的无障碍建设，帮助无码老人排除信息时代的生活障碍。无障碍设施建设成为2022年两会上获得广泛好评的一件事。部署“公益诉讼守护美好生活”，就是让人民群众从公益诉讼工作中增强获得感，让公益诉讼成为受欢迎的工作，未来更高的目标最好是被需要，这样公益诉讼就会有一个很好的发展环境和氛围，就会有健康的发展。

从领域看，要重点关注生态环境和食品药品领域。在试点期间生态环境领域的公益诉讼案件占3/4左右，食品药品领域案件占20%左右。后来我们部署了“保障千家万户舌尖上的安全”专项活动，食品药品领域案件的比例逐渐上升到30%多，生态环境领域降到60%多。专项活动结束，食品药品案件占比又往下降，最低的时候跌到15%～16%，现在又上升到20%多，这个基本正常。生态环境领域案件降到55%左右，我们认为也是正常的。

新领域案件现在上升速度非常快。新领域案件为什么多？地方检察机关愿意办，很多跟最高人民检察院请示这是不是第一起，都想抢首例，后来最高人民检察院提出认定标准，并明确了首例未经最高人民检察院认可一律不能说，也不鼓励为首例去做，实实在在的具有突破性的首例还有意义，为抢首例而办案是没有意义的。因为新领域案件范围太广，最高人民检察院2020年制定了一个指导性意见，对应该怎么做，不应该做哪些，程序上有什么要求，都做了具体规定，也连续发布了关于安全生产、个人信息保护、文物和文化遗产保护的典型案例。

对于新领域探索最高人民检察院确定了三个重点：一是安全生产；二是个人信息保护；三是文物和文化遗产保护，其他还有特殊群体的保护等。为什么确定这三个重点？第一，安全生产领域公益诉讼是党中央、国务院2016年提出来的，要研究建立安全生产民事和行政公益诉讼制度，有政策依据。现在安全生产法增加了公益诉讼相关条款，这个就成为法定领域，不再是等外。第二，个人信息保护领域。我们发布了一些典型案例，效果很好，社会关注度非常高。另外，这个领域也涉及科技网络背景下新的业态、新的社会治理模式，检察机关怎么样发挥作用。第三，文物和文化遗产保护领域。我们连续发了几批典型案例，效果也很好，社会关注度也很高。前一段时间国家文物局和最高人民检察院联合进行了调研，上海发布了城市历史建筑的典型案例，贵州的榕江古村落案件作为指导性案例发布，榕江是第一例，我们把它列入传统的生态环境领域，但它其实又是一个新领域——古村落的保护。

野生动物、植物保护是最能够触动男女老少不同群体心中最柔软的部分,换句话说是最能获得大家普遍认同的领域,而且副作用最小。有的案件这边很多赞成,那边很多反对,似是而非,对于这样的案例,我们不要作为重点去宣传。还有那么多大家同仇敌忾的事情需要我们去多做、做好。

关于新领域有几个标准:一是严重公益侵害或重大风险;二是明显的违法性;三是现行制度机制失灵;四是没有其他适格主体。公益侵害这个很好理解。违法性,最高的要求当然是违反具体的法律法规,延伸开来即违反法律原则、法律精神。国家治理的一个重要方面就是推动法律实施,检察机关是监督法律实施的机关,违法就要监督,有监督的正当性。近几年在实践的推动下,我们向前迈出了小半步,什么意思? 就是涉及新的领域、新的业态,在还没有形成成熟系统的管理规范、法律规范的情况下,公益损害、监管的缺漏已经存在,这个时候去督促推进一下,有什么不好? 这也是符合法律原则和法律精神的。

此外,要用程序来补强正当性和合法性。有些案件虽然目前没有明确法律依据,但老百姓反映意见很大,就找人大代表,找当地的党委政府进行汇报,请专家论证,召开听证会,完成这些程序,其实就是加强监督的正当性。这样做应当不会有大的问题,有的案件有可能起诉,就要先与法院沟通,如果等外案件能够进入诉讼,是很有意义的,我们会特别关注。

(三)发展方向

首先是三个转变,这是最高人民检察院咨询委员会老同志们在调研中提出来的,公益诉讼要实现三个转变:一是工作模式从粗放式向集约式转变;二是工作重点从数量和质量并重向质量优先、数量稳进转变;三是工作要求从浅层次的治理监督向深层次的预防治理转变。笔者比较认同。

最高人民检察院第八检察厅提出,质效优先、数量稳进、办有影响力的案件。对于数量指标需要正确认识,数量与质量是一个辩证关系。从公益诉讼历史看,最高人民检察院其实从来没有就数量提出过具体指标,但为加大办案力度,2018年要求实现基层检察院办案全覆盖,当年数量突破10万件。应当说10万件和原先1万件的办案成效、社会效果和影响力以及对公益诉讼检察队伍的锻造提升确实是完全不同的。

要处理好案件数量与质量的关系,既保持办案规模,又提升办案质量。专项活动是我们落实当中的一个抓手,“公益诉讼守护美好生活”专项活动连续做三年，而且就是聚焦两个传统领域，当然也有六七个重点。这是一个专项活动的创新，我们把常规工作专项化，让大家加大力度有抓手，强调质量和效果并重，也是教大家怎么去找案件，注重围绕着我们的重点领域，不要跑偏。

最近我们又布置了一个专项活动，也是一个创新，叫“为民办实事，破解老大难”公益诉讼质量提升年专项活动，搭建一个“千案展示、百案评析、十案示范”的平台，每个检察院推荐一个自己认为办得好的案件，把解决老大难问题的、为民办实事的、社会效果好的案件放到网上，向社会公众展示。我们会通过适当的机制，选出 100 个案例进行评析，再进一步筛选出 10 ~ 30 个示范案例，让大家把注意力聚焦到办案质效上，办质效好的案件，办有获得感的案件。最近两年对获得感深有体会，获得感是实实在在的，让更多的人有获得感，我们的工作就做好了。

（四）动力保障

公益诉讼工作之所以发展这么快，就是因为有强有力的保障。全国人大常委会很重视我们的工作，听取最高人民检察院关于公益诉讼工作的专项报告，王晨副委员长、全国人大监察和司法委员会、环境与资源保护委员会专门到最高人民检察院调研，研究如何给检察公益诉讼以更大的支持。还有全国政协，汪洋主席主持召开协同推进检察公益诉讼双周协商会。省级党委政府或者“两办”发布相关文件 27 个，省级人大常委会发布公益诉讼决定已经有 26 个，其中 23 个是有关公益诉讼的专项决定，3 个是加强检察机关法律监督的决定中包含关于公益诉讼的决定。还包括与行政机关的协同，与监察机关的协同，与社会各界的协同。这项工作的健康发展与全社会各方面的关心支持和共同努力是分不开的。

我们要自觉以双赢多赢共赢为指引，自觉地融入国家治理，成为国家治理当中能够发挥作用的一员，我们也就会成为社会当中受欢迎的一员，这是双向互动的循环。在生态环境领域、食品药品安全领域，最高人民检察院都与众多行政机关分别会签了加强公益诉讼协同配合的意见，最高人民检察院还和中央军委政法委联合发布了关于加强军地检察机关开展公益诉讼协作工作的意见。

（五）办案流程

一体化机制，指的是上下的一体化、条线的一体化，尤其是希望市级检察院能够发挥当地的统筹作用，包括在线索研判、调查取证等方面，都能够给予指挥、协调和统筹。《“十四五”时期检察工作发展规划》写明要建立公益诉讼指挥中心，包括人员的统筹管理、科技手段的运用。在办案过程中，在线索的发现、评估、调查取证等方面要继续研究,继续推进,包括建立快速检测实验室。

另一个重要方面,要和法院共同推动,特别是生态环境损害鉴定问题。生态损害成本鉴定,总体成本比较高、周期比较长。有的通过虚拟成本法计算。地方检察机关也作了探索,如青海探索了用一些专家意见书代替。公益诉讼注重的是公益的恢复,是否每个案件都需要严格的鉴定,确实值得研究,可以研究制定公益诉讼的特殊证据规则。

这里还涉及民事和行政公益诉讼的关系问题。有的领导担心搞行政公益诉讼,行政机关会抵触,所以去搞民事公益诉讼。但是反过来民事公益诉讼所有的调查取证都需要检察机关亲自去做,反而难度大,任务更重,并不一定好办。从公益诉讼的制度初衷看,我们要坚持把公益诉讼工作重点放在行政公益诉讼上。

公益诉讼检察工作的形势与任务

徐全兵* 最高人民检察院

目 次

* 徐全兵，最高人民检察院第八检察厅副厅长。

探索建立检察机关提起公益诉讼制度,是党的十八届四中全会作出的一项重大改革部署,是以法治思维和法治方式推进国家治理体系和治理能力现代化的一项重要制度安排。经过两年试点、四年多的实践推动,公益诉讼检察工作现在处于一个什么样的位置,当前面临怎样的形势和任务,如何进一步推动公益诉讼检察工作高质量发展,都需要认真分析总结和提炼反思。

一、公益诉讼检察工作迈入规范化发展新阶段

2022 年 3 月 3 日,最高人民检察院(以下简称最高检)召开"办案全覆盖,持续回头看"新闻发布会,发布了 2021 年办案数据。从 2017 年全面开展公益诉讼检察工作以来,历经 2018 年的"高歌猛进",实现办案全覆盖,立案突破 11 万件;2019 年全面开展"回头看",抓规范、提质效,实现稳步提升,立案近 13 万件;2020 年积极稳妥拓展案件范围,立案突破 15 万件;2021 年抓大案、"啃硬骨头",以上率下、示范引领,办案近 17 万件,公益诉讼检察工作一年一大变样。2022 年 1 月 12 日至 13 日,中共中央政治局委员、全国人大常委会副委员长王晨率全国人大常委会调研组到最高检和北京市检察机关调研公益诉讼检察工作,王晨副委员长指出,在党中央集中统一领导下,公益诉讼工作在生态环境和资源保护、食品药品安全、英烈权益保护、未成年人权益保护等多个重点领域有力推进、不断拓展。全国检察机关共立案办理公益诉讼案件 56.7 万件,取得积极法治效果和良好社会效果。① 总体上看,经过近 5 年的发展,公益诉讼检察实践取得突破性进展,办案规模稳步增长,办案质效大幅提升,办案领域稳妥拓展,办案机制日益健全,办案理念更加科学,办案能力逐步提高,理论研究不断深化,法律制度逐渐完善,公益诉讼检察工作迈入常态化、规范化、高质量发展新阶段。

(一)党和国家对公益诉讼检察工作充分肯定并提出新的更高要求

从党的十八届四中全会部署"探索建立检察机关提起公益诉讼制度",到十九届四中全会提出"拓展公益诉讼案件范围",充分说明党中央对公益诉讼制度的重视,对检察机关公益诉讼改革取得成效的肯定,对完善公益诉讼制度更好发挥作用的期许,同时也为公益诉讼检察工作下一步发展明确了方向。党的十九届四中全会的主题是"坚持和完善中国特色社会主义制度,推进国家治理体系和治

① 参见邱春艳:《坚持以人民为中心 把公益诉讼这项党和国家的重大民心工程抓实抓好》,载《检察日报》2022 年 1 月 15 日,第 1 版。

理能力现代化”。公益诉讼检察制度是中国特色社会主义司法制度的重要内容，其进一步改革和完善，“有利于优化司法职权配置，完善行政诉讼制度，也有利于促进法治政府建设”。拓展公益诉讼案件范围，“加强生态环境和资源保护、食品药品安全、国有财产保护、英烈权益保护等领域的公益诉讼，有利于保证维护公共利益的法律制度得到有效实施”。对于公益保护来说，行政机关监管职能的履行是优先的，在国家、社会治理的格局中，也是“政府负责”，行政机关是保护公益的主力军。对于检察机关来说，主要发挥法律监督的督促、保障作用。只要现有的公益保护机制能够正常运转，包括行政机关、社会组织等主体能够积极发挥作用，就不需要检察机关的参与。只有在现有的机制失灵时，检察机关才发挥督促纠正、兜底的职能作用。比如在行政公益诉讼中，检察机关发现行政机关的违法行政行为造成公共利益受到侵害了，首先通过提出检察建议的方式进行监督，督促行政机关自行纠正，只有在行政机关拒不整改，公共利益没有得到有效保护的情况下，检察机关才向人民法院提起诉讼，启动审判程序，由人民法院对行政机关的行政行为是否违法作出实体上的裁判。检察建议和提起诉讼是检察机关履行法律监督职能的监督方式。建立和完善公益诉讼检察制度，为检察机关加强对行政机关依法履行职责的监督提供了重要的制度抓手。

为推动公益诉讼制度更好发挥作用，中央一系列文件提出明确要求。《法治中国建设规划（2020—2025 年）》明确提出：“拓展公益诉讼案件范围，完善公益诉讼法律制度，探索建立民事公益诉讼惩罚性赔偿制度。完善检察建议制度。”2021 年 6 月，中共中央《关于加强新时代检察机关法律监督工作的意见》明确要求：“积极稳妥推进公益诉讼检察。建立公益诉讼检察与行政执法信息共享机制，加大生态环境和资源保护、食品药品安全、国有财产保护、国有土地使用权出让和英烈权益保护、未成年人权益保护等重点领域公益诉讼案件办理力度。积极稳妥拓展公益诉讼案件范围，探索办理安全生产、公共卫生、妇女及残疾人权益保护、个人信息保护、文物和文化遗产保护等领域公益损害案件，总结实践经验，完善相关立法。”2021 年 8 月，国务院新闻办公室发布《全面建成小康社会：中国人权事业发展的光辉篇章》白皮书，对“检察机关将个人信息保护作为拓展公益诉讼案件范围的新领域重点部署推进”提出要求。2021 年 9 月发布的《国家人权行动计划（2021—2025 年）》提出：“完善妇女权益保障制度。修改妇女权益保障法。检察机关积极探索开展相关领域公益诉讼。对通过大众传媒或者其他方式贬低损害妇女人格、侵害妇女财产权益、在就业等领域歧视妇女以及不履行预防和制止家庭暴力职责等侵害不特定多数妇女合法权益、损害社会公共利益的行为，检察机关可以发出检察建议或提起公益诉讼。”此外,中央有关部门还对深入研究检察机关提起反垄断公益诉讼有关问题提出明确意见,要求聚焦重点领域、重点案件,推动检察机关提起反垄断公益诉讼。

(二)多层次的立法司法保障体系进一步完善

对于公益诉讼检察制度发展来说,2021 年是个“大年”。这一年,有三部法律写入了公益诉讼条款。《安全生产法》第 74 条第 2 款规定:因安全生产违法行为造成重大事故隐患或者导致重大事故,致使国家利益或者社会公共利益受到侵害的,人民检察院可以根据民事诉讼法、行政诉讼法的相关规定提起公益诉讼。《军人地位和权益保障法》第 62 条规定:侵害军人荣誉、名誉和其他相关合法权益,严重影响军人有效履行职责使命,致使社会公共利益受到损害的,人民检察院可以根据民事诉讼法、行政诉讼法的相关规定提起公益诉讼。《个人信息保护法》第 70 条规定:个人信息处理者违反本法规定处理个人信息,侵害众多个人的权益的,人民检察院、法律规定的消费者组织和由国家网信部门确定的组织可以依法向人民法院提起诉讼。这三部法律写入公益诉讼条款,不仅将检察机关提起公益诉讼的法定范围从原来的“4 +2”,拓展到“4 +5”,为检察机关解决实践中问题比较突出的安全生产、个人信息保护等公益侵害问题提供了明确的法律依据,而且也从具体的立法表述模式方面为其他法律的制定、完善提供了借鉴。《安全生产法》《军人地位和权益保障法》都采用了“人民检察院可以根据民事诉讼法、行政诉讼法的相关规定提起公益诉讼”的具体表述,避免了理论研究与司法实践中仅根据立法表述内容理解是仅指民事公益诉讼或行政公益诉讼,还是同时包括民事公益诉讼、行政公益诉讼的认识上的分歧。如针对个人信息保护公益诉讼,有观点认为,从立法规定看,法条前半部分只规定了侵害公益的直接违法行为,没有行政诉讼法规定的行政机关依法履行监督管理职责相应的内容,就仅指民事公益诉讼,而不包括行政公益诉讼。有了《安全生产法》和《军人地位和权益保障法》的相应规定,理解起来就不会产生歧义。而且在理解其他法律的相关规定时,也可以从体系解释的角度提供范本。目前,在立法层面明确规定公益诉讼法律制度的有民事诉讼法、行政诉讼法、检察院组织法、检察官法、英雄烈士保护法、未成年人保护法,以及 2021 年制定、修改的《安全生产法》《军人地位和权益保障法》《个人信息保护法》。

在司法解释层面,最高检与最高人民法院联合制定了检察公益诉讼司法解释,对检察机关提起诉讼、法院审理的有关内容作出了原则性规定,并且进一步强调了检察机关和审判机关在保护公益方面要协同发挥检察、审判职能作用，在诉讼过程中要遵守宪法法律规定、遵循诉讼原则、遵循检察权审判权运行规律的原则。2020 年，“两高”根据民法典内容，对《关于检察公益诉讼案件适用法律若干问题的解释》作了修正，采用增加“等”字的方式，扩大了英烈保护公益诉讼的案件范围。最高检制定了《人民检察院公益诉讼办案规则》（以下简称《办案规则》），于 2021 年 7 月 1 日正式实施。《办案规则》系统规定了检察机关立案、调查、提出检察建议、发布公告、提起诉讼、出席法庭、诉讼监督等办案程序，以及需要把握的条件、标准等实体问题，初步体现了公益诉讼不同于私益诉讼、检察公益诉讼不同于其他主体提起的公益诉讼的特点规律，为检察机关办案提供了基本遵循。

指导性案例方面，最高检专门发布了 4 批 18 件公益诉讼指导性案例，另外还有 4 批其他主题指导性案例中涉及公益诉讼，共 6 件。这 24 件指导性案例针对公益诉讼办案实践中存在的突出问题，提出了指导意见。如检例第 49 号，陕西省宝鸡市环境保护局凤翔分局不全面履职案，针对如何判断行政机关是否依法履行职责的问题，明确了行政机关虽有履职行为，但未依法全面运用行政监管手段制止违法行为，属于履职不到位。再如，检例第 111 号海口市检察院诉某公司非法倾倒建筑垃圾民事公益诉讼案，针对二审案件两级检察院如何出庭的问题，明确在公益诉讼案件二审庭审中，上一级检察院应当派员出庭，与下级检察机关共同参加法庭调查、法庭辩论、发表意见等。此外，最高人民法院还发布了 7 件检察公益诉讼指导性案例。地方检察机关在办理类似案件时，可以引述相关指导性案例确立的规则进行释法说理。

在地方立法层面，目前有 26 个省级人大常委会专门做出加强公益诉讼检察工作的专项决定或决议。这些决定或决议，属于地方立法性质的规范性文件，有的就是按照制定地方法规的程序作出的，就是地方法规，是地方立法机关针对本地经济社会发展情况，对涉及公益诉讼检察有关问题的进一步明确。比如，在立法原意明确案件范围的“等”字为“等外等”的情况下，根据本地侵害公益问题的严重程度对“等”字的进一步明确。再如，对检察机关做进一步探索的具体要求，如检察机关进行调查可以采取什么样的手段措施，行政机关怎么样配合、支持检察机关的调查取证等。另外，还有一些地方的专项，立法对拓展公益诉讼范围也作出了明确的规定。如 2021 年 9 月 30 日施行的浙江省人大常委会《关于网络虚假信息治理的决定》第 18 条第 2 款明确规定：“检察机关应当探索开展网络虚假信息治理领域公益诉讼。”2022 年 1 月 1 日起施行的《黑龙江省女职工劳动保护条例》第23条第3款明确规定:“各级检察机关对侵害女职工合法权益、损害社会公共利益的用人单位,可以运用支持起诉、诉前检察建议、提起公益诉讼等方式,依法履行法律监督职责。”地方性法规是当地检察机关、审判机关办案的法律依据。

(三)公益诉讼检察实践为实现高质量发展积聚了新动能

试点期间,检察机关公益诉讼办案范围比较窄,民事公益诉讼的范围是生态环境和食品药品安全两个领域,行政公益诉讼的范围是生态环境、国有资产保护、国有土地使用权出让三个领域,13个试点省份检察机关共办理公益诉讼案件9053件。

2017年6月,全国人大常委会修改民事诉讼法、行政诉讼法,正式确立公益诉讼制度时,行政公益诉讼增加了食品药品安全,成为四个领域。从2017年7月全面开展,到2019年9月向全国人大常委会汇报时,两年多的时间,全国检察机关共立案办理公益诉讼案件21万余件,诉前程序案件18万余件,提起诉讼6000多件。从办案情况看,目前55%左右是生态环境领域的,食品药品领域占33%,国有财产、国有土地领域占10%左右。2019年1~10月,食品药品领域占27%左右,比例有所下降。在食品药品领域,针对同一个行政机关同类同批违法行为发多个建议的问题相对比较严重,如网络配餐问题、校园周边食品安全问题等。这类问题是公益诉讼回头看重点关注解决的问题,所以食品药品领域案件占比下降是正常的。从具体程序来看,诉前程序发挥了主导作用,97%的案件在诉前程序整改到位,应该说这符合制度设计的初衷。在试点期间,基于试点的特殊意义,要去追求诉讼案件,因为没有诉讼案件,就没有办法检验顶层设计是否符合检察公益诉讼的特点规律、是否符合基层办案实际,如果没有诉讼案件就实现不了试点的目的。但全面开展以后,我们的目的是督促行政机关纠正违法行为,是保护公共利益,所以重点就应该放在解决问题上。诉讼是强化检察建议监督效力的进一步监督手段,只要问题解决了就可以是备而不用的。所以,对于试点期间的案件要辩证地来看,对这些案件的分析不能脱离试点的特殊背景。

党的十九届四中全会后,在最高检的统一部署下,各地检察机关积极稳妥拓展公益诉讼案件范围,为立法完善提供了丰富实践样本。2020年、2021年新领域案件占比已经超过20%。2019年11月至2021年6月,全国检察机关共办理新领域案件4万余件,其中安全生产、公共安全、生物安全近2万件,个人信息保护2000余件,妇女、老年人、残疾人权益保障方面1100余件,无障碍环境建设1800余件。

从办案情况看，检察机关通过履行公益诉讼检察职责，在满足人民群众民主、法治、公平、正义、安全、环境等方面要求，解决百姓身边关于生态环境、食品药品、安全生产等方面急难愁盼的问题上发挥积极作用。尤其在推动解决百姓身边的“硬骨头”、历史遗留问题，推动解决涉及多部门履职、职能存在交叉的“九龙治水”问题，以及跨区划、跨流域公益侵害问题等方面，公益诉讼检察的制度优势实实在在地转化成了社会治理的新动能。如面对南四湖跨四省区划的生态治理难题，最高检直接立案，打响了自检察公益诉讼制度建立以来规模最大、难度最大、社情最为复杂的一场公益诉讼治污攻坚战。南四湖治理，难就难在跨区划。鉴于最高检 2019 年曾经办理了横跨贵州、广西、云南 3 省(自治区)的万峰湖环境公益诉讼案，彻底解决了中央环保督察两次点名仍拖而不决的网箱养殖污染问题，2021 年 3 月生态环境部建议最高检办理同样为跨区划治理所困的南四湖生态环境公益诉讼案。[①] 专家学者对此给予了高度评价。中国人民大学王轶教授认为，公益诉讼实际上打通了不同分工、不同实现方式的“任督二脉”，能够让两种不同的方式途径携起手来，共同实现我们所追求的目标。社科院法学所周汉华研究员认为，检察公益诉讼这样一个制度设计，就像一个杠杆，一个支点撬动了传统上有一些僵化、固化的格局，使我们在国家治理体系和治理能力现代化上迈出了很重要的一步。

从全面开展到现在将近 5 年时间，50 多万件的案件量，对于一项新的职能来说，确实是非常不容易的。既体现了公益诉讼办案的工作力度，积累了丰富的办案经验，也充分地暴露了实践中的问题，为高质量发展打下了基础。2022 年 1 月，张军检察长在向全国人大常委会调研组介绍情况期间对公益诉讼检察工作的经验启示进行了初步总结，归纳为“五个必须”，即“必须始终坚持党对公益诉讼检察制度的绝对领导；必须坚定中国特色社会主义制度自信；必须聚焦解决公益诉讼领域人民群众急难愁盼问题；必须正确处理深化改革与法治保障的辩证关系；必须促进形成全社会公益保护合力”[②]。这些经验和启示，为推动新时代公益诉讼检察工作高质量发展，推动全面依法治国伟大实践提供了新动能。

与经验的积累一样，问题的发现也同等重要。尤其是对于尚处于新生阶段、理论与实践对于不少问题仍存在不同认识的公益诉讼检察制度来说，问题的发现对制度的完善有着重要的意义。针对办案实践中暴露出的问题，去寻求更符合检

---

① 参见张璁：《南四湖治污记》，载《人民日报》2022 年 2 月 17 日，第 19 版。

② 邱春艳：《坚持以人民为中心　把公益诉讼这项党和国家的重大民心工程抓实抓好》，载《检察日报》2022 年 1 月 15 日，第 1 版。

察公益诉讼特点规律、更符合我国国情、更符合检察机关宪法定位的解决方案,对于制度的完善,对于推动新时代公益诉讼检察工作高质量发展,意义重大。

(四)符合公益诉讼办案特点规律的体制机制日益健全

不同于其他三大检察业务,公益诉讼检察是全流程业务,从线索发现、调查取证,到提出检察建议、跟进调查,提起诉讼、出席法庭,二审再审、执行效果等,公益诉讼检察干警要承担全部职责。相应地,公益诉讼办案也体现出自身的特点规律。所以,张军检察长强调,公益诉讼检察是各项检察职能中更有主动性的诉讼职能。经过几年的探索实践,符合公益诉讼办案特点规律的一体化办案机制日益健全。

纵向一体化方面,《办案规则》第 11 条第 1 款明确规定:"人民检察院办理公益诉讼案件,实行一体化工作机制,上级人民检察院根据办案需要,可以交办、提办、督办、领办案件。"内蒙古、吉林、安徽、福建、陕西、海南、江西等省(自治区)级院专门出台了建立公益诉讼办案一体化机制的指导意见,建立了公益诉讼办案指挥中心、办案中心等。办案实践中,针对不同类型的案件,还探索了不同类型的办案模式。如最高检直接立案的万峰湖专案,最高检统一调用广西、云南、贵州三省(自治区)检察官组成专案组,统一管理线索,统一制定办案方案,统筹指挥开展办案活动,通过交办、指定管辖等方式,将相关案件线索交行政机关对应的检察院立案办理。上级院通过统一指导、个案审查督办等方式,把握案件进度、标准,地方检察院负责开展调查、磋商、建议、听证等具体办案活动。诉讼案件办理过程中,《办案规则》强化了上级院的领导责任,明确了指定管辖、移送起诉等具体制度,明确了上诉案件中两级院共同审查、共同出庭的工作机制。

横向一体化方面,在检察院内部,《办案规则》规定了民事、行政检察分别承担公益诉讼监督的职责,对刑事附带民事公益诉讼案件中公益诉讼检察如何与刑事检察有效衔接作了原则性规定。在调查保障方面,明确了司法警察、检察技术人员的参与保障。明确规定,检察官可以组织检察技术人员参加调查取证,必要时可以指派或者聘请其他具有专门知识的人参与。在调查收集证据过程中,检察人员可以依照有关规定使用执法记录仪、自动检测仪等办案设备和无人机航拍、卫星遥感等技术手段。全国人大常委会调研组专门到最高检香山办公区,视察调研电子数据、环境损害、食品药品检测等实验室,了解电子数据技术在个人信息保护领域、环境 DNA 技术在饮用水安全和生物多样性保护领域、检测技术在环境保护和食品药品安全等方面运用情况。3 万平方公里的流域,1266 平方公里的湖面,怎么及时、全面发现污染点? 依托卫星遥感技术和大数据分析技术发现案源线索；运用无人机和快速检测检验进行核实、固定证据；通过卫星遥感影像、有关检测数据相互印证确认治理效果……听取以天空地一体化办案平台技术为最高检立案办理的南四湖环境公益诉讼案提供技术支撑的情况汇报后，调研组一行充分肯定检察机关以高科技赋能公益诉讼检察工作的成效。①

在各地检察院之间，在各地建立协作配合机制的基础上，《办案规则》明确了线索移送、协助调查、移送起诉等具体机制。最高检还针对跨区划、跨流域生态环境案件特点，完善行政公益诉讼跨区划协作机制，着力破解“上下游不同行、左右岸不同步”的治理难题。如长江流域21个省界断面已全部会签行政公益诉讼协作机制，上海、江苏、浙江三地会签《关于环太湖流域生态环境行政公益诉讼跨省际区划管辖协作意见》。

另外，质效导向的案件质量评价指标体系初步建立。最高检明确了以行政机关整改率、到期案件未起诉率、法院判决支持率为主要评价指标的质量评价体系。2021年10月29日，在全国检察机关公益诉讼业务视频督导会上，张雪樵副检察长明确强调，当前要注重三个方面的指标：一是行政公益诉讼成效的官方媒体宣传率；二是民事公益诉讼的起诉量和赔偿额；三是诉前案件的听证率。

（五）协同推进公益保护的“朋友圈”“亲友团”不断扩大

公共利益归根结底是人民的利益，公益诉讼作为一项着眼于维护公共利益的司法制度，从政治上看是一项党的民心工程。深入推进过程中，各级检察机关秉持双赢多赢共赢理念，积极向党委、人大报告，努力争取行政机关的理解和支持，积极搭建多渠道平台，鼓励社会各界积极参与，保护公益的“朋友圈”“亲友团”不断扩大，形成了协同推进公益保护的“大合唱”。2018年、2019年全国两会，共有435位全国人大代表对加强和改进公益诉讼检察工作提出意见建议。2019年10月25日，张军检察长向全国人大常委会报告公益诉讼检察工作的时候还接受了专题询问。生态环境部、国家市场监督管理总局、水利部、司法部主要负责同志共同出席联组会议，接受专题询问。2019年11月22日，全国政协召开了双周协商座谈会，主题是“协同推进公益诉讼检察工作”，有100多位全国政协委员在议政平台上发表意见建议，有不少学者委员提出了建立公益诉讼特别程序，或者制定公益诉讼法的意见建议。目前，除26个省级人大常委会出台加强公益诉讼检察工作的决定或决议外，还有27个省级党委、政府两办专门出台支持公益诉讼检察

---

① 参见邱春艳：《坚持以人民为中心 把公益诉讼这项党和国家的重大民心工程抓实抓好》，载《检察日报》2022年1月15日，第1版。

工作的意见。

建立公益诉讼检察制度,目的是促进行政机关依法行政、严格执法。基于检察机关与行政机关在保护公益方面目标的一致性,检察机关寓支持于监督中,在监督中支持,在支持中监督,与行政机关建立了协作配合机制,联合开展了专项行动。最高检与生态环境部等 9 个部委联合会签了《关于在检察公益诉讼中加强协作配合依法打好污染防治攻坚战的意见》,与国家市场监督管理总局等 10 个部委联合下发《关于在检察公益诉讼中加强协作配合依法保障食品药品安全的意见》,对公益诉讼办案过程中涉及的线索移送、信息共享、调查取证、双向挂职、联合培训等内容作了规定,尤其是为如何判断行政机关是否履职到位提出了解决方案。首先明确了行政机关履行监管职责的依据,包括法律法规、规章、地方性法规规章、规范性文件,直接的依据就是行政机关的权力清单。判断行政机关是否依法履行职责,一是看行为要件,就是说通过行政机关监管职责的履行,是否有效制止了违法行为人的违法行为;二是看结果要件,违法行为人的违法行为被制止后,受到侵害的公共利益是否得到有效保护;三是看职权要件,如果公益仍然没有得到有效保护,则看行政机关是否做到了完全依法履职,也就是是否穷尽了执法手段。如果职权用尽,公益仍然没有得到有效保护,也不能强人所难,该追究什么责任追究什么责任,或者提出完善体制机制、改进工作的治理类检察建议。最高检与水利部开展了“携手清四乱　保护母亲河”专项行动。与退役军人事务部等 13 部门共同发布《关于建立英雄烈士保护部门联动协调制度的意见》,与应急管理部、退役军人事务部、国家文物局、国铁集团等联合发布公益诉讼典型案例。此外,最高检还与最高人民法院等部门联合印发《关于探索建立食品安全民事公益诉讼惩罚性赔偿制度座谈会会议纪要》,与中央军委政法委制定《关于加强军地检察机关公益诉讼协作工作的意见》。

最高检积极落实院党组“智慧借助”理念,积极推进全国性公益诉讼专家咨询平台和志愿者服务平台建设,助力公益诉讼线索发现、调查核实、整改评估。加强与各民主党派中央联系,积极推进益心为公平台建设,实现法律监督与民主监督的融合。为解决鉴定难、鉴定贵的问题,最高检和司法部协商,建立了先鉴定后付费的机制,司法部已经推出了 58 家鉴定机构,承诺先鉴定后收费,等到案件判决以后谁败诉谁来承担鉴定费用。

(六)理论研究与实务探索融合发展凝聚更多共识

最高检成立了 16 个检察研究基地,其中 4 个是公益诉讼检察研究基地。另外,还有不少省级院和当地高校合作成立了公益诉讼研究中心。理论和实践脱节的问题有所缓解。之前,中国法学会组织专家学者去江苏、湖北调研,带队教授感叹,确实没有想到公益诉讼检察实践已经发展到了这样一个地步。成立公益诉讼检察理论研究基地,为理论研究与司法实践架起了一座桥梁。最高检也加大了信息发布的力度,及时发布有关办案数据和典型案例,为理论研究提供鲜活的实践样本。各研究基地都推出了不少符合公益诉讼检察实践的理论成果。特别是郑州大学公益诉讼检察理论研究基地,征集发布公益诉讼典型案例,编写公益诉讼法教材,在本科生中开设公益诉讼专门课程,从2022年开始招收公益诉讼方向硕士研究生,为公益诉讼单独立法进行了有益探索。

以"公益诉讼"为主题在中国知网进行搜索,共有22,747个结果①。2020年有2321篇,其中,博士学位论文9篇、硕士学位论文486篇、各类学术期刊1256篇。2021年有2267篇,其中,博士学位论文2篇、硕士学位论文335篇、各类学术期刊1004篇。这些论文研究的主题从公益诉讼基础理论到公益诉讼检察实践的具体问题,从公益诉讼的程序构建到案件范围拓展,从法律条文的理解适用到推动立法进一步完善,从检察机关与其他适格主体的关系到检察机关民事公益诉讼与行政公益诉讼的顺位等,涉及的范围很广,也凝聚了很多理论共识。总体上看,多数研究成果不仅仅再局限于民事诉讼、行政诉讼的研究范式,而是从更高的站位、更宏阔的视野,更多从职权配置、权力运行监督制约、国家治理体系的完善的角度去审视公益诉讼检察制度的定位与完善,在此基础上,进一步提炼了公益诉讼不同于私益诉讼、检察公益诉讼不同于一般公益诉讼的特点规律,不少学者还提出了推动公益诉讼单独立法的建议。胡卫列厅长对2021年公益诉讼检察理论研究作了全面梳理,在《人民检察》2022年第4期上发表了研究综述。论文强调,公益诉讼检察实践探索为理论研究提供了丰富素材,理论研究积极回应实践中的新问题,为实践发展提供了指引。公益诉讼检察实践探索形成的经验和理论研究达成的共识又为制度构建提供了坚实的基础。

二、清醒认识公益诉讼检察工作面临的困难和问题

在全面开展近5年时间里,公益诉讼检察工作能够有现在这样一个局面,确实非常不容易。但也要清醒地看到,目前还存在很多制约工作科学发展的突出问题。主要体现在以下几个方面。

---

① 参见中国知网(https://kns.cnki.net/kns8/defaultresult/index),于2022年2月22日检索。

(一)工作发展不平衡

从地域情况看,排名前10位的省份办案量占了全国办案量60%以上,多的地方一年办案超过万件,少的才100多件、几百件,差距非常大。但并不是说办案量少的地方侵害公益的问题线索就少,关键还是工作力度没有跟上。从领域情况看,传统法定领域中,生态环境和食品药品领域基本上保持稳定,分别占50%以上和20%左右,但国有财产保护和国有土地使用权出让领域降幅较大,而且不平衡的问题更为突出,多的省份立案2000多件,少的省份不足10件,有的省份国有土地使用权出让领域案件甚至是空白。新增法定领域中,安全生产和个人信息保护不平衡的问题更为严重。

(二)案件结构不合理

结构不合理,主要表现在两个方面。一是诉讼案件的结构不合理,突出表现是刑事附带民事公益诉讼案件占比过高,超过80%,有的地方甚至达到90%以上。当然不是说刑附民比例大就是问题,而是刑附民案件当中,有相当一部分案件是人为地给其戴上了一顶公益的帽子,主要是涉及资源保护领域的,不少案件的诉讼请求就是赔偿资源的价值损失,这实际上是涉及国有财产损失的普通民事诉讼。甚至有的刑事附带民事公益诉讼案件没有什么额外的调查,就是在刑事案件的基础上增加了一个补植复绿、增殖放流的诉讼请求,并没有把公益诉讼的特点体现出来。比如,破坏资源的案件,资源的损失是一方面,另一个重要的方面是对生态造成的破坏,需要通过评估、鉴定等手段收集证据来证明。与刑事附带民事公益诉讼案件占比过高相对应,起诉案件中,行政公益诉讼案件的占比较低。如果行政机关完全整改到位,没有行政公益诉讼案件都是正常的。但从实践情况看,不是这样。2019年"公益诉讼回头看"专项活动中,发现虚假整改、反弹回潮等问题的案件9000多件,到6月解决了4000多件,还有近5000件正在督促,提起诉讼的也不多。从数据情况看,行政机关逾期未纠正的近1000件,起诉的还不到400件。二是整体案件结构中,有的地方行政公益案件占比不合理。试点期间,行政公益案件占比95%以上,全面推开以后,比例有所下降,但基本占90%左右,这既符合行政公益诉讼制度定位,也符合检察机关履职规律,但有的地方行政公益诉讼占比到了70%以下,这是有问题的。

(三)办案质效待提升

张军检察长在2019年全国政协双周协商座谈会上的发言中用了"五个有

的”，对公益诉讼办案质效存在的问题做了全面的概括。第一个“有的”是片面追求办案数量，乱发检察建议。这主要和有的地方不科学的考评指标设计有关，有的地方用最高分评价原则做考核标准，导致不少地方片面地追求案件数量，我们已经坚决制止。第二个“有的”是把同一行政机关的同批同类违法行为作为多个案件来立案办理。出现这个问题主要原因是我们指导意见不明确，2019 年初，检答网上发表了张雪樵副检察长个人署名文章，还有对有关省份请示的答复，对此提出了明确的指导意见。第三个“有的”是对于行政机关职责权限、违法事实、公益损害情况调查不准确、不全面。有的进入二审、再审的案件问题就出在这里，没有经过全面的调查，简单地就以行政处罚认定的事实为依据发送了检察建议，结果到了法庭上发现行政机关行政处罚认定的事实依据本身就是有问题的。第四个“有的”就是检察建议对于事实证据法律适用阐述不客观、不充分。实际上是说理性不强。第五个“有的”是一发了之，或者仅以行政机关回复作为结案依据，没有核查整改落实效果，对实际未整改、整改不彻底的没有跟进监督。这些问题目前在不少地方依然存在。

（四）素质能力不适应

张军检察长在向全国人大常委会的专项报告中指出，公益诉讼检察涉及线索发现、调查取证、诉前程序、起诉审查、出席庭审、裁判和执行监督等环节，公益诉讼检察是全流程的业务，对办案人员的素质能力提出了很高的要求。但从实践情况看，我们现在办案力量不足，素质能力不适应。尤其在基层院，“二人转”“三人台”情形比较普遍，往往还要承担民事、行政检察职能。从 2020 年办案数据情况看，全国立案 15 万多件，平均每个基层院将近立案 50 件，目前的力量配备难以保证公益诉讼办案高质量发展。

（五）制度保障需完善

《民事诉讼法》和《行政诉讼法》对公益诉讼检察制度的规定都只有 1 款，改革试点的成果没有在立法中完全体现出来。比如检察机关调查权的问题，以前谈到检察机关相比其他主体的优势时，第一个方面就是检察机关拥有法定调查权，但这个调查权仅仅是原则性规定，在 2019 年《人民检察院组织法》修改前，只是《民事诉讼法》中规定的检察机关基于抗诉、提出检察建议需要而拥有的调查核实权，这个调查核实权符合诉讼监督案件的特点规律，但并不适应公益诉讼全流程办案的需要。《人民检察院组织法》明确了调查核实权后，也没有对调查的手段、保障性措施作出规定。目前办案中的主要问题是检察机关是否可以采取查封、扣押、冻结等强制性措施,在遇到干扰阻力时可以采取哪些保障性措施。英烈保护法、未成年人保护法、安全生产法、个人信息保护法、军人地位和权益保障法仅从案件范围方面作了拓展。关于公益诉讼的程序问题还是需要诉讼法的完善,甚至是通过公益诉讼单独立法来解决。

(六)理论研究待深化

公益诉讼检察理论研究虽然取得长足的进步,但仍然满足不了实践的需要,实践中还存在很多的问题需要给出理论上的回应,并提供合理的解决方案。如关于检察公益诉讼的制度定位问题。有学者认为,检察机关与《民事诉讼法》规定的机关和社会组织一样,没有什么特殊性;也有学者认为,公益诉讼性质上属于客观诉讼,主要目的在于维护法律秩序,确保法律统一正确实施,和民事诉讼、行政诉讼主观权利保护的制度定位存在很多的冲突;还有学者认为公益诉讼是非讼程序,是检察机关与审判机关共同对侵害公益问题的处理。对此,既不能简单地从民事诉讼、行政诉讼的一般规定出发,把检察机关等同于其他的一般主体,要看到检察机关与其他主体诉权基础的不同;也不能只强调检察机关的特殊性,要看到公益诉讼即使有特殊性,也还是一种诉讼制度,诉讼的基本原则还是要遵循的。对检察公益诉讼制度定位的研究,既要考虑民事诉讼、行政诉讼的基本原则,也要考虑公益诉讼的特殊性,还要考虑检察机关的宪法定位,这几个方面不能偏废。再如,公益诉讼与法律监督的关系,以及起诉权与监督权的关系。有观点认为,起诉权和监督权是并列的,都统一于检察权之下;也有观点认为起诉权是监督权的下位概念,检察机关的所有职权都可统称为法律监督权,起诉权是在法律监督职权之下派生的下一个层次的权力。还有公益代表与法律监督的关系,两者之间是平行关系,还是上下位概念,实际上这也涉及检察公益诉讼的制度定位问题。又如,与普通原告相比,检察机关在公益诉讼中是否有特殊诉讼地位。是否有特殊诉讼地位,关键看在诉讼中能否发挥不同于普通原告的特殊作用。由此而引申出一个问题,在检察公益诉讼中,检察机关与审判机关是什么法律关系。与之相对应,在检察公益诉讼的具体程序设计中如何体现检察一体原则,这都是一些需要深入研究的重大课题。

三、积极能动履职,深化诉源治理,推动公益诉讼检察工作高质量发展

2022 年 1 月 17 日,在全国检察长会议上,张军检察长围绕学习贯彻党的十九

届六中全会精神和习近平总书记在中央政治局常委会会议上听取最高检党组工作汇报时的重要讲话精神，结合深入落实中共中央《关于加强新时代检察机关法律监督工作的意见》，对2022年检察工作作出全面部署。在第三大部分“坚持敢于监督、善于监督、勇于开展自我监督，全面提升法律监督质效”部分对持续做好公益诉讼检察作了部署，明确提出抓重点、抓大案、抓实效、抓拓展的具体要求。新的一年，我们要在公益诉讼检察工作进入规范化、常态化发展新阶段时，贯彻落实好全国检察长会议精神，紧紧围绕“战略前瞻、理念先进、办案精细、素能过硬、基础坚实、管理科学”目标，聚焦“高质量发展”这个关键，深入落实“质量建设年”工作部署，全面提升公益诉讼检察工作水平。

（一）以理念的变革引领公益诉讼检察工作高质量发展

对公益诉讼检察工作来说，在制度供给不足的情况下，工作怎么开展，理念的指引非常重要。2019年10月，张军检察长在向全国人大常委会的专项报告中提出了三大理念，即双赢多赢共赢的理念，诉前实现保护公益目的是最佳司法状态的理念，持续跟进监督的理念。

第一个理念即双赢、多赢、共赢理念，这是2018年4月，张军检察长到当时的民行厅调研时，针对公益诉讼检察工作中存在的行政机关不理解、不支持，地方检察机关不敢、不愿、不会监督问题提出来的。因为检察机关和行政机关在保护公益方面目标一致，是同向发挥作用的，是可以实现双赢、多赢、共赢的，包括在诉讼案件中，虽然有诉讼过程中的辩论、质证，有这种对抗，但是实际上检察机关与行政机关没有具体利益的冲突，不是非得你输我赢，还是有一个共同的目标的。而且可以通过庭审中的辩论说理，把庭审做成生动的法治教育课堂。所以这个方面也是有实现双赢多赢共赢的基础的。

第二个理念是“诉前实现保护公益目的是最佳司法状态”。通过诉前程序实现了保护公益的目的，就不需要再进入诉讼，不需要浪费司法资源，以最小的司法投入实现了保护公益的目的，而且在诉前阶段检察机关与行政机关形成了保护公益的合力，当然是一种最佳的司法状态。

第三个理念是“持续跟进监督”。侵害公益问题比较严重的生态环境和食品药品安全等问题，一方面多发、高发，另一方面容易反弹。所以要求我们必须去持续地跟进监督，否则，这些问题可能就解决得不到位，解决得不彻底。同时，在办案过程中，要对侵害公益的问题一盯到底，持续跟进监督，磋商以后、提出检察建议后，都要及时跟进调查，看公益是否得到有效保护，尤其是收到行政机关回复后,不能简单地以回复为标准,认为行政机关履职到位,而要落实持续跟进监督的理念,通过跟进调查看公益是否得到有效保护、行政机关是否真正履职到位。

《"十四五"时期检察工作发展规划》提出了五大理念,即"五个坚持",具体包括"坚持讲政治与抓业务有机统一""坚持客观公正立场""坚持在办案中监督、在监督中办案""坚持政治效果、社会效果、法律效果相统一""坚持双赢多赢共赢"。这些理念也是引领公益诉讼检察工作高质量发展的科学指引。

关于"坚持讲政治与抓业务有机统一"的理念。由公益诉讼检察制度的特点及改革发展过程所决定,落实"讲政治与抓业务有机统一",公益诉讼检察业务有先天的优势。建立公益诉讼检察制度这一改革任务是总书记亲自部署推动的,做好公益诉讼检察工作,完善好公益诉讼检察制度,就是增强"四个意识",坚定"四个自信",做到"两个维护",落实总书记关于政法工作的重要批示指示精神的具体体现。公益诉讼检察工作的开展,重点始终围绕党和国家重大部署、人民群众反映强烈的急难愁盼问题来展开,努力做到为国分忧、为民解忧,这都体现了服务大局、为民司法的要求,都是讲政治与抓业务的有机统一。

关于"坚持客观公正立场"的理念。检察官法明确规定了检察官履职应秉持客观公正的立场。公益诉讼检察职责是检察官依法履行的重要职责,同样也应坚持这一基本立场。《办案规则》对此作了强调,明确规定人民检察院办理公益诉讼案件应当遵守宪法、法律和相关法规,"秉持客观公正立场",并规定了"依法、客观、全面"的调查原则,也就是说在办案过程中,检察官不是简单的追诉者,而是确保法律统一正确实施的"法律监督"者,调查过程中既要收集证明违法者违法的证据材料,也要注意收集证明其不违法或者不承担民事责任、行政责任的证据材料。

关于"坚持在办案中监督、在监督中办案"的理念。这一理念不仅对公益诉讼办案有引领作用,而且对公益诉讼检察制度的完善具有重要的指导意义。最高检党组就贯彻落实中共中央《关于加强新时代检察机关法律监督工作的意见》,在《人民日报》刊文《加强新时代检察机关法律监督 更实担起党和人民赋予的更重责任》(2021 年 9 月 2 日,第 6 版),对"在办案中监督、在监督中办案"的理念作了解读:"在党的领导下对执法司法机关办案活动进行监督,检察机关是在诉讼程序中履职的专门职能部门。作为执法、司法活动的参与者,检察机关直接、全面了解案件办理全过程,是在具体办案过程与环节中履行监督职责,是参与、跟进、融入式监督,制度设计的目的就是以此实现一体、实时、有效监督。与其他监督'由外向内'不同,检察机关法律监督是在办案中监督,在监督中办案,发现问题更及时，监督纠错更直接。这恰是我国司法检察制度的显著优越性之一。”

关于“坚持政治效果、社会效果、法律效果相统一”的理念。三个效果的统一始终是检察业务的目标追求。办案过程中，不能简单办案、机械司法，而要以“求极致”“止于至善”的标准，在以事实为根据，以法律为准绳的基础上，融合法理情，做到政治效果、社会效果、法律效果相统一。

2018 年 10 月，张军检察长向全国人大常委会专项报告民事检察监督工作时，也提出了五大理念，即全面平衡充分发展理念、双赢多赢共赢理念、精准监督理念、智慧借助理念、统筹发展理念。这些理念对于公益诉讼检察工作的高质量发展同样具有重要意义。

关于“全面平衡充分发展”的理念。现阶段侵害公益的问题还很多，对于一些突出问题，百姓反映还很强烈。有没有公益诉讼案件，不是说有没有侵害公益的问题，关键是办案有没有力度、敢不敢担当的问题。公益诉讼检察工作地区发展不平衡、案件结构不合理的问题，都需要在这样一个理念的指引下去推动解决。包括等外探索的问题，应该是在做好法定领域基础上，去积极稳妥探索，不能法定领域都还是空白，就单纯为了抓眼球而去搞探索。

关于“精准监督”的理念。张军检察长强调：“监督必须考虑政治效果、社会效果、法律效果的有机统一，通过个案的公平正义来引领司法进步、促进社会进步。我们强调要在精准监督上下功夫，通过优化监督实现强化监督，不搞粗放式办案，防止片面追求监督数量。”就公益诉讼检察工作而言，要解决办案质效方面存在的五个“有的”的问题，必须坚持精准监督的理念。

关于“智慧借助”的理念。公益诉讼的办案领域非常广，涉及很多专业问题。单从行政执法领域来看，涉及的法律法规就非常庞杂。对于一些专业性问题，在智慧借助理念指引下，一方面可以借助专业的力量，聘请“有专门知识的人”参与公益诉讼办案；另一方面可以和行政机关双向挂职交流，聘请行政机关的专业人员作为检察官助理参与办案，包括成立公益诉讼专家咨询委员会，建立专家库等。

关于“统筹发展”的理念。这个理念主要解决的是不同层级检察机关的功能定位问题。对于公益诉讼办案来说，一体化的办案机制确实符合其特点规律，得到了方方面面的认可，很多省都出台了一体化办案的意见。在一体化的办案机制中，四级院肯定不能都干同样的事，每一级院应该有什么样的功能定位，每一级院应该发挥一种什么样的作用，这就需要考虑统筹发展，在统筹发展理念的指引下，正确定位不同层级检察院的功能。最高检和省级院主要发挥指导的作用，省级院通过交办、督办、参办、领办等方式加强对办案工作的具体指导，发挥办案的龙头牵引作用;市分院统筹调配辖区内办案力量,沟通协调解决困难问题,发挥办案的主体作用;基层院处在公益侵害问题的最前沿,便于调查取证,发挥办案的基础作用。怎样进一步完善公益诉讼一体化办案机制,需要统筹发展的理念来指引。

(二)聚焦服务大局和司法为民,进一步突出公益诉讼办案重点

公益诉讼办案重点,包括两个方面,一是办案领域,二是案件类型。

从办案领域来说,现在法定领域变成了“4 +5”。每个领域有每个领域的特点,也处于不同的发展阶段,相应地就应该有不同的工作要求。对于传统法定领域来说,第一重点和第二重点还是生态环境和食品药品安全,因为这两个领域侵害公益的问题发生在百姓身边,案件量最大。国有财产保护、国有土地使用权出让领域和英烈保护领域,虽然案件量不大,但是案件影响大,各方高度关注。对于新增法定领域,尤其是安全生产和个人信息保护,案件量不少,但仍处于起步阶段,重点是构建符合其规律的业务框架体系。对于进一步拓展的新领域,重点是争取标志性成果,如起诉案件或者推动制定地方法规及规范性文件。

关于生态环境和食品药品安全两个领域,经过几年的发展,推动解决了一批侵害公益的突出问题,现在要紧紧围绕长江经济带发展、黄河流域生态保护和高质量发展、国家生态文明试验区建设等重大国家战略部署,围绕老百姓反映强烈的急难愁盼问题,敢于“啃硬骨头”,持续打“歼灭战”。生态环境方面,要聚焦黑臭水体、固体废物和尾矿污染,这是目前各地比较突出的问题,要加大办案力度。在食药领域,要持续深化保健食品、校园周边和农贸市场等专项监督。加大药品公益诉讼办案力度。最高检2020年部署的为期三年的“公益诉讼守护美好生活”专项活动,就是以生态环境和食品药品安全两个领域为重点的。

关于国有财产保护和国有土地使用权出让领域,张军检察长在全国检察长会议上作了部署,明确要求加大办案力度,厅里专门下发通知,特别强调了市级院在国财国土案件办理中的特殊作用,要求每个市级院都要在这两个领域至少分别立案办理一起,并且突出强调了市级院在一体化办案机制中的主体作用,对于重大复杂、有影响的国财国土公益诉讼案件,市级院要统筹调配辖区办案资源,集中力量突破案件,帮助基层院排除干扰阻力。通知也明确了国财国土领域的办案重点。国财方面,重点关注在实施乡村振兴战略、创新驱动发展战略、民生保障、国资国企改革等党和国家重大战略、重大决策部署中的国有财产流失问题。国土领域,重点关注恶意拖欠土地出让金、长期闲置土地、未批先建等违法问题。这两个领域案件办理难度大,不是要求全面开花,而是针对本地侵害国财国土的突出问

题，系统抓、抓系统，重点突破。

关于英烈荣誉名誉保护领域，关键是抓住重点案件，及时关注有影响案件线索，加强与刑事检察部门的协作配合，力争办成有影响的案件。

对于新增法定领域，包括安全生产、个人信息保护、军人权益保护三个领域，当前的重点是努力构建符合各自领域特点规律的业务框架体系。

关于安全生产领域，2021 年 6 月，厅里专门下发推进安全生产领域公益诉讼检察工作的通知，对贯彻实施修订后的《安全生产法》提出明确要求。安全生产领域具有不同于其他领域的特点，针对的违法情形主要是重大事故隐患。事故发生后，公益诉讼检察部门如果参与事故调查，重点仍然是造成事故发生的隐患，预防发生事故问题。这一方面在行政公益诉讼中，督促行政机关依法履行职责，解决侵害公益的问题包括实然侵害与侵害危险两个方面；另一方面也明确安全生产公益诉讼制度具有不同于其他领域公益诉讼制度的特殊规律和价值追求。针对安全生产领域的特点规律，如何构建安全生产公益诉讼制度业务框架体系，需要在实践中积极探索。厅里的通知明确了安全生产公益诉讼的办案重点，包括矿山尾矿、铁路安全、危化品、危险废物、易燃易爆、燃气安全等。厅里 2021 年发布了一批 9 件典型案例，包括尾矿库安全、违规采矿、自备储油加油设施安全、燃气安全、违法建设安全、加油站扫码支付、违法施工安全、危险化学品安全、小煤矿安全等方面。这都体现了厅里要求的办案重点。

关于个人信息保护领域，厅里也下发了贯彻实施《个人信息保护法》的通知。目前对个人信息保护领域是否包括行政公益诉讼，有的学者有不同认识，认为从《个人信息保护法》的条文来看，不包括《行政诉讼法》第 25 条第 4 款规定的前置条件，所以不包括行政公益诉讼。其实，从具体条文内容看，《个人信息保护法》与《安全生产法》的表述基本类似，只不过《个人信息保护法》只用了“依法”的字眼，而《安全生产法》明确了依法的“法”包括民事诉讼法和行政诉讼法。最高检发布的个人信息保护公益诉讼典型案例里，既包括民事公益诉讼案件，也包括行政公益诉讼案件。与安全生产典型案例一样，这些案例也同样体现了个人信息保护公益诉讼的办案重点。厅里通知对此作了进一步强调，重点要关注生物识别、特殊身份、金融账号、医疗健康等敏感个人信息，儿童、妇女、残疾人、老人、军人等特殊群体个人信息，教育、医疗、就业、养老、消费等重点领域个人信息，以及处理 100 万人以上的大规模个人信息。

对于拓展的新领域，2022 年全国检察长会议上提出，要积极稳妥重点办理网络治理、金融证券、知识产权、文物和文化遗产保护、妇女权益保障等领域公益诉讼案件。在3月3日召开的新闻发布会上,胡卫列厅长进一步指明拓展方向:一是继续深化残疾人、妇女、老年人等特定群体权益保护,推动无障碍环境建设法治化进程;二是继续加大文物和文化遗产保护领域工作力度;三是依法推进网络空间治理;四是探索推进互联网平台反垄断和反不正当竞争公益诉讼;五是稳步开展知识产权领域公益诉讼。对于新领域案件探索如何把握,张雪樵副检察长在2020年6月29日全国检察机关“公益诉讼守护美好生活”专项监督活动动员部署电视电话会议上提出明确要求:“积极态度不能简单理解为多办案,应当积极争取标志性的机制性成果,如商人民法院提起诉讼。”

从案件类型来说,重点应该放在行政公益诉讼方面。从目前全国情况来看,行政公益诉讼占88%,但个别地方占比到了70%以下,需要调整。这方面学界有不同的观点,但厅里意见是明确的。因为制度设计的初衷,就是建立行政公益诉讼制度。而且,最近中央对公益诉讼的强调都是从完善权力运行制约机制、确保法律统一正确实施的角度,明确建立健全公益诉讼制度,是让检察机关增加重要的制度抓手,加强对行政机关违法行使职权或者不行使职权行为的司法监督。关于民事公益诉讼的功能定位,张雪樵副检察长在2019年12月9日全国检察机关公益诉讼检察工作会议上的讲话中强调:“民事公益诉讼的制度功能是追究违法者的侵权责任,弥补行政执法的不足。具体体现在三个方面:其一,针对因行政法律法规未授权,客观不能作为的监管真空,避免行政法律漏洞而致公益损害;其二,针对因为执法权力‘上限’约束而导致的监管受限,避免违法者取得违法收益;其三,针对执法力量不足或者不作为导致的监管失灵,避免违法者逃脱监管。”这实际上也体现了行政公益诉讼与民事公益诉讼的关系。对于通过行政公益诉讼督促行政机关履职,因为执法上限、监管漏洞等而无法实现对公益有效保护的,可以通过民事公益诉讼的方式来弥补。另外,对于一些特殊的情形,如环保督察移送的案件线索,行政机关在积极整改的,检察机关可以通过民事公益诉讼的方式介入。张雪樵副检察长2021年9月8日在第二轮中央环保督察线索办理第三次视频督办会上强调:“环保督察的典型案件中,涉及的行政机关是要被问责的。……针对这类案件,如果我们仅仅是发诉前检察建议,还有效果吗?问责总比检察建议力度大,对问责还不一定解决的问题,我们就要开动脑筋,要用民事公益诉讼手段直接追究违法主体的赔偿、修复等民事责任。”

(三)坚持问题导向和目标导向,努力提高公益诉讼办案质效

张军检察长强调,“高质量发展,必须从法律监督的高质效做起、抓起。加强

法律监督,重在精准。质量是根本,效率是保障,效果良好是目标”,要“找准问题、精准施策、及时纠偏,把公益诉讼检察工作做得更实更规范”。2021 年 10 月 29 日,张雪樵副检察长在公益诉讼办案数据分析督导会上强调:“从公益诉讼的制度设计出发,质量优先是公益诉讼助推国家治理体系和治理能力现代化的必然要求,关键是影响了多大的层面、解决了多难的问题。所以,我们一定要充分认识片面追求办案数量带来的多方面负面效果,切实从思想上扭转过来。牢固树立质效理念,坚定地坚持质量优先导向,宁要一件高质量的,也不要十件低质量的。”自 2019 年以来,厅里下发的公益诉讼检察工作要点就一直对提高办案质效有明确要求。如 2021 年工作要点明确要求:“坚持质效优先,提升办案规范化水平。坚决把好案件入口关,上级院不能向下级院下达不切实际的数量指标,防止‘蹭流量’‘搭便车’办凑数案。”2022 年工作要点为落实最高检“质量建设年”工作部署,提出“五抓”的要求,即抓重点、抓大案、抓实效、抓拓展、抓素能,始终贯穿了提高质效、高质量发展的主线。

提高公益诉讼办案质效,具体来说,一是落实好“为民办实事,破解老大难”专项活动各项要求。“为民办实事,破解老大难”公益诉讼质量提升年专项活动提出五大目标任务,分别是妥善解决一批公益保护老大难问题,推动补足一批社会治理短板和制度漏洞,持续强化办案质效导向和正确业绩观,切实提高公益保护的能力和水平,全面提升公益诉讼检察社会知晓度、参与度、影响力。各地要围绕这些目标,引导地方检察机关全面贯彻《办案规则》各项规定,深入落实常态化“回头看”,持续跟进监督,一盯到底各项要求,真正推动解决侵害公益的突出问题,努力提升公益诉讼办案治理效能。

二是树立正确的业绩观,解决单纯追求案件数量,滥发检察建议问题。《办案规则》第 69 条第 2 款明确规定:人民检察院在立案前发现同一行政机关对多个同一性质的违法行为可能存在不依法履行职责情形的,应当作为一个案件立案。在发出检察建议前发现其他同一性质的违法行为的,应当与已立案案件一并处理。对于立案后发现的涉及一个行政机关多个行政相对人的同类违法行为,应当合并为一案向行政机关发出一份检察建议。也就是说,能够通过一个检察建议解决的,就不能发多个建议。这就把行政机关的违法和检察机关的调查活动有机结合起来,检察机关立案后调查期间发现的违法行为都作为一个案件,发出检察建议后又发现的同类违法行为,可以作为新的案件。

三是做足做实相关调查工作,全面提高案件质量。第一,全面调查收集证据。对于检察机关办案,是必须全面调查收集证据,还是可以按照行政诉讼法规定的举证责任,只要证明行政机关有职责、检察机关履行了诉前程序,行政机关是否违法由行政机关去承担举证责任,通过行政机关的举证来证明自己没有违法。笔者的观点是检察机关要全面调查收集证据,立法赋予了检察机关调查权,就应承担相应的责任。从实践情况看,办案检察机关也承担了较重的举证责任,这既是检察机关客观中立立场的要求,也是立法赋予检察机关不同于普通原告的调查权的应有之义。当然,这是应然的角度,需要有相应配套措施的,在当前有关司法解释对公益诉讼调查权可以采取的调查措施总体上保守的情况下,检察机关只能承担与赋予手段相匹配的举证责任。所以《办案规则》并没有对检察机关的举证责任作出特殊的规定。实践中,对检察机关来说,要按照证明行政机关行政行为违法的具体要素,去全面地调查收集证据,在这样的基础上再研究提出检察建议的具体内容。检察建议的内容要紧扣行政机关的监管职责,具体地说,建议的每一点内容都要有直接的法律依据。当然这个法律依据不限于法律法规,最高检与生态环境部等9部委联合发布的《关于在检察公益诉讼中加强协作配合依法打好污染防治攻坚战的意见》对此作了明确,包括法律法规规章、地方性法规规章,还包括规范性文件。简单地说,就是行政机关权力清单规定的职责内容,都可以作为督促行政机关依法履行职责的依据。第二,用好磋商手段。关于立案后磋商程序的调查有一定的特殊性。这个制度设计核心目的,是繁简分流,通过这个环节,实现繁简分流,把有限的办案精力放在一些侵害公益严重的问题和突出问题上,放在单靠行政机关自身解决不了的问题上。对于事实清楚、危害不大的公益侵害案件,检察机关在立案以后,送达立案通知书的时候,可以与行政机关进行磋商,把侵害公益的事实、行政机关可能涉嫌违法等问题告诉它,看行政机关的态度。如果行政机关马上整改,公益得到保护,就可以结案;如果存在分歧,行政机关认为不存在违法,或者说认为不是自己的职责,检察机关就要进行全面调查;如果短期内公益仍然没有得到有效保护,说明侵害公益的问题比较严重,检察机关继续进行全面调查。通过这个程序实现了繁简分流,简单的问题不需要经过调查就可以解决,检察机关的重点就可以放在侵害公益的严重问题和与行政机关有不同认识的复杂问题上。第三,要做好检察建议内容与诉讼请求的衔接。在提出检察建议的时候,就要考虑起诉的诉讼请求,两者之间要有内在的连续性、一致性。有的地方法院要求检察机关的诉讼请求必须和检察建议的内容相一致,这只能针对检察机关发出检察建议后行政机关完全没有整改的情形,如果行政机关进行了部分整改,但没有整改到位,诉讼请求就不会与检察建议的内容完全一致,这两者之间应该是包含关系,诉讼请求的内容要包含在检察建议内容里面。第四,坚持"回头看”常态化。对于行政公益诉讼起诉案件来说,从实践情况看,不是没有符合起诉条件的案件可办,而是有的地方对符合起诉条件的没有起诉。2022年3月3日最高检发布的“回头看”典型案例中,就有这种情形,上级检察机关指定其他检察院提起诉讼。对于调整结构的问题,关键是“补短板”,要解决刑事附带民事公益诉讼案件占比过高的问题,不是说刑附民不办了,而是要通过提高单独起诉案件的占比,加大单独起诉案件的力度。当然,对于刑事附带民事公益诉讼案件,也要办成真正的民事公益诉讼案件。如对于野生动物资源保护案件,不能仅仅提出价值赔偿的诉讼请求,还要有修复生态的诉求。如江西泰和县人民检察院诉于某某非法狩猎刑事附带民事公益诉讼案,除诉请侵权人赔偿野生动物资源直接经济损失外,还主张了生态修复费用。委托野生动植物保护专家出具专家意见,专家认为,野生动物生态资源修复的基本的、直接的、有效的手段为放归,结合现场的食物条件、生态条件,采取人工驯养“渐进式放归”形式可使受损的资源较快恢复到基线状态。“渐进式放归”费用包括放归费用、修复适应期人工保护费用和检疫费用,可认定为生态资源修复费用。(直接经济损失22,870元,生态资源修复费用111,792元。)

(四)坚持法律监督职能定位,积极能动履职,完善国家治理

四大检察、十大业务中,公益诉讼检察是更带有主动性的诉讼职能。要做到为国分忧、为民解忧,公益诉讼检察部门必须依法、积极能动履职。但能动履职不是说我们什么都可以做,而是要在符合法律监督职能定位的基础上,依法积极能动履职。

一是办案要更深一步,从个案办理,到类案监督,再到溯源治理。张军检察长强调,“这几年,公益诉讼检察工作一直热火朝天地向前推进。现在要主动谋划如何进一步深化、规范,通过公益诉讼促进行政机关发挥应有作用,加强诉源治理,促进更好维护国家利益和社会公共利益。……要强调源头治理、诉源治理,既要依法及时办理典型案件,发挥‘办理一案、治理一片’的功效,更要及时总结办案情况,推动行政主管机关主动履行监管责任,把建设法治政府的责任落到位”。总体上看,各地在办案中都能注意从个案办理到类案监督的问题,基本上都能实现“办理一案、治理一片”的效果。通过办案,不但推动了行政监管制度体系的完善,完善了不少治理漏洞短板,有的还形成了外在的物化成果。如有的地方检察机关针对农贸市场农药残留的问题,通过办案督促有条件的农贸市场设立了专门的检测室,不具备设立检测室条件的配备了专门的检测箱、检测设备。通过办案,

在服务食品药品安全、保障消费者合法权益方面有一些具体的、外在的物化成果。这样的办案成效就是比较突出的。

怎样助推源头治理?2021 年 10 月 18 日,《检察日报》每周社评指出:“简而言之,就是各项检察工作都要围绕如何助推国家治理体系和治理能力现代化,如何从源头上解决各类问题进行。……要有‘溯源思维’,在监督办案中切实做到‘从政治上看’,深刻认识到检察履职不能机械,每一项具体工作都要考虑如何促进和推动源头治理,更好地为大局服务、为人民司法,更好地服务保障经济社会高质量发展。”“十四五”时期检察工作发展规划对此也有明确的要求,“全面推开每季度监督办案数据公开发布,同时发布典型类案、发案趋势,及时预警预防、促进动态治理。建立法律监督年度报告、专题报告制度,当好党委政府法治参谋。精准提出社会治理类检察建议,四级检察院协同、持续跟踪落实高检院发现的检察建议,不断丰富新的内在要求,促进源头治理、系统治理”。

二是办案也要往前走一步,为完善公益诉讼制度积累有益司法经验和充足实践样本。经过将近 5 年的全面发展,公益诉讼检察制度不断丰富完善。但不可否认的是,目前司法实务中还存在不少制约公益诉讼检察工作高质量发展的突出问题,理论研究中对关于公益诉讼制度的不少问题还存在不少认识分歧,甚至对一些基础性问题还存在不同认识。需要我们在实践中,积极能动履职,针对这些问题和分歧,努力探索符合检察职能特点、符合公益诉讼规律的解决方案。第一,要积极探索公益诉讼不同于普通民事诉讼、行政诉讼的特殊规律。目前,无论是民事诉讼法还是行政诉讼法提供的基本诉讼构造都是以保护私人权利为核心的主观诉讼。民事诉讼以私人权利保护为核心自不必言。行政诉讼在理论上虽有主观诉讼和客观诉讼之争,但从实定法的规则上看,我国的行政诉讼同样是以保护个人合法权益为核心的主观诉讼。因此,不少学者提出,公益诉讼立法上突出存在规则供给不足、公益诉讼客观诉讼的性质与传统公益诉讼构造不能完全契合等问题,有必要通过单独立法予以弥补、改造与完善。应该说,2021 年实施的《办案规则》初步体现公益诉讼不同于私益诉讼,特别是检察机关提起的公益诉讼不同于其他主体提起的公益诉讼的内容,但客观来说,这只是初步的,需要在实践中进一步探索,公益诉讼改革仍然在路上。第二,要积极探索办案中突出问题的解决方案,如公益诉讼惩罚性赔偿的问题。虽然《办案规则》为办理惩罚性赔偿案件提供了明确的依据,“两高”等七部门关于惩罚性赔偿的座谈会会议纪要对惩罚性赔偿的功能定位、基本条件等作了原则性规定,但仍然有不少问题需要通过实践探索积累经验,包括公益诉讼惩罚性赔偿和私益诉讼惩罚性赔偿的衔接问题,惩罚性赔偿金与行政罚款、刑事罚金的关系问题，惩罚性赔偿金的管理使用问题等，都需要通过实践的进一步探索凝聚共识。

三是做到应听证尽听证，通过检察听证，扩大办案影响，增强检察公益诉讼制度公信力。检察听证是检察机关在案件审查过程中，通过组织召开听证会的形式，广泛听取从人大代表、政协委员和社会人士中邀请的听证员以及案件当事人、辩护人、相关办案人员等其他听证会参加人意见的活动。2021 年 10 月 15 日，张军检察长在第三届新时代检察工作论坛上强调，要"以检察听证厚植党执政政治基础，让公平正义可见可感"，"应听证尽听证要防止单纯追求听证数量，应切实选择群众诉求强烈、矛盾纠纷突出的案件，疑难、复杂、引领性案件，最大限度彰显检察听证的功能和价值"，"听证前，重在了解案件当事人、吃透案情、选准听证员；听证中，重在'听''证''结'；听证后，重在跟踪问效，做到案结事了人和"。为确保公益诉讼办案活动中做到应听尽听，八厅专门下发了公益诉讼案件听证指引，在最高检听证规定的基础上，对公益诉讼办案过程中进行听证提出具体指导意见。

（五）强化实践探索，健全完善公益诉讼办案体制机制

公益诉讼是全流程检察业务，是需要主动履职的检察职能。在目前办案任务与素质能力、力量配备不相适应的情况下，需要通过建立健全符合公益诉讼特点规律的办案机制，进一步推动公益诉讼检察工作高质量发展。

第一，进一步完善一体化办案机制。张军检察长在全国检察长会议上对健全一体化办案机制提出明确要求。具体到公益诉讼检察业务来说，一体化机制是公益诉讼检察工作高质量发展的重要保障。检察一体化的内涵包括上命下从、职能协助、职务移转与承继三个方面，包括检察机关上下一体化、横向一体化等内容。在上下一体化方面，要特别强调市级院的主体作用。一方面，因为目前大量的案件在县区和市级层面，需要市级院统筹两级院力量，发挥好职能作用。另一方面，最高检对市级院办案提出特殊要求，如 2022 年明确要求市级院要在办理国有财产、国有土地使用权出让领域案件方面实现全覆盖。整个一体化机制的构建，要突出市级院的主体作用。

横向一体化方面，一是深化不同地域检察院之间的协作配合机制和跨行政区划管辖机制。二是努力推动四大检察、十大业务融合发展。在刑事检察与公益诉讼检察融合方面，要在国有财产、英烈保护、个人信息保护等领域积极探索公益诉讼发挥职能作用的制度空间和融合机制。在与民事检察、行政检察融合方面，要进一步完善针对公益诉讼案件诉讼监督方面的衔接配合与协作机制。在公益诉讼与检察技术的融合方面,要全面落实科技赋能理念,深入总结南四湖等专案经验,落实好《办案规则》关于检察技术人员编入公益诉讼办案组的具体规定,不断提高公益诉讼办案科技含量。

构建一体化办案机制的抓手即公益诉讼办案指挥中心平台。我们正在建设最高检公益诉讼办案指挥中心,我们考虑,指挥中心的功能定位是,以公益诉讼一体化办案为目标,依托专门运行机制,以公益诉讼大数据平台为软件支撑,对数据、案件、人员、装备进行科学有效管理,实现案件线索采集研判分析、重点专案指挥调度、现场指导取证、案件会商研讨、数据分析研判等功能,支持公益诉讼部门从宏观决策部署到微观的个案指导办理等工作。具体包括线索采集、专案指挥、专项行动、人才库、技术支持、专家辅助、知识服务、宏观决策、公共关系、理论研究等系统。

第二,科学设置公益诉讼办案考核评价机制。最高检对案件数量没有考评,重点关注的是案件质量,涉及公益诉讼案件质量评价的指标有四个,一是行政机关对检察建议的采纳率;二是起诉案件占行政机关到期未整改案件的比率;三是起诉案件法院判决的胜诉率;四是支持起诉案件法院判决的胜诉率。不少省级院对地方的考核中有办案数量的要求。考评机制是指挥棒,相关指标的设置非常重要,如果设置不科学,会造成严重的问题,如最高分评价标准问题。对办案数量不是不能评价,因为在目前侵害公益问题还比较突出的时候,办案数量实际上反映的是办案力度,当然要排除片面追求案件数量的非正常因素。案件数量是基础,案件质量是关键,这两者之间是辩证的,没有数量的质量是没有意义的,没有质量的数量还不如不干。所以,设计公益诉讼检察工作的考评机制,一定要充分考虑数量与质量的关系,要多设置关于质量、效果、效率方面的指标。具体指标方面,要积极探索科学评价公益诉讼办案工作的具体指标。如有的地方在探索通过重大特大案件占比来评价工作质效。区分公益诉讼案件的重大、特大案件是有一定基础的,因为各相关领域在这方面有一些基础性规定,如生态环境部对较大、重大突发环境事件标准作了规定:“凡符合下列情形之一的,为较大突发环境事件:1. 因环境污染直接导致 3 人以上 10 人以下死亡或 10 人以上 50 人以下中毒或重伤的;2. 因环境污染疏散、转移人员 5000 人以上 1 万人以下的;3. 因环境污染造成直接经济损失 500 万元以上 2000 万元以下的;4. 因环境污染造成国家重点保护的动植物物种受到破坏的;5. 因环境污染造成乡镇集中式饮用水水源地取水中断的;6. Ⅲ类放射源丢失、被盗的;放射性同位素和射线装置失控导致 10 人以下急性重度放射病、局部器官残疾的；放射性物质泄漏，造成小范围辐射污染后果的；7. 造成跨设区的市级行政区域影响的突发环境事件。”在借鉴诸如此类的标准的基础上，结合公益诉讼案件本身的特点，在充分考虑公益损害事件的性质、行政机关的层级等因素基础上，制定公益诉讼案件重大、特大案件评判标准，在此基础上以重大特大案件比率作为评价一个地方工作的重要指标。另外，要积极探索办案效果客观评价指标体系。目前，提到公益诉讼办案成效，就是一些具体的数字。比如在国有财产损失方面，2018 年挽回了 230 多亿元国有财产损失；在保护资源方面，几百万亩林地、耕地、湿地得到保护。一看这个数确实非常大。对于办案效果怎么样来分析，能不能有一些客观的指标来体现，需要各地积极探索。比如，最高检在 2019 年向全国人大常委会所作的报告里面就用到了一组数据，即云南省昆明市检察机关开展校园周边食品安全专项监督活动后，高校园区学生肠源疾病发病率 2019 年第一季度和 2018 年第一季度相比下降了 50%。2018 年第一季度 3000 多人，2019 年第一季度只有 1500 多人。当然这方面受多样因素的影响，但确实也客观反映了校园周边食品安全公益诉讼办案的成效。再如，通过办案督促行政机关依法行政了，法治水平提高了。现在依法治国办公室有一系列的依法治国水平指标，可以从中选择一些指标作为衡量公益诉讼办案成效的具体指标。

第三，进一步完善对外沟通协作机制，形成保护公益合力。首先是检察机关与行政机关的协作配合。应该说，检察机关与相关行政机关之间的协作配合机制已经建立起来了，下一步的关键主要是如何进一步深化，怎样在具体案件办理、协同推动治理方面切实发挥有效作用。其次是检察院与法院的协作配合。“两高”司法解释明确了检察机关与审判机关在保护公益方面共同的职能作用，在立法需要进一步完善的情况下，必要的沟通协作有利于对公益的有效保护，司法实践的进步，也能够推动立法的进一步完善。在“两高”层面，沟通比较顺畅，地方各级要加大沟通力度，尤其对于落实中央要求的改革探索任务，如惩罚性赔偿的问题、新领域案件的办理问题等，要事先沟通好。最后是检察机关与社会组织的协作配合。公益保护需要广泛的公众参与。目前法律赋予社会组织公益诉权的领域越来越多，公益组织在保护公益方面发挥了越来越重要的作用，但同时也出现了有的社会组织利用公益诉讼牟利的现象，需要引起重视。检察机关在支持社会组织依法行使诉权的同时，要落实好“两高”检察公益诉讼司法解释关于“督促适格主体依法行使公益诉权”的规定，发挥好法律监督职能作用，进一步探索完善检察机关与社会组织的良性互动工作机制。

(六)持续加强专业化和规范化建设,进一步提高监督能力

首先,优化专业化办案组织,配齐配强一线办案力量。目前基层院人员配备面临的现状是“二人转”“三人台”,还要承担民事、行政、公益诉讼等职能。最高检强调,公益诉讼检察工作要有专门的机构或办案组并没有完全落地,专门的办案组,就是至少得有两个员额检察官组成,这才能叫办案组,即使院领导参加,那也得再有一个员额检察官,而且要专门负责公益诉讼检察工作,这才算是专门办案组。从目前情况看,不少地方没有达到这一要求。所以,配齐力量仍然是要积极争取的一个方面。在此基础上,省级院、市级院可以建立本辖区的公益诉讼办案人才库,有重大、复杂、疑难案件时,可以抽调人才库人员集中统一办案。

其次,加强培训,提高素质能力。一方面,要积极落实最高检培训要求,确保培训成果落地。另一方面,对现有的培训模式要深化、改革,课堂讲授、经验介绍等方式已经满足不了司法实践的需要。贵州探索了“培训 + 办案 + 研究”的培训模式,在一个分州(市)院进行试点,这种模式是由省院政治部和公益诉讼检察部门共同来推进的。先是让这个地方报培训需求、办案需求,报送所掌握的案件线索,针对需求设置培训课程,对于案件线索,则派人去共同分析研究论证,提高成案率;针对这个地方的办案实践,上级院派人共同帮助总结提炼;针对这个地方的办案团队,选择部分骨干人员,实行导师制,从上级院选择业务骨干,一带一,帮助提高理论研究、办案的能力和水平。

最后,运用好公益诉讼专家咨询委员会和益心为公平台等外脑智库,以及检答网等内外部沟通交流平台,研讨办案疑难问题、交流办案经验。对于重大疑难复杂案件,可以邀请专家学者等“有专门知识的人”参与办案。还要落实好检察机关与行政机关双向挂职交流制度,邀请行政机关专业人员兼任检察官助理制度。借鉴吸收浙江、湖北等地建设使用“益心为公”云平台试点经验,主动与地方统战部门、民主党派、团委、妇联、工商联、高校等单位对接,建设好平台,邀请组织参加平台活动,不断提升平台服务保护公益功能。

要充分发挥好公益诉讼检察研究基础重要作用,进一步深化理论研究,为推动制度完善提供理论支撑。从公益诉讼检察部门自身来说,首先要加强实证层面的研究。要对全面开展 5 年多来的实践情况进行全面的总结和提炼,全面梳理办案中存在的具体问题,梳理归纳办案过程中体现出来的检察公益诉讼不同于普通诉讼的具体规则,总结提炼公益诉讼办案的特点、规律。在此基础上,积极向我们的研究基地推介,邀请专家、学者共同参与,进行理论上的反思和提升,借助研究基地、研究中心的力量对检察公益诉讼的一系列基础性问题进行深入研究,如检

察公益诉讼的职能定位、诉权基础、法律监督与起诉权的关系、公益诉讼的特殊诉讼原则规则、公益诉讼与私益诉讼的衔接、惩罚性赔偿制度等。针对这些问题推出一批成果,在广泛研讨的基础上最大限度达成共识,以达成共识的理论来指导公益诉讼检察实践,实现实践与制度发展螺旋式上升的良性互动。

检察公益诉讼案例工作中的重点问题

胡婷婷* 最高人民检察院

目 次

* 胡婷婷，最高人民检察院第八检察厅三级高级检察官。

一个案例胜过一打文件。检察机关为大局服务，为人民司法，关键在办案。对于司法机关，案例的功效在于业务指导、政策指引和司法理念的引领；对于社会，则是更直观的释法说理、法治教育，促进社会公众理解、遵守法律，提升法治意识。而公益诉讼本身是一个新的诉讼领域，检察公益诉讼是中间更新的分支、更新的业务。不同于传统案例主要解决对法律规范适用中的不同认识，公益诉讼案例往往是在法律规范不足的情况下，以人民群众反映强烈的公益保护难题为出发点，总结司法实践中的创新智慧，不断探索、创制公益诉讼司法规则，进而在顶层设计上完善中国特色公益诉讼法律制度。

从工作指导角度来说，公益诉讼案例是最高人民检察院（以下简称最高检）推动公益诉讼检察工作的重要抓手，最高检第八检察厅在不断选编和研究案例的过程中，逐渐对公益诉讼案件如何借助指导性案例、典型案例的载体，最大化发挥对下指导和对外宣传的作用，达成了阶段性的共识。为了更好帮助检察人员树立案例意识，加强对案例的学习、应用、研究、培育、编写、推荐、宣传等一系列相关工作，充分发挥好案例这一重要抓手作用，我们对检察公益诉讼案例相关工作进行了梳理，分享给大家。

一、案例指导制度的发展

2008 年年底，中央启动了新一轮的司法体制改革，此轮改革的重点是加强对司法权力的监督制约，为此，中央政法委提出要建立中国特色的人民法院、人民检察院案例指导制度。2009 年，最高检下发了《关于深化检察改革 2009—2012 年工作规划》，推出了一系列改革举措。其中，建立案例指导制度——作为检察机关建立健全对自身执法活动的监督制约机制，提高司法规范化和公信力的重要举措之一予以正式提出①。2010 年 7 月，最高检印发了《关于案例指导工作的规定》（已失效），标志着检察机关案例指导制度正式建立。该规定明确要求检察机关建立案例指导制度应当立足于检察实践，通过选编检察机关办理的在认定事实、证据采信、适用法律和规范裁量权等方面具有普遍指导意义的案例，为全国检察机关依法办理案件提供指导和参考，促进法律的统一公正实施。最高检设立案例指导工作委员会，负责指导性案例的审查、编选和发布等工作。指导性案例发布后，各级人民检察院在办理同类案件、处理同类问题时，可参照执行。2010 年 12 月 31 日，最高检发布了第一批指导性案例。2014 年 10 月，党的十八届四中全会通过的

① 万春：《最高检指导性案例的发展历程和创新完善》，载《国家检察官学报》2019 年第 5 期。

中共中央《关于全面推进依法治国若干重大问题的决定》专门提出要求:加强和规范司法解释和案例指导,统一法律适用标准。为贯彻落实中央深化司法体制改革部署,最高检启动了对《关于案例指导工作的规定》的第一次修订并于2015年12月30日发布,主要修改内容包括:明确了指导性案例的发布主体;完善了指导性案例的征集遴选程序;增加了指导性案例的宣告失效机制以及其他相关配套机制。2018年10月,修订后的《人民检察院组织法》第23条第2款规定,"最高人民检察院可以发布指导性案例"。

2019年,最高检第二次修订《关于案例指导工作的规定》,主要修订了以下内容:一是进一步明确了指导性案例的条件。二是修改完善了指导性案例的体例,要求指导性案例一般包括标题、关键词、要旨、基本案情、检察机关履职过程、指导意义和相关规定。三是进一步改进了指导性案例的推荐程序。四是调整了研究编制指导性案例的职责分工,明确最高检各检察厅和法律政策研究室分工负责指导性案例的研究编制工作。五是调整了案例指导工作委员会的人员组成。六是进一步明确了指导性案例的效力,即各级人民检察院应当参照指导性案例办理类似案件,可以引述相关指导性案例进行释法说理,但不得代替法律或者司法解释作为案件处理决定的直接依据。同时规定,各级人民检察院检察委员会审议案件时,承办检察官应当报告有无类似指导性案例,并说明参照适用情况。

2008年以来,最高检新一届党组高度重视案例指导工作。张军检察长多次强调指出,指导性案例是检察工作中落实"讲政治、顾大局、谋发展、重自强"的抓手,不仅具有指导性,还具有监督、制约作用,案例指导工作抓得好,能够把各级检察机关各项检察业务都带动起来,能够促进检察机关政治建设、业务建设、队伍建设等各个方面。案例是检察产品和法治产品的最主要体现之一,要把案例指导工作作为提升检察官政治、业务能力水平的重要内容来抓。要加强对指导性案例和典型案例的学习,检察官办案中都要有案例意识,注重总结,向上级检察院报送。上级检察院也要凭借专业眼光,在履行领导指导责任时敏锐发现。已经印发的案例,各级检察院检委会、检察官要认真学习研究,真正用起来。

2020年5月,张军检察长在最高检案例指导工作委员会会议上强调,编发案例要注意把握几个方面:一是要兼顾业务指导和普法需求,对检察机关是业务指导、政策指引,对社会则是教育、释法说理,意义重大。二是要以解决问题为导向。这个案例能解决什么问题,对检察监督办案能起到什么作用?把事理、情理、法理讲清楚、写明白,把案例中体现的政治智慧、法治智慧、检察智慧阐述清楚,把案例的争点、问题的焦点、这样办的理由阐述清楚。三是要认真调阅案卷,全面掌握案件情况，客观描述案件事实证据，力求准确无误。四是要敏于发现、培养、总结案例，一些有影响的案件，从发案之初，就要敏锐发现案件的典型性，加强对地方检察机关的办案指导，从一开始就朝着办成典型、指导性案例的目标去培养。要完善案例的发现、培育和推荐机制。五是要注重案例的应用。办案检察官要重视学习研究，在学懂弄通的基础上真正把指导性案例用起来，参照指导监督办案，确保办理的每一起案件都取得良好的政治效果、社会效果和法律效果。

在新一届院党组的重视和指导下，各地更加重视对指导性案例的培育和推荐，截至 2021 年年底，最高检共发布指导性案例 32 批 130 件。

二、指导性案例与典型案例的区别与关联

我们日常所讲的案例工作，不仅包括指导性案例，还包括典型案例。相较于指导性案例而言，典型案例的概念相对宽泛，最高检各业务厅（室）、各级检察院公开或内部发布的具有典型性或参照意义的案例，都可以成为典型案例。① 最高检 2018 年以来发布典型案例 168 批 1206 件，案例数量逐年增长，仅 2021 年就发布典型案例 76 批 563 件。

指导性案例相对来说效力更高，要求参照适用，在时效性方面要求没有那么强，最关键在于其规则性、指引性，其选编程序较为严谨，选编周期相对较长，需要广泛征求意见，最终需经过最高检案例指导工作委员会、检委会审议通过，每批数量一般不超过 5 件。典型案例效力是参考适用，批次多，每批数量也一般比每批指导性案例数量更多，时效性相对强一些。

典型案例和指导性案例之间存在一定的关联性。最高检在选编指导性案例的时候，除了向各省征集案例以外，也会同步从已经发布的典型案例当中去筛选具有规则指引性的案例，进一步完善提升为指导性案例。比如 2017 年 6 月 30 日，民事诉讼法、行政诉讼法修改新闻发布会的典型案例中的“陕西省凤翔县人民检察院诉宝鸡市环保局凤翔分局行政公益诉讼案”后来在 2018 年 12 月入选第 13 批指导性案例——“陕西省宝鸡市环境保护局凤翔分局不全面履职案（检例第 49 号）”。最高人民法院（以下简称最高法）的案例发布也存在类似的情况，比如最高法“2019 年度人民法院环境资源典型案例”中的“江苏省泰州市人民检察院诉王小朋等 59 人生态破坏民事公益诉讼案”，在 2021 年 12 月入选第 31 批生物多

① 参见张杰：《建构指导性案例与典型案例“一体两翼”工作格局》，载《检察日报》2019 年 8 月 8 日。

样性保护专题指导性案例。

而各地报送投稿的不少指导性案例备选案例,有的虽然可能因为规则性不强或者规则尚不成熟,最终没能成功入选指导性案例,但是因其具备参考价值,还可能作为典型案例发布。

鉴于指导性案例和典型案例数量越来越多,为更好整合案例资源,便利检察人员检索学习,最高人民检察院 2021 年出台《案例库建设和使用管理办法(试行)》,明确了最高检指导性案例和典型案例均纳入检察案例库,最高检法律政策研究室负责统筹案例库建设和使用管理等工作;各业务部门负责本业务条线案例的审核、推荐入库和应用指导等工作。案例库主要收录以下案例:最高检发布的指导性案例;最高检及其业务部门发布的典型案例;最高检各业务部门遴选、推荐的案例;其他对检察机关办案具有参考意义的案例。检察官在案例库中检索到与在办案件基本案情和法律适用方面相类似的案例,应当区分不同情形适用:指导性案例应当参照适用;最高检发布的典型案例应当参考适用;其他案例可以参考适用。检察官应当在案件审查报告中对案例检索和参照、参考适用情况予以说明。为配合案例库建设,最高检法律政策研究室会同检察技术信息研究中心建设了检察案例库,并已于 2021 年 11 月在全国试运行,目前,已收录指导性案例、典型案例 16.6 万件。

可以看出,案例作为一项独特载体的价值和作用正在不断得到更广泛的关注和更深度的挖掘,每一位检察人员都可以充分参与到案例工作中来,成为参与者、贡献者、受益者。

三、公益诉讼案例工作总体情况和选编要求

(一)公益诉讼案例工作重要意义

相比于其他条线的检察案例工作,公益诉讼案例对整个检察公益诉讼工作的发展有着更加特殊和重要的意义。

1. 发挥统一办案标准、规范办案方式的指导作用

公益诉讼是一项新职能,起步晚,和其他三大检察相比,公益诉讼检察官拥有的办案工具包非常有限,现有法律体系不完善,条文依据较为原则。而公益诉讼所涉及的各个领域又具有高度的专业性,给检察官带来了更大的挑战。为更好指导帮助检察官尽快熟悉各类案件办理的方式方法、法律依据、监督标准,特别需要有案例这种更加具象的、灵活的、高效的载体发挥指导作用。最高检在编发案例时,特别注重以解决普遍性争议问题为导向,从案例中提炼出可供参照、参考适用的规

则,为检察人员答疑解惑,统一办案理念和标准,规范办案方式,提高办案效率。

2. 为公益诉讼工作创造良好的外部环境

公益诉讼检察在检察系统内部属于新职能,对社会公众来说可能更加陌生,其办案理念是什么、办案方式是什么、办案质效如何,都可能面临公众的疑问和困惑。公益诉讼案件办理,本身也离不开各方的理解和支持。如何能够让社会公众更好了解检察公益诉讼是什么、能为老百姓做什么,行政公益诉讼能不能真正与行政机关实现双赢多赢共赢,定义概念远远不够,案例是最直观、最有说服力的载体。各级检察机关在办案中、在宣传中、在工作汇报中,通过公益诉讼案例的讲述,为这项制度的知晓度、关注度、支持度争取了更好的外部环境。

3. 以实践为推动公益保护法律体系完善的重要路径

公益诉讼实践蓬勃发展,远远走在理论的前面,为公益诉讼检察理论研究提供了重要的研究样本,也为中国公益保护法律体系完善提供了重要的参考。今天的案例提炼出的规则可能就是明天的法律或者司法解释条文,每一位参与的检察官都是推动这项制度完善的建设者和参与者,检察官不仅要会办案,还要善于研究总结、分析提炼,实现个案效能的最大化。用一个个有影响力的案例提炼规则,或者梳理分析问题,不仅能够推动公益诉讼制度,甚至还能够推动涉及公益保护的各项法律制度等,推动顶层设计或者相关立法进程,比如一些地方通过公益诉讼办案推动了地方人大在医废处置、二次供水方面的立法。一些地方提起的海洋保护公益诉讼案件为“两高”出台司法解释明确检察机关提起海洋保护公益诉讼的起诉主体资格提供了重要实践基础。

基于现有公益诉讼法律体系的不完善,检察公益诉讼案例与其他案例不同,其他案例主要是解决对法律规范认识的不一致问题,而公益诉讼案例大部分情况下包含着补足规则不足乃至创制规则的价值追求。如何运用有限的法律规定、监督方式,把政治智慧、法律智慧、监督智慧融入公益诉讼办案过程,提炼出有效解决争议、可以普遍适用的规则,是非常有挑战的。这个过程是一个不断探索创新的过程,是一个不断完善深化的过程,是一个量变到质变的过程,是一个不断扩大共识的过程,需要以更开放的心态面对认识分歧,求同存异,立足于中国的政治法律制度、立足于解决中国的现实问题、立足于与时俱进地解决发展着的新问题,为检察公益诉讼制度设计创造更广阔的空间。

(二)最高检公益诉讼案例发布情况

2015 年 7 月至 2021 年 12 月,最高检发布的涉及公益诉讼的指导性案例共有

17件,包括第8批(5件)、第13批(3件)、第16批(1件)、第23批(3件)、第29批(5件)(见表1)。其中,行政公益诉讼起诉案件7件、诉前程序5件、民事公益诉讼4件、刑事附带民事公益诉讼1件。在领域上,包括生态环境和资源保护13件、食品药品安全1件、未成年人权益保护1件、英烈权益保护1件、公共安全1件。2015年7月至2021年12月,最高检对外、对内发布涉及公益诉讼的典型案例共449件(新闻发布的典型案例专题参见表2)。

表1　2016年至2021年最高检公益诉讼指导性案例

日期	批次	案例标题
2016年12月29日	第8批	江苏省常州市人民检察院诉许建惠、许玉仙民事公益诉讼案(检例第28号)
		吉林省白山市人民检察院诉白山市江源区卫生和计划生育局及江源区中医院行政附带民事公益诉讼案(检例第29号)
		湖北省十堰市郧阳区人民检察院诉郧阳区林业局行政公益诉讼案(检例第30号)
		福建省清流县人民检察院诉清流县环保局行政公益诉讼案(检例第31号)
		贵州省锦屏县人民检察院诉锦屏县环保局行政公益诉讼案(检例第32号)
2018年12月25日	第13批	陕西省宝鸡市环境保护局凤翔分局不全面履职案(检例第49号)
		湖南省长沙县城乡规划建设局等不依法履职案(检例第50号)
		曾云侵害英烈名誉案(检例第51号)
2020年3月5日	第16批	湖北省天门市人民检察院诉拖市镇政府不依法履行职责行政公益诉讼案(检例第63号)
2020年12月3日	第23批	盛开水务公司污染环境刑事附带民事公益诉讼案(检例第86号)
		北京市海淀区人民检察院督促落实未成年人禁烟保护案(检例第88号)
		黑龙江省检察机关督促治理二次供水安全公益诉讼案(检例第89号)
2021年8月19日	第29批	海南省海口市人民检察院诉海南A公司等三被告非法向海洋倾倒建筑垃圾民事公益诉讼案(检例第111号)
		江苏省睢宁县人民检察院督促处置危险废物行政公益诉讼案(检例第112号)
		河南省人民检察院郑州铁路运输分院督促整治违建塘坝危害高铁运营安全行政公益诉讼案(检例第113号)

续表

日期	批次	案例标题
2021 年 8 月 19 日	第 29 批	江西省上饶市人民检察院诉张某某等三人故意损毁三清山巨蟒峰民事公益诉讼案（检例第 114 号）
		贵州省榕江县人民检察院督促保护传统村落行政公益诉讼案（检例第 115 号）

表 2　2016 年至 2021 年最高检新闻发布的公益诉讼专题典型案例

发布时间	发布专题
2016 年 1 月 6 日	检察机关提起公益诉讼试点工作典型案例（20 件）
2017 年 6 月 30 日	“全面实施检察机关提起公益诉讼制度、依法保护国家利益和社会公共利益不受侵犯”新闻发布会典型案例（26 件）
2018 年 3 月 2 日	【最高检、最高法】《关于检察公益诉讼案件适用法律若干问题的解释》新闻发布会典型案例（10 件）
2018 年 12 月 25 日	2018 年公益诉讼检察工作情况新闻发布会典型案例（10 件）
2019 年 2 月 20 日	首批检察机关服务保障长江经济带发展典型案例（2 件）
2019 年 8 月 28 日	【最高检、水利部】“携手清四乱　保护母亲河”专项行动十大典型案例（10 件）
2019 年 10 月 10 日	“检察公益诉讼全面实施两周年”新闻发布会典型案例（17 件）
2019 年 10 月 10 日	“舌尖上的安全”专项监督活动典型案例（9 件）
2019 年 11 月 21 日	第二批检察机关服务保障长江经济带发展典型案例（9 件）
2020 年 2 月 28 日	检察机关野生动物保护公益诉讼典型案例（6 件）
2020 年 4 月 29 日	“守护海洋”检察公益诉讼专项监督活动典型案例（14 件）
2020 年 5 月 11 日	军地协作检察公益诉讼典型案例（7 件）
2020 年 11 月 30 日	检察机关文物和文化遗产保护公益诉讼典型案例（10 件）
2020 年 11 月 30 日	国有财产保护和国有土地使用权出让行政公益诉讼典型案例（9 件）
2020 年 12 月 11 日	第三批检察机关服务保障长江经济带发展典型案例（12 件）
2020 年 12 月 24 日	【最高检、国铁集团】铁路安全生产领域公益诉讼典型案例（10 件）
2021 年 2 月 25 日	公益诉讼检察服务乡村振兴助力脱贫攻坚典型案例（15 件）
2021 年 3 月 15 日	“3 · 15”食品药品安全消费者权益保护检察公益诉讼典型案例（8 件）

续表

发布时间	发布专题
2021 年 3 月 23 日	【最高检、应急管理部】安全生产检察公益诉讼典型案例(9 件)
2021 年 4 月 22 日	检察机关个人信息保护公益诉讼典型案例(11 件)
2021 年 5 月 14 日	【最高检、中国残联】无障碍环境建设检察公益诉讼典型案例(10 件)
2021 年 6 月 4 日	大运河公益诉讼保护检察典型案例(13 件)
2021 年 6 月 27 日	【最高检、退役军人事务部】红色资源保护检察公益诉讼典型案例(14 件)
2021 年 7 月 22 日	公益诉讼检察听证典型案例(12 件)
2021 年 9 月 9 日	“公益诉讼守护美好生活”专项监督活动典型案例(13 件)
2021 年 9 月 15 日	检察公益诉讼起诉典型案例(23 件)
2021 年 9 月 29 日	【最高检、退役军人事务部】烈士纪念设施保护行政公益诉讼典型案例(9 件)
2021 年 10 月 9 日	生物多样性保护检察公益诉讼典型案例(14 件)

已发布的指导性案例和典型案例中,从发布主体来看,既有原民行厅、八厅承办发布的,也有最高检其他厅局牵头发布专题典型案例时,包括部分公益诉讼案例;既有最高检独立发布的,也有最高检与其他相关部委联合发布的,最高检先后与水利部、中国国家铁路集团有限公司、国家市场监管总局、应急管理部、中国残联、退役军人事务部联合发布了相关专题公益诉讼典型案例。从发布形式看,有新闻发布,也有检答网、案例专刊内部发布。从发布趋势看,总体呈上升态势,2016 年 20 件,2017 年 26 件,2018 年 20 件,2019 年 51 件,2020 年 97 件,2021 年 209 件。从发布主题来看,重点围绕国家战略、中心工作等,如长江、黄河保护,服务乡村振兴、疫情防控,生物多样性保护、海洋保护等。从案件领域看,生态环境和资源保护领域是主力军,占到 49.6%。所覆盖的领域逐步拓宽,除了“4+5”法定领域以外,文物和文化遗产保护、残疾人等特定群体保护、网络治理、产品质量、知识产权等领域也有相关典型案例发布。从发布时间来看,一般集中在重要文件出台、重要会议论坛召开、涉公益相关节日、专项活动总结、年度总结等时间或事件节点。从案件类型来看,行政公益诉讼案件占据优势,占 80.5%,其中,起诉案件 66 件,诉前案件 309 件。

（三）最高检公益诉讼案例选编标准

最高检第八检察厅在对多批公益诉讼案例进行讨论的过程中，逐步形成了以下几方面的选编标准：一是能够提炼出解决办案中普遍性争议的司法规则，比如某类案件行政机关履职尽责标准、公益损害认定方法、不同行政机关针对同一违法的监管职责分工等。二是能够充分呈现检察公益诉讼的办案理念，比如双赢多赢共赢、督促之诉、协同之诉、智慧借助、以人民为中心、恢复性司法理念等。三是能够体现检察公益诉讼制度独特价值，比如“办理一案、治理一片”，通过办案有效推动综合治理、源头治理、系统治理；在公益修复、预防方面的突出作用；在解决“九龙治水”、激活执法效能方面的作用；等等。四是有可复制、可借鉴的有效办案机制，比如一体化办案机制，跨区划协作机制，与其他检察职能衔接机制，与外部的行政执法、生态损害赔偿等衔接机制，等等。五是充分展现检察公益诉讼履职特点，包括不同领域案件中行之有效的调查方式、监督方式等。六是在案件中有效地贯彻落实最高检最新司法政策、改革任务、办案重点等，比如检察公开听证、企业合规、司法救助等，包括在公益诉讼新领域积极稳妥的探索实践。七是在不同层级上有效推动公益保护相关制度和法律完善。八是涉案公益损害严重、影响面大，特别是一些“硬骨头”“老大难”问题，通过公益诉讼办案得以解决，为人民群众排忧解难。

四、公益诉讼案例编写要求

（一）公益诉讼指导性案例编写要求

指导性案例一般总字数2500～3500字。结构包括：标题、关键词、要旨、基本案情、检察机关履职过程、指导意义、相关规定。在案例语言表述和每部分的阐述方面，注重法律属性，避免写成简报等工作信息。具体每一部分可参考以下要素：

1. 标题：行政公益诉讼类：某某省某某市/县人民检察院督促保护/履行/整治某某行政公益诉讼案；民事公益诉讼类：某某人民检察院诉某某案由（如污染环境/生产、销售不符合安全标准食品/非法捕捞/非法狩猎/侵害某某名誉权）+民事公益诉讼/刑事附带民事公益诉讼案。如江苏省睢宁县人民检察院督促处置危险废物行政公益诉讼案（检例第112号）；江西省上饶市人民检察院诉张某某等三人故意损毁三清山巨蟒峰民事公益诉讼案（检例第114号）。

2. 关键词：（3～6个），按照“案件类型+案由+司法规则或其他特色亮点”排列，注意规范性、规律性、普及度，不要过长，便于检索。案件类型一般分为行政公益诉讼、行政公益诉讼诉前程序、民事公益诉讼、刑事附带民事公益诉讼、支持起诉等;案由结合本案列明,如大气污染、固废污染、水源地保护、长城保护、个人信息保护、生物多样性保护等;接着列出本案提炼的司法规则,或者司法理念、工作方法、重点成效等,如惩罚性赔偿、替代性修复、公开听证、跨区划、专家意见、地方立法、专项整治等。例如,贵州省榕江县人民检察院督促保护传统村落行政公益诉讼案(检例第115号)的关键词:"行政公益诉讼　传统村落保护　推动完善地方立法　促进乡村振兴"。

3. 要旨:100~200字,一般不分段,精练、简洁,直接表述司法规则。例如,海南省海口市人民检察院诉海南A公司等三被告非法向海洋倾倒建筑垃圾民事公益诉讼案(检例第111号)的要旨:"对于海洋生态环境损害,行政机关的履职行为不能有效维护公益,又未提起生态环境损害赔偿诉讼的,检察机关可以依法提起民事公益诉讼。公益诉讼案件二审开庭,上一级人民检察院应当派员出庭,与下级检察机关共同参加法庭调查、法庭辩论、发表意见等,积极履行出庭职责。"又如,江苏省睢宁县人民检察院督促处置危险废物行政公益诉讼案(检例第112号)的要旨:"对犯罪行为造成的持续污染,检察机关可综合运用刑事检察和公益诉讼检察职能,对损害国家利益和社会公共利益的情形进行全方位监督。公安机关调查取证完成后,犯罪嫌疑人无力处置污染物,行政机关又不履行代处置义务的,检察机关应当督促其依法履职。"

4. 基本案情:检察机关启动立案调查前所了解到的国家利益或者社会公共利益受到侵害或者存在侵害风险的简要客观表述。如贵州省榕江县人民检察院督促保护传统村落行政公益诉讼案(检例第115号)的基本案情:"贵州省黔东南州有409个村入选《中国传统村落名录》,包括榕江县栽麻镇宰荡侗寨、归柳侗寨。2018年3月,黔东南州检察机关部署开展传统村落保护专项行动,榕江县人民检察院在专项行动中发现,栽麻镇宰荡、归柳两个侗寨的村民私自占用农田、河道、溪流新建住房,违规翻修旧房,严重破坏了中国传统村落的整体风貌,损害了国家利益和社会公共利益。"

5. 检察机关履职过程:(1)案件线索来源、立案情况。(2)检察机关调查核实的情况,如采取了哪些调查方式。在民事公益诉讼案件中,重点调查违法行为人基本情况及其损害社会公共利益的行为、公益受损的具体情况、违法行为与损害后果之间的因果关系、违法者主观过错及是否有免责事由等;在行政公益诉讼案件中,重点调查行政机关监管职责及其履职尽责情况、公益受损的具体情况等。(3)检察机关履行公告、诉前检察建议等诉前程序的情况。(4)检察机关对诉前程序跟进调查的情况,是否提起诉讼以及理由、依据。(5)提起诉讼的应当交代诉讼过程,要点明历次审理的争议焦点,双方的主要意见或观点,法院判决的主要理由和主文。(6)裁判执行情况,公益最终修复情况。(7)案件办理的后续效果,如推动类案监督、专项整治、制度完善等综合治理、源头治理、长效治理等。

6. 指导意义:一般不超过三段,每段对应一项指引性规则及具体阐述,每段首句应先用一句话点明规则内容,再对规则展开论证和说理解释,以便于检察人员深刻理解和领会,在办理类似案件时参照适用,引述指导意义作为办理案件的理由。应做到观点清晰、说理透彻、层次分明。不要就案论案,要跳出个案,围绕个案中提炼出的规则进行充分阐述。如海南省海口市人民检察院诉海南A公司等三被告非法向海洋倾倒建筑垃圾民事公益诉讼案(检例第111号)的指导意义:"(一)检察机关应加强海洋生态环境检察公益诉讼与生态环境损害赔偿制度的衔接,切实维护公共利益。……(二)综合运用各类调查手段,查明公益损害的事实,确定公益损害赔偿数额。……(三)注意发挥上级检察机关派员二审出庭作用,形成维护公共利益的合力。……"

7. 相关规定:列出本案所依据的相关法律法规司法解释等对应的条文序号。法律、行政法规使用全称加书名号表述,条文序号采用法律、行政法规的原文序号,不使用阿拉伯数字序号,如《中华人民共和国刑事诉讼法》第16条。涉及同一法律、行政法规的不同条文的,按条文的先后次序排列;涉及不同法律、行政法规的,按照效力位阶排列。司法解释、司法解释性质文件使用全称加书名号表述并注明文号,司法解释排在法律、行政法规之后,司法解释性质文件排在法律、行政法规和司法解释之后。

(二)公益诉讼典型案例编写要求

公益诉讼典型案例总字数一般1000~1800字,体例与指导性案例相比有稍许不同。行政公益诉讼典型案例体例包括:标题、关键词、要旨、基本案情、调查和督促履职、诉讼过程、典型意义;民事公益诉讼典型案例体例包括:标题、关键词、要旨、基本案情、调查和诉讼、典型意义。其中,各个部分的编写要求总体同指导性案例要求类似,不过在案件细节、内容篇幅上更加简练。

1. 标题:同指导性案例标题的要求。

2. 关键词:同指导性案例标题的要求。

3. 要旨:80~150字,一至两句话,一般不分段,精练、简洁,直接表述规则,司法规则不突出的,可以总结办案理念、办案方法、办案机制、办案成效等。如检察公益诉讼“回头看”跟进监督典型案例之贵州省六盘水市钟山区人民检察院督促整治农村违法堆放垃圾污染环境问题行政公益诉讼案的要旨:“行政机关根据检察机关提出的检察建议整改后,因履职不到位,导致在同一地点、同一问题继续发生损害公共利益的,检察机关可以提起行政公益诉讼。”又如,“3·15”检察机关食品药品安全公益诉讼典型案例之河北省邯郸经济技术开发区人民检察院督促履行医疗美容监管职责行政公益诉讼案的要旨:“针对美容机构药品管理不规范,医疗器械质量不达标,违规开展医疗美容项目等问题,检察机关可以督促相关行政机关依法履职,促进医美行业规范服务,维护消费者合法权益。”

4. 基本案情:类似指导性案例,不过案情表述和篇幅需更加精练。如检察机关个人信息保护典型案例之甘肃省平凉市人民检察院督促整治快递单泄露公民个人信息行政公益诉讼案的基本案情:“甘肃省平凉市辖区内多家快递企业的快递单未对用户个人信息采取隐匿化等有效保护措施,直接显示客户姓名、电话号码等个人信息,存在泄露公民个人信息重大隐患。”

5. 调查和督促履职/调查和诉讼:(1)案件线索来源、立案情况。(2)检察机关调查核实的情况,如采取了哪些调查方式。在民事公益诉讼案件中,重点调查违法行为人基本情况及其损害社会公共利益的行为、公益受损的具体情况、违法行为与损害后果之间的因果关系、违法者主观过错及是否有免责事由等;在行政公益诉讼案件中,重点调查行政机关监管职责及其履职尽责情况、公益受损的具体情况等。(3)检察机关履行公告、诉前检察建议等诉前程序的情况。(4)检察机关对诉前程序跟进调查的情况,是否提起诉讼以及理由、依据。(5)提起诉讼的应当交代诉讼过程,要点明历次审理的争议焦点,双方的主要意见或观点,法院判决的主要理由和主文。(6)裁判执行情况,公益最终修复情况。(7)案件办理的后续效果,如推动类案监督、专项整治、制度完善等综合治理、源头治理、长效治理等。

6. 典型意义:一般不超过300字,不分段,注意围绕本案中所保护公益的意义价值,提炼出的司法规则或者办案方法、办案成效等进行阐述,注意不要太过宏观或者泛泛。如“3·15”检察机关食品药品安全公益诉讼典型案例之贵州省紫云县人民检察院督促整治抑菌霜违规添加禁用物质行政公益诉讼案的典型意义:“当前我国‘消’字号抗(抑)菌制剂违规添加禁用成分现象多发,检察机关充分发挥公益诉讼职能作用,依法督促行政机关依法履职,在销售环节进行监管的基础上推动溯源治理,依法查处违法生产企业,并通过专项整治发现监管漏洞,助推建立长效监管机制,切实保护婴幼儿身体健康。”又如,检察公益诉讼起诉典型案例之浙江省杭州市余杭区人民检察院诉蔡某某等销售伪劣口罩民事公益诉讼案的典型意义："疫情防控期间，口罩作为重要抗疫物资，其产品质量直接关系公共卫生安全和疫情防控秩序，关乎人民群众的生命安全和身体健康，检察机关积极稳妥探索产品质量安全领域公益诉讼，及时发现利用互联网实施的销售伪劣口罩行为，按照最高人民法院有关互联网检察公益诉讼管辖的司法解释，向互联网法院依法提起民事公益诉讼，探索适用三倍惩罚性赔偿，制止、惩罚、威慑涉疫口罩售假行为，有效保障人民群众合法权益。"

五、公益诉讼案例一体化工作机制

最高检、省级院、市级院和基层院的公益诉讼检察部门要在各自职责范围内，充分利用好公益诉讼案例这个抓手载体，形成上下联动，在做好案例工作的同时，带动其他各项工作更好发展。

最高检公益诉讼案例工作主要包括：一是加强指导性案例和典型案例的培育工作。梳理掌握检察公益诉讼当前迫切需要解决的主要问题，初步判断存在哪些需要补足或创设的规则，通过在日常指导、工作调研中注重发现适合培育的在办案件，同步加强指导，力争成功发布，以便推广相关规则的适用。二是督促各省重视和做好案例工作，利用好案例月报机制鼓励引导各地积极梳理上报优秀案例。最高检第八检察厅曾于 2019 年 4 月下发了《关于建立公益诉讼典型案例月报机制的通知》，要求各省级院指定专人担任公益诉讼案例联络员，负责本辖区公益诉讼典型案例的收集把关和推荐上报工作，并于每月 15 日前报送1～2 个典型案例。各省级院专项发布的典型案例、评选的优秀案例等，需及时报送八厅。三是完善检察公益诉讼案例库建设。以最高检启动检察案例库建设为契机，及时上传最高检发布的公益诉讼指导性案例、典型案例，便于检察官办案时检索。同时，在最高检内网网站八厅的栏目里，专门设有案例专栏，集中刊载了公益诉讼相关指导性案例和典型案例。四是统筹做好本条线指导性案例和典型案例的发布工作。结合办案重点、工作方向，提前谋划案例发布的主题、时间、方式等，提早开展征集工作，便于各地充分准备和推荐。五是将案例与信息相结合，为顶层决策提供决策参考作用。针对一些案例中反映出的办案实践中的普遍性问题，进行选题策划，提出意见建议，通过工作信息等方式提供顶层决策，自上而下推动国家治理体系完善。六是与权威媒体密切合作，以多元、生动的形式对案例进行宣传，展现公益诉讼办案特色和质效，提升检察公益诉讼知晓度和认可度。七是编发公益诉讼案例丛书，为检察办案提供实用工具书。2019 年八厅与中国检察出版社合作出版的“典型案例实务指引”系列丛书中，刊载了70余件公益诉讼典型案例，每个案例的内容包括基本案情、检察建议、行政机关履职情况、办案指引、办案效果、依据指引、文书指引，为各地办理类案提供详细实用的参照。下一步，争取出版年度指导性案例以及典型案例精选。八是组织开展案例研究。加强与检察理论研究所、国家检察官学院、公益诉讼研究基地、社会组织等各方的协作，选择重点案例进行深度研讨，挖掘案例价值，推动公益诉讼理论建设和立法完善。九是加强案例培训。组织指导性案例、典型案例的承办检察官开展案例授课，加强案例师资队伍建设。

省级院公益诉讼案例工作也需要在培育案例上下功夫，同时要做好案例推荐、案例发布、案例宣传、案例培训、案例研究、全省案例库建设等工作。在开展对下考核中，可以把入选指导性案例、典型案例作为一项重要的加分指标，引导办理高质量案件。

市级院除自身要加强案例学习和应用、及时总结自办案例以外，还要注意对基层院在办案件的培育以及编写指导。基层院同样也要加强对已发布案例的学习和应用，在办案时注重检索对照，提高效率，少走弯路，对于办理的成功案件及时进行梳理总结，主动报送。

六、公益诉讼案例的宣传注意事项

案例宣传需要预判是否存在舆情风险，案例中违法行为人姓名或涉案企业名称一般隐名处理，基于涉及重大敏感(事件)问题、特殊主体、涉外等因素不宜公开宣传的案例，可以结合具体情况在检察系统内部交流。针对新领域案件的宣传，最高检《关于积极稳妥拓展公益诉讼案件范围的指导意见》专门提出要求办案单位报请审批立案的检察院统筹安排，宣传方案应当包含风险评估和舆情应对预案，防止为博眼球、蹭热点放松对案件宣传质效的要求，不能随意冠以“全国首例”的表述，如需认定，需层报最高检核实准确后方能使用。

为保证案例后期的宣传效果，在办案过程中如果进行办案场景的拍摄应当注意检察着装的规范、视频图像的质量等。在开展案例宣传时，可结合重点节日、重大活动时间进行宣传，以更好提升关注度，提升宣传效果。由于公益诉讼案例需兼顾指导和宣传的功能，因此，需要以规范准确为基础，所涉的专业名词、复杂数据不要过多，避免降低可读性。

《人民检察院公益诉讼办案规则》若干问题理解与适用

解文轶* 最高人民检察院
刘 辉** 国家检察官学院

目 次

* 解文轶，最高人民检察院第八检察厅二级高级检察官助理。
** 刘辉，国家检察官学院公益诉讼检察教研部教授。

《人民检察院公益诉讼办案规则》(以下简称《办案规则》)经最高人民检察院(以下简称最高检)第十三届检察委员会第五十二次会议审议通过,自2021年7月1日起施行。《办案规则》是公益诉讼检察制度正式建立以来,第一部规范检察机关全流程办案程序的司法解释性文件,为公益诉讼检察提供了全面、系统的程序规范,是检察机关办理各类公益诉讼案件的基本遵循。

《办案规则》发布后,相关培训工作随即展开。这门课程的教学,我们采用了结构式研讨的方式,目的在于提高培训的针对性和实效性。首先由学员在课前提出问题,经过筛选、整理,将问题进行分类,由教师在课堂上按模块进行讲解。每类问题讲解后,再由学员在课上进行补充提问,然后教师组织该问题的课上延展讨论。讨论中,大家结合规范条文、检察实务、司法政策、检察理念和基础理论等,力争把每个问题点多方位、多角度读懂悟透,从而切实发挥《办案规则》规范、保障公益诉讼检察权的正确行使,及时回应实践需求,提高办案质效的制度价值。讲义内容根据培训中的主要问题进行整理。

一、《办案规则》出台背景和起草过程

《办案规则》在检察公益诉讼的规范体系中,居于重要位置,某种程度上,可以称为检察机关关于公益诉讼的"基本法"。了解其出台的背景,以及相对"复杂漫长"的起草过程,对于理解和适用规则条文,具有重要参考意义。

党的十八届四中全会提出探索建立检察机关提起公益诉讼制度。经过两年试点,2017年6月27日,全国人民代表大会常务委员会作出《关于修改〈中华人民共和国民事诉讼法〉和〈中华人民共和国行政诉讼法〉的决定》,正式建立检察机关提起公益诉讼制度。当然,在诉讼法层面,主要解决的是检察机关提起民事和行政公益诉讼的起诉主体资格问题,以及法定领域和前置程序,其他实体和程序问题还有待后续的规则完善。

2018年3月,"两高"出台《关于检察公益诉讼案件适用法律若干问题的解释》(以下简称《"两高"解释》);2018年10月、2019年4月公益诉讼检察职权相继写进修订后的《人民检察院组织法》和《检察官法》,为公益诉讼检察工作的发展提供了基本的法律和规范依据。

近年来,在党中央的高度重视和社会各界的大力支持下,公益诉讼检察工作取得了快速的发展,办案数量持续提升。2018年,全国检察机关共立案公益诉讼案件超过11万件,2019年为12万余件,2020年增长至15万余件,2021年更是达到了将近17万件。与此同时,党中央对公益诉讼检察工作的发展提出了更高的

要求,人民群众也对公益诉讼检察工作有了更高的期待。为贯彻落实好习近平法治思想和习近平总书记关于公益诉讼的系列重要指示精神,落实中央深改委《关于政法领域全面深化改革的实施意见》中关于完善规范公益诉讼制度程序规则的要求,最高检党组把制定公益诉讼办案规则作为一项关系到公益诉讼长远发展的基础性工作,列为重点改革任务予以推进。

《办案规则》起草过程中,进行了较为充分的实地调研、集中研讨和专家论证。实务探索为检察公益诉讼的规则完善积累了宝贵财富,为发展形成公益保护的“中国经验”做出了有益贡献。因此,《办案规则》的起草是以近年办案经验,以及前期规范性文件执行为基础,反复征集各地检察机关意见,形成初步框架。之后,广泛听取了宪法、行政法、诉讼法、环境法等多领域专家学者和部分律师代表的意见建议,并征求全国人大常委会法工委、最高人民法院、司法部、生态环境部、自然资源部、国家市场监督管理总局、水利部、国家林业和草原局等 8 个单位意见。在此基础上,充分吸收各方观点,反复沟通,达成基本共识。完备、科学、民主的规则制定过程,为规范执行,以及下一步公益诉讼立法完善奠定了基础。

二、《办案规则》若干重点问题解读

现在,我们回到条文内容本身,集中讨论一些《办案规则》中,各地检察机关、各位学员提出疑问较多,以及在办案实践中尤其需要注意的几个重点问题。

(一)关于案件范围

新领域案件在当前实务中占了相当高的比例,办案数通常紧随生态环境和食药领域案件之后,一些地方可能占比已升至第二位。在“积极、稳妥”的指导方针下,大家对规范办理新领域案件,特别是案件范围问题较为关注。

公益诉讼检察制度是一项处于探索中的司法制度,《民事诉讼法》《行政诉讼法》中仅各有一条规定,不能满足司法办案的需要和人民群众的期许,有必要留有一定发展空间。第十三届全国人大常委会第十四次会议审议公益诉讼检察专项报告时对拓展案件范围提出明确要求,十九届四中全会也明确提出了“拓展公益诉讼案件范围”的要求。

目前,多个省级人大常委会在已经出台的加强公益诉讼检察工作的决议、决定中,根据地方经济社会发展状况和公益侵害的突出问题,对法律规定的“等”外情况作了细化,这为地方检察机关拓展案件范围提供了法规依据。

在《办案规则》起草过程中,我们曾对新领域案件进行规定,将案件领域的依据明确为“法律法规”,把省级人大常委会加强公益诉讼检察工作的决定、决议中要求拓展的领域涵盖在内,并在立案条件的案件范围内容中增加规定“其他情形”。但征求意见过程中,部分单位认为案件范围应遵循法律保留原则,限制为“法律规定”,考虑到需要吸收相关单位的明确意见,《办案规则》并没有明确作出拓展性规定,仅在第 3 条中采用了“人民检察院办理公益诉讼案件,应当遵守宪法、法律和相关法规”的表述,保留了“法规”作为办案领域的依据。这是对第 3 条理解的重点。

在实践中,对于新领域案件,尤其是提起诉讼的案件,应当提前与人民法院做好沟通协调工作,避免不予受理的情况出现。

(二)关于损害危险

公益保护的预防性原则逐渐被大家所接受,但在办案中还受规范不明确、理解不统一的限制。

理论上讲,对于公益的侵害包含实然侵害和侵害危险两种情形。《办案规则》起草过程中,我们将“重大侵害危险”纳入公益诉讼案件范围,但也收到了部分反对意见。

为什么要将侵害危险纳入公益诉讼的案件范围?第一,习近平总书记在关于十八届四中全会决定的说明中明确指出:“对一些行政机关违法行使职权或者不作为造成对国家和社会公共利益侵害或者有侵害危险的案件……导致违法行政行为缺乏有效司法监督……”第二,最高人民法院有关司法解释已经明确侵害包括侵害危险。如最高人民法院关于审理环境、消费民事公益诉讼的司法解释已将损害公益的重大风险纳入公益诉讼案件的受理范围。最高人民法院发布的案例中包含预防性公益诉讼案例,如大家熟知的绿孔雀保护案、五小叶槭树案。第三,对公益的最好保护是在有重大侵害危险时,通过检察机关督促相关行政机关履行职责,消除侵害危险,而不是在侵害发生后再去弥补。

虽然《办案规则》删除了“重大侵害危险”的明确表述,但在司法实践中,无论是监督行政机关还是起诉到人民法院,对于国家利益或者社会公共利益造成侵害危险的情形实际已经被纳入了公益诉讼的办案范围。当然,对于存在公益损害危险,需要提供证据加以证明,相对于实然损害的证明,这是对公益诉讼调查提出的新挑战。

(三)关于管辖

检察机关提起公益诉讼是立法赋予的法定职责,履职过程中,不同层级、地域的检察机关都有相应的职责分工和权限。在《办案规则》出台之前，各地在公益诉讼案件管辖方面适用《公益诉讼办案指南》，遵循行政公益诉讼由基层院办理，民事公益诉讼由市级院办理的管辖原则，但在具体适用过程中做法各不相同。

在人民法院对环资案件、行政案件实行集中管辖的地区，检察机关的管辖有不同的做法，有的跨地域提起诉讼，有的移送对应检察机关提起诉讼；在办理监督地市级人民政府职能部门的行政公益诉讼案件中，有的是基层检察机关直接发出检察建议，有的移送市级检察机关办理，还有的探索出基层院制发检察建议、上级院送达或者基层院报送上级院审批检察建议再送达等方式；在办理民事公益诉讼中，还存在有些基层检察机关直接向中级人民法院提起诉讼的情形。

公益诉讼案件管辖是不同层级、地域的检察机关对于办理案件的职责分工，更多的是一个实践问题而非理论问题。考虑到检察机关履行职责的特点和规律，《办案规则》在遵循民事诉讼法、行政诉讼法管辖制度和总结实践经验的基础上，对立案管辖与诉讼管辖作了不同规定。办理行政公益诉讼案件，由行政机关对应的同级人民检察院立案管辖；办理民事公益诉讼案件，由违法行为发生地、损害结果地或者违法行为人住所地基层人民检察院立案管辖；刑事附带民事公益诉讼案件，由办理刑事案件的人民检察院立案管辖。设区的市级以上人民检察院分别管辖本辖区内的重大复杂案件。立案管辖与人民法院诉讼管辖级别、地域不对应，需要提起诉讼的，应当将案件移送有管辖权人民法院对应的同级人民检察院。实际办案中需要注意以下几点：

1. 立案调查阶段和诉讼阶段的管辖设置各有侧重。检察机关立案办理公益诉讼案件的管辖设置，体现的是监督规律。尤其是行政公益诉讼，体现的是检察机关对行政机关是否依法履行职责的监督，哪一级检察机关能够对哪一级行政机关进行监督，要符合职权配置的基本规则。办理公益诉讼案件过程中，检察机关立案后的主要任务，是调查国家利益和社会公共利益的受损状况以及行政机关的法定职责、违法行使职权或不作为情况，或者违法行为人损害社会公共利益的行为以及损害后果等情况。这个阶段，主要考虑如何适当地调配和投入检察机关办案资源，减少办案阻力和程序负累，确保办案效率、质量和效果。民事诉讼法与行政诉讼法规定的管辖主要指审判机关的管辖，体现的是诉讼规律。检察机关提起诉讼要遵循检察权、审判权的运行规律，如果出现检察机关立案管辖与审判机关管辖级别、地域不对应的情形的，应当移送至有管辖权人民法院对应的检察院提起诉讼。

2. 行政公益诉讼案件的立案管辖原则上要求“对应”和“同级”。按照行政诉讼法的规定,原则上基层法院受理除一级政府外行政机关为被告的一审案件。《“两高”解释》第5条第2款规定:“基层人民检察院提起的第一审行政公益诉讼案件,由被诉行政机关所在地基层人民法院管辖。”从办案实践看,确实存在基层人民检察院监督地市级以上政府职能部门出现调查难度大、行政机关不易接受的问题。而且,从职权配置的角度看,如果没有上级检察院的授权、指定,检察机关监督上级的行政机关,也难以取得行政机关的认同。作为法律监督机关,检察机关督促行政机关依法履行职责,按照与被监督行政机关的级别对等原则更为适宜。最高检与生态环境部等9部委于2019年会签的《关于在检察公益诉讼中加强协作配合依法打好污染防治攻坚战的意见》,以及与国务院食品安全办等10单位于2020年会签的《关于在检察公益诉讼中加强协作配合依法保障食品药品安全的意见》中均提出了“由违法行使职权或者不作为的行政机关所在地的同级人民检察院立案”的原则性规定。《办案规则》沿袭这一规定,确定了由被监督行政机关对应的同级人民检察院立案管辖行政公益诉讼案件的管辖原则。有地方检察机关反映,由于部分行政机关行政处罚权上收政策,地方生态环境部门均已有市局级行政机关进行行政处理,导致基层检察机关相关领域无案可办,而市级检察机关办案力量不足的问题。对于这种情况,我们首先需要坚持《办案规则》确定的管辖原则,由市级检察机关监督市级行政机关,也就是说,由市级检察机关向市级生态环境部门发出检察建议;其次,根据公益诉讼一体化办案机制,市级检察机关可以调配辖区内的办案力量,可以考虑采取交办、调用等方式解决办案力量不足的问题;最后,市级检察机关自身应当加强办案能力建设,不能仅仅认为自己是基层院的办案指导机关,对于基层院办理遇到困难的、监督市级行政机关的行政公益诉讼案件、单独提起的民事公益诉讼案件等,要加强调查取证、与行政机关直接沟通、出庭应诉等办案能力。此外,《办案规则》对一级人民政府作为被监督对象的情形,作出了可选择管辖的规定,被监督行政机关为人民政府的,同级人民检察院和上一级人民检察院均具有立案管辖权,可以根据案件的具体情况办理。

3. 民事公益诉讼案件立案管辖权的下放。根据《民事诉讼法》及相关司法解释的规定,民事公益诉讼一审案件由中级人民法院受理。其主要理由是:涉及公共利益影响大,中级人民法院审理更能保证案件质量,有利于专业化建设等。随着公益诉讼实践的发展,检察院提起的民事公益诉讼案件数量持续快速增长,而且从实践情况看,绝大多数刑事附带民事公益诉讼案件由基层检察院起诉、基层法院审理,相当部分单独起诉的民事公益诉讼案件,起诉到中级法院后,法院又裁定交由基层法院审理。实践证明,基层检察院、基层法院完全具备办好民事公益诉讼案件的能力。将民事公益诉讼立案管辖权下放到基层检察院，主要考虑：一是可以充分发动检察力量全面保护公益。全国共有3000多个基层人民检察院，发挥基层院的力量，更有利于充分、全面保护公共利益，也更符合把问题解决在基层的司法原则。二是基层人民检察院更熟悉本院辖区情况，发现线索和开展调查都更为及时和便利。三是虽然部分基层人民检察院目前仍面临办案人员紧张，一个部门承担民事、行政、公益诉讼等多项检察职能等实际困难，但随着公益诉讼工作形势蓬勃发展，民事公益诉讼案件立案管辖权的下放可以创造契机不断加强基层公益诉讼办案力量配置。《办案规则》在规定基层院一般管辖权的基础上，也明确规定设区的市级以上人民检察院分别管辖本辖区内重大复杂的案件，对于侵害公益的主体为相应领域头部企业，案件在全国、省、市有重大影响的，应分别由设区的市级以上检察院立案管辖，或者由其指定。对于刑事附带民事公益诉讼案件，由于民事公益诉讼案件属于附带提起，其管辖权应当从主诉讼，与刑事公诉案件同一。

4. 立案管辖与诉讼管辖的顺畅衔接。根据《办案规则》规定的管辖原则，大多数公益诉讼案件均能在同一检察机关履行诉前程序和起诉程序。如行政公益诉讼案件，检察机关监督的绝大多数是基层行政机关，立案的基层人民检察院可以直接向行政机关所在地基层人民法院提起诉讼；民事公益诉讼案件中，不少地方中级法院将案件交由基层人民法院审理，市级人民检察院也可以在起诉前与中级人民法院商请共同指定管辖，由立案的基层人民检察院直接向基层人民法院起诉。对于人民检察院立案管辖与人民法院诉讼管辖级别、地域不对应的情况，《办案规则》出台前，实践中存在由立案院起诉和移送与受诉人民法院对应的检察机关起诉两种模式，经慎重研究，《办案规则》第16条对此统一为具有立案管辖权的人民检察院立案办理诉前案件，认为需要提起诉讼的，应当将案件移送有管辖权人民法院对应的同级人民检察院。这种模式坚持检察机关在公益诉讼中法律监督的职能定位，符合检察院、法院在诉讼中的平级对等原则，以区别于普通民事诉讼中的原告。在人民法院对特定案件实行集中管辖的地区，也有利于引导负责集中起诉的同级人民检察院统一把握起诉标准，提升办案专业化水平。在具体程序适用方面，立案院办理公益诉讼案件诉前程序，经审查起诉程序后认为案件符合起诉条件，但有管辖权的人民法院与本院级别、地域等不对应的，应当将案件移送至有管辖权的人民法院对应的同级人民检察院办理。接受移送的检察院受理后进入审查起诉程序，认为应当提起诉讼的，制作起诉书送达人民法院；认为不应当提起诉讼的，作终结案件处理。

5. 规定特殊情形下可采取指定管辖、跨区划管辖、提级管辖,为案件管辖权的灵活调节提供法律依据和制度保障。其中,指定管辖既包括对立案管辖进行指定,也包括对诉讼管辖进行指定,主要有三种情形:一是上级人民检察院可以根据办案需要,将下级人民检察院管辖的公益诉讼案件指定本辖区内其他人民检察院办理,实践中主要存在属地管辖院办案存在明显阻力障碍、符合立案条件未及时立案、立案后无正当理由办案进度迟缓、无正当理由未在法定审查起诉期限内依法提起诉讼、下级院认为不适宜由其办理而报请改变管辖等事由;二是上级人民检察院可以根据跨区域协作工作机制规定,将案件指定本辖区内其他人民检察院跨行政区划办理,实践常见于海洋、河流、湖泊、山脉相邻地区或同一区域发展规划范围内的人民检察院建立检察公益诉讼跨区划管辖协作机制,明确指定、移送案件的范围、程序等事项;三是上级人民检察院认为确有必要的,可以将本院管辖的案件指定本辖区内下级人民检察院办理。

(四)关于调查

公益诉讼检察是具有主动性和全流程特征的检察职能,实务中对赋予公益诉讼检察以强制性调查手段的呼声较高。如果单纯从检察权的监督属性论证调查权可能失之笼统,因此,还需要结合公益诉讼证明体系加以考量。从试点以来,检察机关一直遵循公权力法定原则,规范调查权的行使,但调查权强制性保障不足又确实是实务中反映强烈的问题,不容忽视。

修订后的《人民检察院组织法》赋予检察机关必要的调查核实权,《"两高"解释》对检察机关办理公益诉讼案件的调查权作了进一步细化,但相关规定依然较为原则,实践中检察机关调查收集证据缺乏强制性手段、保障不足已经成为制约公益诉讼办案的突出问题。而且,每年全国两会都有全国人大代表、全国政协委员、专家学者建议强化检察机关调查取证手段和保障措施。

根据办案实践经验,《办案规则》第 32 条规定了"依法、客观、全面"的调查原则。第 35 条以"列举 + 兜底 + 禁止性规定"的方式规定了公益诉讼案件调查和收集证据的方式,明确了检察机关办理公益诉讼案件,可以采取查阅、调取、复制执法、诉讼卷宗材料,询问,收集书证、物证、视听资料、电子数据等证据,咨询专业意见,委托鉴定、评估、审计、检验、检测、翻译,勘验物证、现场等多种调查方式。同时也对调查程序进行了规范,要求由两名以上检察人员共同进行。

关于调查方式和程序,需要说明两个问题:

一是对于是否可以在调查中采用查询金融财产方式,存在一定争议。在《办案规则》起草调研过程中，很多地方检察机关建议明确这一调查方式，但在征求相关中央单位意见过程中，有意见认为检察机关在办理公益诉讼案件中查询金融财产缺少明确的法律依据，《办案规则》作为司法解释不宜明确规定。笔者认为，检察机关办理公益诉讼案件，尤其是办理国有财产领域公益诉讼案件，向银行等金融机构查询相关资金情况及流向确有必要，部分地方人大常委会通过的关于加强检察公益诉讼工作的决议、决定有相应规定的，可以作为采取查询金融财产这种调查方式的依据。如广东省人民代表大会常务委员会《关于加强检察公益诉讼工作的决定》中明确检察机关办理公益诉讼案件，可以依法采取查询有关单位和个人的存款、汇款、债券、股票、基金份额、不动产等财产的调查核实措施。而且，民事诉讼监督规则、行政诉讼监督规则分别明确了查询金融财产的调查方式。因此，虽然《办案规则》最终稿未明确查询金融财产的调查方式，但各地检察机关可以根据实际情况予以适用，公益诉讼法律文书格式样本中也保留了相应的文书。

二是关于强制性调查措施。《办案规则》明确人民检察院开展调查和收集证据不得采取限制人身自由或者查封、扣押、冻结财产等强制性措施。根据《立法法》的规定，限制人身自由的强制措施和处罚只能由法律规定，因此《办案规则》作为司法解释无权规定限制人身自由的强制性措施。在起草过程中，笔者认为，在法律法规、司法解释等没有明确规定的情况下，公益诉讼调查收集证据不能采取强制性措施，但也应为今后完善符合公益诉讼检察特点的调查取证手段和方式留有余地，不宜作过多禁止性规定。一方面，对于查封、扣押、冻结等对财产的强制性措施，实践中一般通过申请法院保全的方式实施，但在被调查对象拒不配合甚至妨碍司法的情况下，往往因为时间差而不能及时有效收集固定，导致有些关键证据被隐匿或者非法转移，严重影响检察机关办案工作。另一方面，对于人身的强制性措施，在司法警察依法参与和保障调查取证过程中，对于以暴力、威胁、限制人身自由、聚众围攻等方式干扰、阻碍检察人员依法调查收集证据的，也需要依法采取一些安全保障措施。由于《办案规则》在最终稿中明确了“人民检察院开展调查和收集证据不得采取限制人身自由或者查封、扣押、冻结财产等强制性措施”的禁止性规定，在办理公益诉讼案件过程中，司法警察可以依法参与和保障调查取证，对于以暴力、威胁、限制人身自由、聚众围攻等方式干扰、阻碍检察人员依法调查收集证据的，司法警察可以依据《人民警察法》的相关规定，依法采取相应的劝告、训诫、制止、控制等措施，涉嫌犯罪的，依法移送有关部门处理。对于查封、扣押、冻结财产等强制性措施，实践中存在为了固定证据、保全财产等需要采取查封、扣押、冻结等措施的情形的，可以建议人民法院采取相应保全措施。

(五)关于办案期限

办案期限是案管系统流程管控的重要指标,是评价办案质量的外观性标识,所以广受关注。《办案规则》对公益诉讼各阶段的办案期限作出了新的规定,主要有以下几个方面:

1. 取消了调查阶段的办案期限。在《办案规则》出台前,公益诉讼办案指南规定了公益诉讼的调查期限,从立案开始到诉前程序作出应当在 3 个月内调查完毕。考虑到各类公益诉讼案件复杂程度不一,部分案件调查存在各种障碍等实际问题,《办案规则》不再规定调查期限,给各级院充分的时间,对案件事实调查充分后再行作出诉前程序决定。

2. 严格规定审查起诉阶段的办案期限。审查起诉阶段指诉前程序期满至作出终结案件决定或者提起公益诉讼这一阶段。《办案规则》第 47 条规定:人民检察院办理行政公益诉讼案件,审查起诉期限为 1 个月,自检察建议整改期满之日起计算。人民检察院办理民事公益诉讼案件,审查起诉期限为 3 个月,自公告期满之日起计算。移送其他人民检察院起诉的,受移送的人民检察院审查起诉期限自收到案件之日起计算。

3. 关于期限的延长。《办案规则》第 47 条第 4 款规定:重大、疑难、复杂案件需要延长审查起诉期限的,民事、行政公益诉讼案件经本院检察长批准后可以延长 1 个月,还需要延长的,报上一级人民检察院批准。从条文表述上看,对上一级人民检察院批准延长的期限与次数没有明确限制,但这并不意味着上级院可以无限期地延长审查起诉期限。上级院应当对下级院报请延长审查起诉期限的事由进行认真审查,符合延长条件的,应当批准延长 1 个月;二次报请延长期限的,应当以更严格的标准进行审查,如存在已符合提起诉讼条件,下级院无正当理由反复报请延长期限的,应当及时指定辖区内其他检察院提起公益诉讼。

4. 关于中止审查。由于调查阶段不再设置期限,因此中止审查仅存在审查起诉阶段。《办案规则》第 78 条第 1 款规定了行政公益诉讼的中止审查:“行政机关在法律、司法解释规定的整改期限内已依法作出行政决定或者制定整改方案,但因突发事件等客观原因不能全部整改到位,且没有怠于履行监督管理职责情形的,人民检察院可以中止审查。”中止审查的理由应当是“客观原因”,主要包括自然条件、法定程序、突发事件、历史遗留问题等情况,中止审查的期限应当根据案件实际情况,待客观原因消除后及时恢复审查,继续计算审查起诉期限。另外,虽然《办案规则》未对民事公益诉讼案件的中止审查作出规定,但办理民事公益诉讼案件在审查起诉阶段,仍可以参照《民事诉讼法》相关规定对案件作出中止审查决定。

5. 关于不计入审查期限的情形。根据《办案规则》第48条的规定,不计入审查起诉期限的情形只限于"委托鉴定、评估、审计、检验、检测、翻译期间"。其他如召开听证会、向上级院请示等程序,均应在审查起诉期限内完成。

(六)关于行政公益诉讼磋商

行政公益诉讼办案实践表明,检察机关依法发出检察建议后,绝大多数行政机关积极行动、依法履职,绝大多数问题在提起诉讼之前即得到解决,实现以最小司法投入获得最佳社会效果,彰显了中国特色社会主义司法制度的优越性。

《办案规则》坚持问题导向,在总结实践经验基础上,对行政公益诉讼诉前程序进行完善。《办案规则》第70条规定了磋商制度,规定检察机关在行政公益诉讼案件立案后通知行政机关时,可以与行政机关就其是否存在违法行使职权或者不作为、国家利益或者社会公共利益受到侵害的后果、整改方案等事项进行磋商。

在《办案规则》征求各省院意见过程中,各地检察机关对磋商制度提出了很多意见建议,主要集中在将磋商程序作为必经程序是否合适,磋商的性质、名称、具体内容、具体程序、书面材料等几个方面。有地方检察机关提出,目前公益诉讼检察建议在实践中存在刚性不足、司法化不足等问题,如大量行政公益诉讼案件通过磋商办理,不需要发出检察建议,可能会导致上述问题更加突出。在对各地意见认真研究后,《办案规则》将磋商明确为一种在检察建议前与行政机关进行沟通的可选程序和调查方式。一方面,磋商能够起到对案件繁简分流的作用。对于案情比较简单,行政机关对公共利益受到侵害、其违法行使职权或不作为没有异议、有立即整改意愿且通过立即整改公共利益可以得到及时有效保护的案件,通过磋商结案能够节约司法资源,提高办案效率,使检察机关可以集中精力办理有阻力、需要多部门协商解决的难案要案。如磋商未达到以上效果的,检察机关应当继续调查,并作出是否提出检察建议的决定。另一方面,磋商也是行政公益诉讼中检察机关一种独特的调查手段。磋商与询问不同,询问的对象是了解案件事实的个人,应当个别进行;而磋商的对象是行政机关,既可以与行政机关相关负责人员单独进行,也可以采取召开会议、磋商后形成事实确认书等方式进行。实际上赋予了相对灵活的对行政机关进行调查和沟通的形式。

在公益诉讼法律文书格式样本中,我们提供了《磋商函》《事实确认书》《磋商意见书》等法律文书供各地在磋商过程中选择使用,这几份文书是行政公益诉讼调查/磋商阶段的非必做文书,大家可以根据办案的实际情况选择其中的一份使用;或者自行制作会议记录、会议纪要等文书。还需要注意的是,磋商不是行政公益诉讼案件办理必须采取的调查措施,由承办案件的检察官办案组织根据案件的实际情况决定是否与行政机关进行磋商。比如,对于以事立案的,由于负有监管职责的行政机关不明确,则不宜进行磋商;对于公共利益正在遭受不法侵害,公益保护存在保护紧迫性的案件也可以不进行磋商。

(七)关于行政机关依法履行职责的判断标准

对于行政机关是否依法履行职责的判断,是公益诉讼检察办案中的一个核心问题。通过几年的实践探索和总结提炼,检察机关与行政机关对此问题已经基本达成了共识,在2019年最高检会同生态环境部等9部委会签的《关于在检察公益诉讼中加强协作配合依法打好污染防治攻坚战的意见》和2020年最高检会同中央网信办等10单位会签的《关于在检察公益诉讼中加强协作配合依法保障食品药品安全的意见》中都明确了判断行政机关履职尽责的标准:以法律规定的行政执法机关的法定职责为依据,以是否采取有效措施制止违法行为、是否全面运用法律法规、规章和规范性文件规定的行政监管手段、国家利益和社会公共利益是否得到了有效保护为标准。

最高检发布的几个指导性案例中,也有行政机关依法履行职责标准的相关体现。如湖北省天门市人民检察院诉拖市镇政府不依法履行职责行政公益诉讼案(检例第63号)从职权角度明确:"一级政府对本行政区域的环境质量保护负有法定职责。政府在履行农村环境综合整治职责中违法行使职权或者不作为,损害社会公共利益的,检察机关可以发出检察建议督促其依法履职"。陕西省宝鸡市环境保护局凤翔分局不全面履职案(检例第49号)的"指导意义"中指出:"对行政机关不依法履行法定职责的判断和认定,应以法律规定的行政机关法定职责为依据,对照行政机关的执法权力清单和责任清单,以是否全面运用或者穷尽法律法规和规范性文件规定的行政监管手段制止违法行为,国家利益或者社会公共利益是否得到了有效保护为标准。"我们将之归纳为"行为要件+结果要件+职权要件"的三要件标准。

《办案规则》吸收了上述规范性文件和指导性案例的内容要旨,用多个条款从正、反两个方面对判断行政机关是否依法履行职责作了细化。如第74条规定的终结案件的标准即行政机关依法全面履职的情形;第82条列举了7种可以认定行政机关未依法履行职责的情形。对于实践中比较常见的"行政机关虽按期回复但未采取整改措施或者仅采取部分整改措施的"情形,也就是"敷衍整改""虚假整改”的,可以认定为行政机关未依法履行职责;违法行为人虽然已被追究刑事责任或者案件已移送刑事司法机关处理,但行政机关仍应当依法给予责令停产停业、吊销许可证或者执照等行政处罚或者处置相关环境损害,如果行政机关“一移了之”,检察机关可以继续督促行政机关依法履职。

(八)关于民事公益诉讼与生态损害赔偿制度衔接

为加强公益保护,近年来我国已经形成了多维度保护格局,其中,在生态环境保护方面,由行政机关提起的生态损害赔偿制度也开始发力,因此存在与检察公益诉讼的衔接问题。

2017 年 8 月 29 日召开的中央全面深化改革领导小组第三十八次会议审议通过了《生态环境损害赔偿制度改革方案》,明确国务院授权省级、市地级政府作为本行政区域内生态环境损害赔偿权利人。省级、市地级政府可指定相关部门或者机构负责生态环境损害赔偿具体工作,省级、市地级政府及其指定的部门或机构均有权提起诉讼。2019 年 6 月 4 日,最高人民法院发布了《关于审理生态环境损害赔偿案件的若干规定(试行)》,以“试行”的方式,对于司法实践中亟待明确的生态损害赔偿、生态环境损害赔偿诉讼受理条件、证据规则、责任范围、诉讼衔接、赔偿协议司法确认、强制执行等问题予以规定,同时对一些争议较大的问题暂未作规定,为实践探索留有余地。另外,生态损害赔偿诉讼也已经纳入《民法典》的规定:第 1234 条和第 1235 条规定了违反国家规定造成生态环境损害,国家规定的机关或者法律规定的组织有权要求生态环境侵权人承担修复责任和生态环境损害赔偿。“国家规定的机关”不仅包含检察机关,还包含生态环境损害赔偿制度中规定的赔偿权利人。

关于生态环境损害赔偿的理论依据,自该项制度改革试点之初即存在争议。有的观点认为,生态环境损害赔偿制度的理论基础在于“利用民法原理思考自然资源所有权的制度建设问题”,应将国家所有权界定为私法所有权的一种专门类型;还有观点认为,省级、市地级人民政府及相关部门、机构是具有行政管理职责的行政机关,其开展生态环境损害赔偿磋商和诉讼活动,兼具行使行政管理权的性质,该类诉讼并非单纯的民事诉讼。

《办案规则》明确了检察机关以办理民事公益诉讼的方式参与支持生态环境损害赔偿制度。对于符合民事公益诉讼立案条件的案件,如同时符合启动生态环境损害赔偿程序条件,检察机关应当在民事公益诉讼诉前公告阶段同时告知赔偿权利人启动生态环境损害赔偿程序;对于生态环境损害赔偿权利人与赔偿义务人经磋商达成赔偿协议,或者已经提起生态环境损害赔偿诉讼的,检察机关可以终结案件或者转为支持生态环境损害赔偿诉讼起诉;对于生态环境损害赔偿权利人未启动生态环境损害赔偿程序,或者经过磋商未达成一致,赔偿权利人又不提起诉讼,社会公共利益仍然处于受损害状态的,检察机关可以直接提起民事公益诉讼。

(九)关于惩罚性赔偿诉讼请求

在公益诉讼中,能否提起惩罚性赔偿的诉讼请求,是实践中争议较大的问题。对此,理论趋于保守,实践需求迫切,而原有规范又较为模糊。

《办案规则》根据各领域案件的特点细化了民事公益诉讼的诉讼请求,并根据《民法典》相关规定和中共中央、国务院《关于深化改革加强食品安全工作的意见》提出的改革要求,明确在破坏生态环境和资源保护、食品药品安全案件中,可以提出惩罚性赔偿诉讼请求,加大违法者的违法成本,达到让违法者痛到不敢再犯的目的,对司法实务给予了比较明确的指引。

一是在环境资源领域,在《办案规则》起草过程中"两高"达成了一致意见,明确了生态环境领域公益诉讼中检察机关可以提出惩罚性赔偿的诉讼请求,旗帜鲜明地亮明司法机关服务保障生态文明建设、惩治环境违法行为的坚定态度。作为特殊的民事责任承担方式,惩罚性赔偿的适用要严格把握《民法典》第 1232 条规定的三个要件,即行为人具有主观故意、行为具有违法性及后果的严重性。关于生态环境损害惩罚性赔偿的具体适用,最高人民法院于 2022 年 1 月出台了《关于审理生态环境侵权纠纷案件适用惩罚性赔偿的解释》,按照该解释,检察机关提出的生态损害惩罚性赔偿诉讼请求,应当以生态环境受到损害至修复完成期间服务功能丧失导致的损失、生态环境功能永久性损害造成的损失数额作为计算基数,并根据侵权人的恶意程度,侵权后果的严重程度,侵权人因污染环境、破坏生态行为所获得的利益或者侵权人所采取的修复措施及其效果等因素,数额不超过基数的 2 倍予以参考适用,同时综合考虑侵权人已经被行政机关给予的罚款和人民法院判处的罚金。

二是关于食品药品安全领域的惩罚性赔偿,2021 年 3 月,"两高"等 7 部门形成《探索建立食品安全民事公益诉讼惩罚性赔偿制度座谈会会议纪要》,就在食品安全民事公益诉讼中建立惩罚性赔偿制度等问题达成共识。该纪要强调惩罚性赔偿惩罚、遏制和预防严重不法行为的功能定位,提出应当根据侵权人主观过错程度、违法次数和持续时间、受害人数、损害类型、经营状况、获利情况、财产状况、行政处罚和刑事处罚等因素，综合考虑是否提出惩罚性赔偿诉讼请求。具体情形主要包括侵权人主观过错严重，违法行为次数多、持续时间长，违法销售金额大、获利金额多、受害人覆盖面广，造成严重侵害后果、恶劣社会影响或者具有其他严重侵害社会公共利益的情形。一方面，对于侵权人初犯、偶犯，主观过错和违法行为情节轻微，主动采取补救措施等没有必要给予惩罚的情形，可以不再提出惩罚性赔偿诉讼请求；另一方面，在确定惩罚性赔偿诉讼请求的具体数额时，应当在坚持比例原则的前提下，以违法行为人销售数额或者获益数额为基数，统筹考虑案件的具体情况来确定惩罚性赔偿倍数，不宜简单拘泥于10倍或者3倍一提了之。关于惩罚性赔偿金的管理和使用，各地可以在坚持“用于公益”的基础上积极探索，依法统筹用于消费者合法权益保护。

(十)关于检察机关提起公益诉讼案件的二审、再审程序

《办案规则》对提起公益诉讼的条件，出席一审、二审、再审法庭等程序作了规定，明确检察机关起诉时需要提交的材料、出庭检察人员履行职责等事项，指导解决实践中的操作性问题。

关于二审和再审程序，《办案规则》在《“两高”解释》的基础上，明确了人民法院决定开庭审理的上诉案件和再审案件，对应的同级人民检察院应当派员出席法庭。这实际涉及对于同级检察机关出席二审、再审法庭身份的不同认识。

有观点认为，上级人民检察院并非二审程序中独立的一方当事人，也不是与原审公益诉讼起诉人共同作为一方当事人。根据当事人恒定原则，上一级人民检察院无权代替下级人民检察院直接向人民法院撤回上诉，上一级人民检察院代替下级人民检察院出具的法律文书不发生相应的法律效力，上一级人民检察院在二审庭审中不能随便代行公益诉讼起诉人的诉讼权利义务等。

笔者认为，一方面，检察机关与人民法院是同级人大产生和监督下的法律监督机关和审判机关，“同级诉审”“同级监督”原则在公益诉讼案件的起诉、审判过程中也应当予以适用。另一方面，根据《人民检察院组织法》的规定，上级人民检察院领导下级人民检察院的工作，下级人民检察院应当执行上级人民检察院的决定。检察机关不同于一般民事、行政诉讼中的普通原告，实行上下级一体化办案机制，在出庭履行职责方面不受普通民事诉讼“当事人恒定原则”的限制。在指导性案例海南省海口市人民检察院诉海南A公司等三被告非法向海洋倾倒建筑垃圾民事公益诉讼案(检例第111号)的“要旨”中也已经明确：“公益诉讼案件二审开庭，上一级人民检察院应当派员出庭，与下级检察机关共同参加法庭调查、法

庭辩论、发表意见等,积极履行出庭职责。”关于公益诉讼案件二审、再审的具体程序,考虑到还有很多问题未达成一致意见,《办案规则》也只进行了相对原则的规定,各地检察机关要在办案实践中加强与人民法院的沟通协调,不断凝聚共识,为将来的规则完善提供实践样本。

三、正确理解与适用《办案规则》

《办案规则》是经最高检检委会审议通过的规范检察机关全流程办案程序的司法解释,为检察机关办案提供统一的规范依据,各级检察机关在办理公益诉讼案件程序方面,对于《办案规则》有明确规定的,应当严格遵守。除了对于具体条文的理解,《办案规则》在理解适用中,还要从宏观层面把握好以下几个问题。

(一)把握好特殊性与共同性的有机统一

《办案规则》在理解适用中,要处理好公益诉讼检察制度的特殊性与诉讼规律、诉讼制度的共同性之间的有机统一关系。检察机关是国家法律监督机关,检察机关办理公益诉讼案件是履行法律监督职责的职权行为,提起诉讼的目的、诉讼地位、权利义务等不同于普通民事、行政诉讼的原告。在《民事诉讼法》《行政诉讼法》中各增加一款的修法方式并没有体现检察公益诉讼的特点、规律。

《“两高”解释》第 3 条规定,“人民法院、人民检察院办理公益诉讼案件,应当遵守宪法法律规定,遵循诉讼制度的原则,遵循审判权、检察权运行规律”,为地方法院、检察院实践探索提供了基本遵循。《办案规则》在实践基础上对检察公益诉讼的特点规律作了进一步的总结与提炼,一定程度上有所体现,如检察机关客观公正的立场、立案管辖的规定、依法客观全面的调查原则、上诉的程序与条件、二审再审出庭程序等,都体现了检察机关“以诉的形式履行法律监督本职”的基本定位。当然,由于实践经验积累少,理论共识不够,在《办案规则》起草过程中,仍有不少体现检察公益诉讼特点规律的内容没有固化下来,还需要在“遵循诉讼制度的原则,遵循审判权、检察权运行规律”的基础上进一步探索。

(二)处理好公益保护各子系统间的协同关系

国家利益和社会公共利益保护是一个系统工程,不仅需要行政机关、审判机关、检察机关通过行使各自的职权进行保护,也需要社会各界的积极参与才能取得最佳的保护效果。

各级检察机关在办理公益诉讼案件过程中,一要充分发挥主观能动性,对于诉讼中遇到的问题加强与人民法院的沟通协调，寻求解决方案，不断凝聚共识；二要主动与行政机关加强协作，健全与行政执法衔接机制，完善信息资源共享、案件线索移送、配合调查取证等工作机制，督促行政机关诉前主动整改，形成治理合力；三要与相关社会组织形成“支持 + 配合 + 监督”的良性互动关系，鼓励社会组织有序有效发挥公益保护作用。

（三）协调好规范办案与探索发展之间的关系

作为一项依然在探索和发展中的制度，检察公益诉讼工作无论是在理论研究中还是在办案实践中都存在不少困难和问题。《办案规则》将实践中成熟的经验做法和各方达成的共识予以固化，但仍然不能完全满足目前办案需要。对于仍然存在不同认识的问题，《办案规则》则作出原则性规定，也是为将来实践探索发展留下空间。各级检察机关要立足新时代、着眼新要求，积累实践经验，勇于开拓创新，不断探索完善具有中国特色的检察公益诉讼制度。

公益诉讼重大疑难复杂案件办理

刘家璞 * 最高人民检察院

于琰峻 ** 福建省安溪县人民检察院

目 次

* 刘家璞，最高人民检察院第八检察厅二级高级检察官。

** 于琰峻，福建省安溪县人民检察院第四检察部副主任、四级检察官助理。

当前,全国检察机关连续几年的年办案数量超过 10 万件,甚至有的年度达到 15 万件,办案目标已经从数量向质量转变。中央也对检察机关办理公益诉讼提出了具体要求。2019 年全国人大常委会第十四次会议上,栗战书委员长更是明确要求最高人民检察院(以下简称最高检)或者省级检察院依法直接办理涉及面广、危害大的典型案件,彰显司法权威,发挥法治威力。张军检察长明确指示最高检和省级院要加大直接办理公益诉讼案件的力度。此后,办理大案、要案和有社会影响的案件成为检察机关办理公益诉讼案件的一项重点工作,最高检第八检察厅在每年度公益诉讼检察工作要点中都明确,四级检察机关公益诉讼部门要聚焦办理辖区内有重大影响、行政机关层级高、具有跨流域和跨区划特点且社会认同度高的案件,即我们通常理解的公益诉讼重大、疑难、复杂案件。2022 年全国检察长会议明确提出公益诉讼要抓大案的工作要求,最高检、省级院自办案件力度还要再加大。

一、公益诉讼重大、疑难、复杂案件的标准

何为公益诉讼重大、疑难、复杂案件?2021 年 7 月 1 日起施行的《人民检察院公益诉讼办案规则》第 15 条规定:“设区的市级以上人民检察院管辖本辖区内重大、复杂的案件。公益损害范围涉及两个以上行政区划的公益诉讼案件,可以由共同的上一级人民检察院管辖。”该规则对公益诉讼重大、复杂案件从级别管辖上作出规定,但未明确重大、复杂案件的标准。《2021 年公益诉讼检察工作要点》(高检八厅〔2021〕1 号)提道:“充分发挥重大案件办理的引领示范作用。更加注重办理公益受损严重、社会反映强烈、长期得不到解决、相关部门存在职能交叉等能够更好发挥公益诉讼独特治理效能的难案。”最高检第八检察厅的内部文件对公益诉讼重大案件也是简要列举,没有具体阐述。

一般而言,对公益诉讼重大、复杂案件的直观认识主要包括公益重大、案情复杂、调查阻力较大、社会影响重大、公益损害严重以及被监督行政机关为级别较高的政府部门等情形,司法实践中对如何准确界定尚无明确量化标准,需要办案人员根据具体案件予以把握。浙江省人民检察院 2019 年制定的《关于公益诉讼重特大案件标准的规定(试行)》是对公益诉讼重大、复杂案件界定的一次有益尝试,其从公益受损的规模、被告方的人数、上级单位或领导批示情况、被监督行政机关级别、新闻媒体宣传程度等方面确定重特大案件标准,但该规定不是办案规定而是业务考评规定,只具有导向意义。因此,公益诉讼重大、疑难、复杂案件标准不明仍然是困扰办案人员的问题,特别是设区市级以上检察机关对应管辖的重大、疑难、复杂案件把握不准,就可能出现基层院办理了不适宜办理的重大案件,

而上级院审核把关不到位,造成办案事故的情况。例如,某基层检察院起诉一大型网络公司的案件就曾引发网络舆情。

(一)案例情况

下面,笔者将结合介绍办理万峰湖流域生态环境公益诉讼案(以下简称万峰湖专案)和南四湖流域生态环境公益诉讼案(以下简称南四湖专案)的情况,以及对两个案件的逐点对比分析,试着解答公益诉讼重大、疑难、复杂案件标准问题。

1. 万峰湖专案。万峰湖地处黔、桂、滇三省(区)接合部,是"珠三角"经济区的重要水源。近年来,湖区网箱养鱼无序发展,导致水质严重恶化。2016 年中央第六环保督察组在广西壮族自治区督察时发现,"2015 年全区 11 个重点湖库中有 5 个水质下降明显",5 个重点湖库中的百色市万峰湖水库水质由二类下降至三类;2017 年,中央第七环保督察组指出"珠江流域万峰湖库区网箱面积 7072 亩,超过规划养殖面积 2.48 倍"。由于三省(区)水域分割管理,治理步调不一,万峰湖流域生态环境污染问题未能得到全面根治。经初步调查,最高检认为万峰湖流域生态环境污染问题和相关主体违法事实不仅客观存在,并且污染严重,国家利益和社会公共利益受到损害,加上污染问题涉及桂、黔、滇 3 省(区)5 县(市),仅靠一地之力难以推动全面治理,由最高检立案办理更有利于保护公益。

2019 年 12 月 11 日,最高检决定对万峰湖流域生态环境受损问题立案调查。第八检察厅抽调公益诉讼业务骨干组成专案组,万峰湖专案组对万峰湖生态环境领域公益诉讼线索进行全面排查,共摸排万峰湖流域生态环境受损类案件线索 61 条,交办或指定地方检察机关办理 48 条,立案 45 件,其中,行政公益诉讼案件 44 件,民事公益诉讼案件 1 件;经磋商解决 6 件,经制发诉前检察建议解决 36 件,经专家论证协调行政机关解决 2 件。在各方共同努力下,三省(区)共拆除非法养殖网箱 53.93 万平方米,水上非法浮房、钓鱼棚等设施 899 个,清理湖面水域面积 8.1 平方千米、垃圾 22 吨。目前,湖面非法养殖等可视污染类问题已整治到位,湖岸线及干支流的污、废水直排,垃圾无序堆放等问题得到有效解决,水质明显改善,保持在三类至二类水质标准。

2. 南四湖专案。南四湖流域由微山湖、昭阳湖、独山湖和南阳湖四个相连湖泊组成,位于山东、江苏、河南、安徽四省交界处,不仅与沿湖 200 多万名群众的生产生活息息相关,也关联着南水北调、大运河文化带、京津冀协同发展和雄安新区建设等四大国家战略,具有十分重要的地位。近年来,在沿湖地方党委政府的重视和努力下,南四湖流域生态环境不断向好。但工业污染、河流污染、农业面源和养殖污染、河道航运和生活污染等问题仍不同程度存在,从监测数据看,水质不容乐观，有的时段污染情况还相当严重。由于南四湖流域涉及 34 个县（市），各地自然及历史条件、状况、问题以及治理的重点和方式差异较大，“多头管”“交叉管”“无人管”现象突出。一些企业和个人在不同水域“打游击”，与监督机关“捉迷藏”，持续实施污染环境行为。仅靠分省而治难以实现全面根本治理。

2021 年 4 月 8 日，最高检决定对南四湖流域沿湖（河）企业偷排、乱排等违法行为导致生态环境受损情况以事立案，启动公益诉讼检察程序，抽调了精干办案力量组建南四湖专案组。并根据生态环境和资源受损程度、违法行为持续时间跨度、拟监督主体级别和规模、造成影响程度等情况摸排梳理案件线索、统一指挥案件办理。截至 2022 年 1 月，办案组共发现公益诉讼案件线索 237 条，共立案 205 件。其中最高检立案 1 件，省级院立案 8 件，市县级院立案 196 件，包括行政公益诉讼案件 185 件，民事公益诉讼案件 20 件。通过公益诉讼检察办案，共督促处置回收和清理各类垃圾、固体废物 5.35 万余吨，拆除沿湖违章建筑、违法养殖 1621 处，治理黑臭水体 480 处，清理污染和非法占用的河道 275 公里，督促推动赔偿权利人与企业达成生态环境损害赔偿磋商协议金额 8.52 亿元，通过民事公益诉讼向污染企业和个人追偿修复生态、治理环境费用 1268 万元。

（二）万峰湖专案和南四湖专案比照研判

具体对比情况见表 1：

表 1　万峰湖专案和南四湖专案对比

项目	万峰湖专案	南四湖专案
必要性	流域重要的生态地位	
	万峰湖地处黔、桂、滇三省（区）接合部，是“珠三角”经济区的重要水源，其重要的生态地位决定需要更高层次的关注。	南四湖系大运河航运交通要道，也是南水北调东线工程的重要调蓄水库和输水通道，在保障南水北调水质安全、维护区域生态系统平衡等方面具有重要战略地位。
	万峰湖的跨区域性决定了仅靠一省之力难以完成治理。执法不同步、力度不一，欲根除万峰湖环境污染问题，三省必须同时发力，这样才能对污染主体形成威慑，使其没有逃避监管的空间。最高检的指挥协调十分必要。	南四湖流域涉及鲁、苏、豫、皖 4 省 8 个地市 34 个县（市、区），存在执法标准不一、排污许可标准不一、保护标准不一，“九龙治水”等问题，仅靠分省治理难以根治南四湖环境污染问题。
		南四湖流域中的微山湖因山东和江苏两省部分地区没有完成勘界，“插花地”多，历史上山东省微山县和江苏省沛县因为土地纠纷发生多次冲突，存在历史遗留问题，导致微山湖区域环境保护责任主体不清。

续表

<table>
<tr><th>项目</th><th>万峰湖专案</th><th>南四湖专案</th></tr>
<tr><td rowspan="3">必要性</td><td colspan="2">体现检察机关政治自觉和政治担当，切实整治中央生态环境保护督察发现的问题。</td></tr>
<tr><td colspan="2">万峰湖、南四湖保护的长效机制需要上升到法律的层面。为确保万峰湖、南四湖的生态环境长期得到保护，适应万峰湖、南四湖流域个性化治理，有必要推动出台关于万峰湖、南四湖流域保护的国家级规范性文件。最高检相比地方检察机关更有优势。</td></tr>
<tr><td colspan="2">最高检直接办理案件具有示范性。检察公益诉讼制度建立时间较晚，办案模式尚不成熟、规范，最高检直接办案，既是对省、市两级院直接办案的带动和督促，也为检察机关今后办理公益诉讼案件提供参考和模板，具有较强的引领和示范意义。</td></tr>
<tr><td rowspan="5">可行性</td><td colspan="2">案涉重大公益仍继续受损</td></tr>
<tr><td>广西西林县、隆林县，云南罗平县仍存在大量渔民进行网箱养殖，沿湖（河）分布有一些污染企业，偷排、乱排现象时有发生。</td><td>工业污染、河流污染、农业面源和养殖污染、河道航运和生活污染等问题不同程度存在，特别是沿湖（河）分布有一些“散乱污”企业，偷排、乱排现象时有发生。</td></tr>
<tr><td colspan="2">行政机关履行职责不到位和相关主体违法情况仍继续存在。流域根据水域划分区域，实行分割管理，管理的重点和方式差异较大，“多头管”“交叉管”“无人管”现象突出。</td></tr>
<tr><td>万峰湖水域涉及 5 个县（市）。贵州黔西南州对万峰湖水域污染进行修复治理，禁止网箱养殖，但广西西林县、隆林县，云南罗平县则允许渔民进行网箱养殖。在贵州辖区治理打击中，一些违规主体，通过转移迁至云南、广西辖区水域等方式逃避整治、躲避处罚，“捉迷藏”“打游击”现象仍然存在。</td><td>南四湖流域涉及 34 个县（市）。一些环境污染企业和个人在山东和江苏水域“打游击”，与行政机关“捉迷藏”，继续实施环境污染行为，逃避整治、躲避处罚。</td></tr>
<tr><td colspan="2">最高检直接办理符合相关法律规定。从实体意义上来说，对国家利益和社会公共利益受到损害的，根据《民事诉讼法》、《行政诉讼法》和相关司法解释的相关规定，检察机关可以启动公益诉讼检察程序。从程序意义上来讲，根据《人民检察院组织法》，上下级检察机关是领导关系，上级人民检察院可以办理下级人民检察院办理的案件，最高检可以办理全国性的重大案件。《人民检察院公益诉讼办案规则》的相关规定。</td></tr>
<tr><td>以事立案</td><td colspan="2">万峰湖、南四湖流域生态环境受损的原因既有生态环境保护、住房和城乡建设、自然资源、农业农村、交通运输、地方政府等单位的不作为、乱作为，又有沿湖（河）企业违法偷排、乱排污染环境，违法网箱养殖的民事侵权行为，案件中的违法主体众多，短时间难以查清，以事立案可以“一案带数案”，分别追究不同主体的行政责任和民事责任。</td></tr>
</table>

(三)重大、疑难、复杂案件标准的要素

通过以上对最高检办理的万峰湖专案和南四湖专案的介绍分析,公益诉讼重大、疑难、复杂案件标准通常包括以下一项或者几项要素。

第一,保护的公益重大。如涉及国家重大战略或者重大项目,或者在一定区域有重大影响,还包括涉及人民群众多、群众利益大等。

第二,公益受损严重。公益受损严重的认定可以结合最高人民法院《关于审理生态环境侵权纠纷案件适用惩罚性赔偿的解释》,包括持续行为的持续时间、地域范围,造成环境污染、生态破坏的范围和程度等因素综合判断。如万峰湖库区网箱面积达7072亩,超过规划养殖面积2.48倍,1亿多立方米水土受到污染。南四湖流域工业污染、河流污染、农业面源和养殖污染、河道航运和生活污染等问题不同程度存在,特别是沿湖(河)分布有一些"散乱污"企业,存在偷排、乱排现象。公益受损问题长期得不到解决,万峰湖和南四湖污染问题都是持续20年以上,污染问题存在反复,陷入污染——治理——再污染——再治理的恶性循环。

第三,被监督对象层级较高或企业规模大。监督的行政机关为县级以上人民政府或者省政府直属机关,被监督的企业为地方纳税大户或者重点项目的重点企业等。

第四,社会反映强烈。万峰湖是中央环保督察两次指出,南四湖污染问题得到中央领导关注,当地群众也都有强烈呼吁。

第五,办案阻力大。案件具有"硬骨头"问题,例如万峰湖专案中鑫坚公司网箱拆除问题,以及南四湖专案中保护区内煤矿退出问题。

第六,跨区域或者多部门职能交叉。万峰湖横跨3省(区)5县(市),涉及水利、环保、农业农村等执法部门。南四湖横跨4省34县,涉及生态环境、自然资源、住建、农业农村等部门。

二、办理公益诉讼重大、疑难、复杂案件整体思路

(一)制定办案方案,明确办案目标和任务

检察机关办理公益诉讼重大、疑难、复杂案件如同行军打仗,不能乱枪打鸟、毫无章法,而是要在办案之初就拟定办案目标,擘画切实可行的办案方案,强化办案质效。具体包括以下几个方面。

1.找准案件切入口,明确办案目标

以万峰湖专案和南四湖专案为例。首先,两个案件的办案目标是一致的,也

是最高检办理重大、疑难、复杂环境公益诉讼案件的办案目标,即不仅解决直接的公益受损问题,还要推动建立常治长效机制,以及统一管理和执法标准。具体分为:

第一,着力解决万峰湖流域和南四湖流域违法行为导致生态环境受损的突出问题;推动解决流域其他深层次生态环境受损问题;推动加强流域检察机关之间、检察机关与行政机关之间、行政机关之间的协作,建立跨区域执法、司法协作机制;推动完善流域立法,深化流域生态环境治理。

第二,重大、疑难、复杂案件的切入口要小,最佳状态是以小口切入再做大文章。由于两个案子的案情非常复杂,涉及的问题较多,在没有进行充分调查取证和分析研判,对于哪些问题属于检察公益诉讼的案件范围,哪些问题是客观可以解决的,无法准确把握的情况下,最高检确定万峰湖专案以湖面网箱清除为切入口,南四湖专案以沿湖工业企业污染治理为切入口。特别说明一下,万峰湖的污染问题相对单一,主要是网箱养殖污染,所以切入口选择网箱清除。而南四湖流域生态环境问题主要表现为工业污染、生活污染、农业面源污染、围湖养殖污染、生态环境破坏等方面,之所以选择以工业污染为切入口,是考虑到工业污染的问题相对更易发现,且相对比较好整改到位,避免案件陷入污染交织的问题旋涡无法自拔。我们在办理复杂案件的时候,选择的切入点一定要准确,因为有的问题是历史发展造成的,检察机关无法"包打天下""包治百病"。

2. 整合办案力量,优化专案组设置及人员组成

万峰湖专案和南四湖专案都是在最高检统一指挥下、相关各省检察机关共同参与的案件,最高检在立案前就开始谋划如何排兵布阵——设立专案组及分组。最高检专案组也就是中心组,由分管检察长任组长,各省检设专案组分组,也是由分管检察长任分组组长,市县两级院由院领导担任本院办案组主办检察官,四级检察机关一体化办理。最高检专案组从各分组均抽调办案骨干参与办案,既是以案促训,也是方便案件办理的沟通协调。最高检专案组和各分组的办案分工既是领导和被领导关系,又是总分关系,即最高检专案组负责统筹、指挥全案办理,各分组具体负责实施。

具体而言,有以下两个方面的特点:一是强化纵向协作办案。最高检专案组对专案统一指挥和调度,统一案件线索管理与研判,统一调配办案力量,统一把关各具体案件的关键环节,统一对外宣传口径。各省院负责把好案件方向关和质量关,帮助下级院破解办案阻力和困难,对重大、疑难、复杂的案件视情况采取自办、参办或提办等方式办理;市级院作为办案主力,统筹组织全市办案工作,原则上要

办理好辖区内所有案件；县级院是办案主体，要在上级院的指导下，依法规范做好办案工作。二是推进横向协同办案。各分组相关检察院之间加强办案协同，共同破解办案困难和阻力，切实履行好公益诉讼检察职责。例如，在最高检统筹下，山东济宁、枣庄和江苏徐州多次开展协同办案，共同承担某一项具体的办案任务。

3. 实行高效的办案形式，充分调配各办案单位的力量

最高检专案组在办理重大、疑难、复杂案件时探索出“1 + N”的专案办理模式，“1”是指最高检以事立案的1个总案，“N”是指针对侵害具体公益问题所立的全部子案件。对于“N”个子案件，最高检专案组采取自办与交办相结合的形式处理。自办是最高检自行立案办理，如最高检在办理南四湖专案时，对某部委可能存在的损害公共利益行为进行立案办理，并发出监督函。交办是指交办线索，最高检统一研判各分组上报的案件线索后，认为符合专案立案条件的，一般交由属地检察院办理，接到线索的检察院再开展进一步调查，决定是否立案，按照应立尽立原则，不立案的向最高检专案组作出说明。

万峰湖专案和南四湖专案充分实践“1 + N”专案办理模式，在最高检的统一指挥下，地方各办案分组积极摸排上报案件线索，对最高检专案组交办的案件线索，及时进行立案审查、调查取证、磋商、制发检察建议等，有效推动案件办理。

4. 统一办案步调，确保案件整体推进

线索摸排：各分组领导辖区内案涉流域各级检察院全面开展线索摸排工作，定期掌握摸排工作进展。

线索研判：最高检专案组对各分组报送的案件线索和证据情况进行研判，确定以自办、交办、指定管辖等办案方式，以及采取行政公益诉讼、民事公益诉讼或行政—民事公益诉讼并立等案件类型办理案件。

集中立案：各分组组织辖区相关检察院依法开展最高检专案组移交线索的办理工作，符合立案条件的，依法立案。

全面调查取证：对已立案的案件，全面开展案件调查取证工作，重点调查违法主体、违法事实、公益受损情况及公益受损与违法行为之间的关联关系等方面的证据。

启动诉前程序和磋商：根据调查情况，组织开展磋商。符合条件的，经分组审核把关后，依法启动行政公益诉讼或民事公益诉讼诉前程序。

依法提起诉讼：综合考虑行政机关回复和整改情况，以及有无社会组织提起诉讼等情况，由最高检专案组统一部署，对是否提起诉讼、是否满足结案要求进行公开听证。对符合起诉条件的，经专案组审批，依法坚决向人民法院提起诉讼。

专案结案:对行政机关已依法履行职责,国家利益和社会公共利益得到有效保护的案件,进行实体性结案;对行政机关已启动履职程序或违法主体已采取措施保护国家利益和社会公共利益,但需要一定时间和过程的,经最高检专案组同意,可以程序性结案。

推动建立相关机制和完善法律:结合办案,深度剖析流域生态环境受损的原因,与相关行政机关沟通协调,督促建立相关协作机制,完善治理体系,提升治理能力,实现双赢多赢共赢;形成综合情况报告通报中央生态环境保护督察办公室和相关部委;必要时,共同或单独向国务院或立法机关提出完善流域整体保护相关法律的建议。

5. 注重强化办案督导,加大办案力度

办理重大、疑难、复杂案件面临方方面面的困难很多,如何强化督导是克服困难,推进案件的关键。最高检专案组在办理万峰湖专案和南四湖专案时,采取"一月一小督、两月一大督"的模式推进工作,凝聚办案合力,提高办案效率。"一月一小督",是指最高检专案组派出办案人员现场办案,推动解决办案中遇到的问题;"两月一大督",是指通过视频会或者现场会的形式召开专案推进会,由最高检专案组组长、分管检察长主持,各分组领导和办案骨干参加,强力推进专案的办理工作。最高检专案组对于各分组交办案件办理进展缓慢、工作不力或者办案阻力大的,可以指定异地检察机关办理,以推动案件办理和问题解决。

6. 把控办案宣传节奏,辅助案件办理

宣传是贯穿检察公益诉讼案件办理全过程的一项重要工作,是对外传递案件办理信息、接受监督的重要途径,是回应期待、扩大办案效果的重要方式,检察机关有效地利用宣传可以达到推进案件办理和推广检察公益诉讼制度的目的。办理公益诉讼重大、疑难、复杂案件的宣传是重要且必须慎重的,一定要提前谋划。因为这类案件的"硬骨头"问题多,牵扯的利益方面也多,借助宣传的力量得当可以推动问题解决,辅助办案,如果宣传节奏把握不好就可能给办案带来阻力。因此,在制定办理公益诉讼重大、疑难、复杂案件方案时一定要考虑把控好宣传节奏。例如,办案前期没有成效,各方情况不明,不宜开展宣传;办案中期,可以对办案的进展情况做适当宣传;办案后期,可以开展大量集中宣传,巩固办案成效,引发各方关注,助推问题解决。因此,办案宣传要统一组织实施,统一把控节奏,根据案件办理进展和成效开展宣传工作。值得注意的是,在办案之初,一定要注意收集照片、视频等宣传素材。

（二）落实办案要求，保证办案质量

检察机关办理公益诉讼重大、疑难、复杂案件一般是多级检察机关一体化办理，因此以事立案的检察机关必须强化对下指导，才能更好落实办案要求，达到最佳的办案状态和效果。最高检专案组在办理南四湖专案时坚持精准指导各分组开展办案工作的工作思路，同时严格规范办案程序，制发了 10 多份办案提示，做到每个办案环节都有及时准确的提示。

1. 线索摸排——《关于南四湖公益诉讼案件线索摸排的提示》

重点内容：全面摸排线索、线索摸排的重点领域、线索摸排的方法。

2. 立案——《关于南四湖专案立案办理工作的提示》

重点内容：立案标准，立案要求（民行并立），坚持“案件化”标准，确保公益受损问题“应立尽立”。

3. 调查取证——《关于南四湖专案调查收集证据工作的提示》

重点内容：规范取证、取证技巧、主要案件类型的取证方向。

4. 诉前检察建议——《关于南四湖专案公益诉讼检察建议制发的工作提示》

重点内容：强化释法说理、列明主要证据和法律规范、增强检察建议书的权威性和仪式感、加强沟通咨询、强化审核把关。

5. 磋商工作——《关于南四湖专案磋商工作的提示》

重点内容：启动磋商程序的主要考虑、一般启动条件、主要内容、一般方式和结果运用。

6. 技术保障——《关于加强南四湖专案技术支持工作的提示》

重点内容：介绍最高检检察技术信息研究中心可开展的检验鉴定工作和合作单位可开展的环境损害司法鉴定业务，提出“双鉴定”的要求，即立案后鉴定和结案前鉴定。

7. 长效机制——《关于推动建立南四湖流域生态环境保护长效机制的提示》

重点内容：推动跨区域检察协作、行政机关联防联控、检行协作配合、协同立法和强化机制落地。

8. 生态保护修复——《关于南四湖专案生态保护修复工作的提示》

重点内容：树立科学修复的理念、防范形式主义问题发生、依法开展法律监督、强化机制衔接。

9. 公开听证——下发微信提示

重点内容：省市院组织类案一次性听证，基层院全案一次性听证，注意避免“一案多听”。

10. 结案——《关于加强南四湖专案结案工作和诉前程序司法化的提示》

重点内容：结案要求、上报材料、时间节点和工作中要充分运用磋商、公开听证、第三方评估、司法确认、检务公开等方式，提升公益诉讼特别是诉前程序司法化的程度。

（三）提高办案效率，明确工期和责任人

最高检专案组在办理南四湖专案时，分阶段根据案件进展制发督导案件办理的提示，例如在每次办案推进会或者重要办案节点制发提示，提高办案效率。2021 年 7 月下发了《关于南四湖流域生态环境受损公益诉讼专案下一步工作安排的提示》，按月对下一步案件办理工作作出安排，让各分组及办案检察院明确办案节奏、时间节点和各阶段的工作重点。2021 年 11 月下发了《关于加大南四湖专案办理力度的提示》，突出重点，进一步加大办案力度；协力推进，进一步凝聚办案合力；应结尽结，进一步提高办案效率；规范有序，进一步落实办案要求。

三、办理重大、疑难、复杂案件的技巧

（一）高位推动，增强办案内在的强劲动力

办理重大、疑难、复杂案件要提高政治站位，争取检察机关自己领导的重视和支持，从高位去推动，更充分发挥公益诉讼检察职能作用。重大、疑难、复杂案件中的问题一般由来已久或者矛盾尖锐，需要“啃硬骨头”“打持久战”，由本地或者下级检察院分别立案办理，缺乏统一指挥协调机构，难以形成合力，不如上级院立案办理统筹有力。并且本地或某个别检察院单独办案，其公益诉讼办案力量相对薄弱，不利于解决社会影响面广、重大疑难公益受损的问题。在办理万峰湖专案和南四湖专案时，是最高检张军检察长亲自部署，组织四级检察机关和四省相关检察院成立专案组直接立案办理，张雪樵副检察长担任专案组主办检察官，全程指挥，为万峰湖专案的顺利办理奠定了良好基础。各地检察机关在办理当地立案的重大、疑难、复杂案件时也要争取检察长支持，作为“一把手工作”来推动。

（二）积极争取各方支持，协同形成办案合力

1. 积极向案件相关的党委、政府、人大、政协报告案件的办理情况，争取领导、支持和监督。万峰湖专案、南四湖专案均得到地方党政领导的高度重视，多次作出重要批示。例如，在办理万峰湖专案时，2020 年 2 月，最高检专案组统一部署，

广西、云南、贵州三地检察机关主动向当地党委政府汇报万峰湖专案工作情况，得到了三省（区）三级党委、政府和相关行政机关的高度重视和大力支持。时任广西壮族自治区政府主席陈武批示，“凡属我区县乡存在的问题，都要坚决整治”。时任贵州省省长、现任省委书记谌贻琴批示，“感谢最高检对万峰湖生态环境的重视和支持，我省和黔西南州要主动对接”。三省（区）党委政府的重视和支持，为专案办理营造了良好的办案环境，对解决万峰湖流域生态环境受损问题起到了至关重要的作用。

我们在办理南四湖专案过程中更加注重向党委、政府事先汇报，在立案时就要求各分组各级检察院向当地党委汇报最高检立案情况，争取党委主要领导的支持。山东、江苏和安徽分组主动向省委书面报告，三地省委书记作出批示。2021年9月7日，时任山东省委书记刘家义赴南四湖调研并召开座谈会。山东省政府副省长曾赞荣在山东分组报送的南四湖专案工作情况上专门批示，“感谢检察机关卓有成效的工作，请生态环境厅与检察机关密切沟通、紧密配合，形成合力，共同推动三年行动方案落地落实”。2021年11月4日，江苏省政府副省长潘贤掌到江苏省院调研南四湖专案工作，督促相关市、县（区）切实履职尽责，积极配合检察机关做好调查取证工作，推动问题和争议依法妥善解决。此外，山东、江苏、安徽相关市县的党政主要领导也非常支持检察机关公益诉讼办案工作，也让领导们看到检察机关是在“帮忙不添乱”，带领有关部门深入一线巡湖，现场办公，督导整改落实，助力南四湖生态保护。

2.密切与行政机关协作配合。办理公益诉讼案件要抓住公益诉讼协同之诉的制度优势，加强与行政机关、社会组织等协作配合，构建良好的公共关系，形成办案合力，多方推动问题解决。最高检南四湖专案组将专案立案情况通报生态环境部、水利部、农业农村部、交通运输部、自然资源部等相关单位，争取办案支持。山东分组将张雪樵副检察长到南四湖现场办案和专案推进会情况抄送6家省直部门，主动争取理解，赢得支持配合。山东省检察院与省生态环境厅联合下发《南四湖专案会议纪要》，指导各地检察机关和生态环境部门加强协作。江苏分组多次与自然资源部门座谈交流，调取南四湖流域煤矿企业外排水升级改造和依法退出南四湖自然保护区的相关材料。徐州市检察院联合市生态环境局、水务局等8家行政机关制定《关于在南四湖生态环境保护中加强协作配合的实施办法》，充分发挥检察机关与行政执法机关职能作用，形成全流域、跨区划保护合力，共同推进南四湖生态文明建设。徐州市生态环境局主动与市检察院对接，共同加强生态环境损害赔偿与检察公益诉讼衔接配合。在办理万峰湖专案时，加强检察机关与行政机关协作,构建"河湖长 + 检察长"协作配合机制。三地检察机关均分别与水务部门、河长办签订了协作机制,积极落实"河湖长 + 检察长"机制,形成治理保护合力,努力实现万峰湖长效治理。

(三)谋划长效治理,深化各方对公益诉讼工作的认同

公益诉讼是国家治理体系和治理能力现代化的重要举措,重大、疑难、复杂案件的问题原因不是一个点,而是一个面;不是单一原因,而是综合原因;不仅有表面原因,而且有深层原因。办理公益诉讼案件,不能仅盯着直接的问题解决,要考虑推动长效治理,在考虑推动长效治理的思想牵引下,我们的工作更能够争取到党委政府和人民群众的支持。同时,也是实践以个案推动一类问题的解决,在具体案件中"见微知著",强化诉源治理,防患未然、抓源治本。

最高检在办理万峰湖专案之初,积极从检察协作、检行协作和推动立法等方面谋篇布局,究其原因就是想通过解决直接污染问题推动建立长效机制,推动问题根本解决。一是加强三地检察协作,构建生态保护法治屏障。广西百色市检察院、贵州黔西南州检察院、云南曲靖市检察院共同签署了《关于万峰湖流域生态环境和资源保护协作机制(试行)》,就"依法协同、沟通配合、统一尺度、共治共赢"达成共识,积极履行公益诉讼职责,为共同维护万峰湖流域生态环境和资源保护奠定了基础,搭建了平台。二是推动三地协同立法,构建万峰湖生态环境保护大格局。广西百色市、贵州黔西南州、云南曲靖市人大常委会已就跨区域协同立法合作范围、合作机制等内容达成一致意见,共同签署了《百色市、黔西南州、曲靖市人大常委会跨区域协同立法合作协议》。"百色市万峰湖保护条例"已进入征求意见程序,黔西南州、曲靖市人大常委会也已启动地方立法程序。

最高检在办理南四湖专案时,更加注重推动形成长效机制。因为南四湖区位的复杂性,导致南四湖生态环境问题的根源性问题主要集中在废水污染治理标准不统一、船舶污染处理标准不统一和农业养殖污染的治理标准不统一等方面。因此,最高检在办案过程中明确了目标定位,在解决直接违法问题的基础上,致力于推动治理标准的统一,力争从根本上解决造成南四湖流域多重污染的"左右岸不同步、上下游不同行"问题。

例如,由于历史原因,在南四湖西岸的江苏省沛县和山东省微山县交界处,两省 13 个乡镇中有 90 余处"你中有我、我中有你"的"插花地",9 条河流经两省"插花地"后汇入南四湖。因为两省行政管理边界不够清晰,导致"插花地"生态环境治理的主体责任不够明确,存在相互推诿的现象。以大屯港河为例,这条河位于

江苏省沛县大屯镇和山东省微山县西平镇交界处，长期处于“都管、都不管”的状态，边治理、边污染的问题长期存在。为解决跨省界治理难题，江苏省沛县检察院和山东省微山县检察院建立了跨区划检察协作机制，同步对大屯港河污染问题启动行政公益诉讼立案程序，分别督促属地行政机关依法履职。为把“插花地”污染跨区划协作治理的做法推广到整个南四湖流域，在最高检专案组统筹下，2021年12月3日，苏鲁豫皖四省检察院会签了《关于深化跨省协作配合　加强南四湖流域检察公益保护的意见》，合力将南四湖流域跨区划检察协作机制做深做实做细。

又如，对于船舶码头污染监督管理不统一问题。山东省济宁市自建了监管系统——“济宁e交付”，但覆盖面仅限于济宁，未涵盖南四湖流域其他三市。由于船舶污染具有流动性、隐蔽性、随意性，如果不能实现统一监管，异地偷排问题将无法彻底解决。南四湖专案组对港口挨个排查，查看了大量的行政执法卷宗和污染处置协议，查阅借鉴数十个长江流域治理典型案例，就发现的问题第一时间与行政机关磋商。山东省交通运输厅自我加压、提升标准，扩展建成“山东e交付”系统，不仅将流域四市纳入同一平台监管，而且更重要的是，在检察机关推动下，促使交通、环保、水务等多个行政机关协同发力，解决了各管一段的问题，实现了全流程闭环监管。

（四）做优办案宣传，赢得办案良好的外部环境

办理重大、疑难、复杂案件应当在开篇就考虑如何把控好宣传节奏，坚持宣传也是办案的理念。笔者认为这不仅是办案的要点，也是办案的经验。公益诉讼案件不同于其他案件，解决“公地悲剧”问题不要怕“曝光”，而是要通过有技巧的宣传来推动问题解决，赢得更多方面和层面支持。

1. 提高对宣传的认识

办理公益诉讼案件的宣传，有以下作用：一是直接实现办案目的。大量的办案实践证明，检察机关办理公益诉讼案件，既要实现“治理一片”，更要实现“影响一面”，站在这个角度，宣传工作某种程度上讲就是办案的一部分。二是扩大办案效果范围。宣传是一个专业性很强的工作，通过适当宣传，可以大大增强案件的传播力，持续放大办案效果，充分体现公益诉讼检察的职能作用，更大限度地保护公益。三是解决办案中的困难和阻力。宣传是办案推动的重要方式，借助舆论监督作用，通过适当宣传特别是高层次媒体的宣传，可以增加被监督对象（未依法履行职责的行政机关和违法主体）的压力，为督促其依法履行职责、恢复受损公益或承担相应法律责任营造良好氛围,从而消除办案中存在的困难和阻力。

2.统筹运用宣传力量

一是统筹好内部力量,实现四级检察机关一体化做好宣传工作。基层一线检察机关负责宣传素材的收集工作,市级检察机关负责宣传素材的整理分类工作,省级检察机关负责对宣传素材的审核把关,最高检负责宣传材料的平台联系与发布工作。四级院各负其责,让每个办案机关和办案人员既是办案者,又是宣传者,通过撰写文稿、拍摄影像资料、收集相关素材,上下一体,充分协作,凝聚宣传合力。二是统筹好外部力量,做到内外配合,共同做好宣传工作。要联系媒体给予宣传展示空间。四级检察机关要充分利用好宣传力量,既要根据新闻媒体提出的专业要求,提供好素材,也要根据不同媒体的定位,主动反映宣传意愿,积极撰写相关稿件,共同强化案件的宣传效果。最高检在办理万峰湖专案和南四湖专案时都跟新闻媒体有很好的合作,南四湖专案办理过程中中央电视台、《人民日报》和《检察日报》的记者多次跟随现场办案,进行宣传报道。

(五)借智借力,保障办案效果

检察机关办理公益诉讼重大、疑难、复杂案件要做到"一专多能"。"多能"不单单是检察机关或者公益诉讼检察官能力上的多能,还可以理解为检察机关向专家借智借力解决多种非法律专业的问题,即检察机关储备有"具备多方面能力的能人"。例如,办案中向专家、学者等专业人士请教咨询相关专业问题,借力借智,保障办案质效;综合运用卫星遥感、无人机航拍、快速检测等技术手段,发挥科技优势,提升办案水平。

在办理万峰湖专案过程中,三省(区)检察机关都高度重视专家辅助人、检察技术辅助手段在办案中的运用,提升了公益诉讼检察办案质效。一是充分运用行政部门、高校及研究机构专业人员力量参与监督、参与论证,对公益诉讼中的专业性问题进行咨询,借助"外脑"和"智库"让公益诉讼提质增效。二是积极运用科技手段辅助发现线索和调查取证,根据万峰湖现场勘验及证据保全工作具有调查领域范围广、技术取证难度大、时间节点要求紧等特点,运用无人机、便携式快检等科技设备参与调查取证,及时固定相关证据,破解环境公益诉讼专业技术难题,并对案件调查、督促整改、整改效果评定等方面实时检测跟踪,根据检测数据及专家意见,进一步明确案件办理方向和整改措施。检察辅助手段的运用为精准制发检察建议提供了强有力的技术支撑,提高公益诉讼案件办理质效。

在办理南四湖专案过程中,最高检专案组邀请行政法学界的权威专家和相关部委司局代表召开法律论证会，对案件涉及的相关法律、法规和规范性文件的理解和适用问题进行讨论。走访天津大学检察基础理论研究基地，与专家学者就南四湖专案相关法律适用问题进行探讨。江苏分组邀请生态环境局、市场监督管理局和河长办的 4 名兼职检察官助理参与具体案件调查取证，就水体污染防治等技术问题咨询专业意见。中科院空天信息创新研究院通过对卫星、无人机影像的数据处理、模型计算、比对分析及实地勘验，依托自主研发的“天空地一体化”公益诉讼检务平台，对南四湖及其周边生态环境进行了连续监测分析，开展生态环境线索摸排、典型案件的现场办理、治理成果的成效跟进，全过程参与了南四湖专案的办理。

四、办案团队建设

（一）深入运用一体化办案机制

公益诉讼重大、疑难、复杂案件涉及的问题多、范围广，违法主体和行政机关分散、层级多，需要深入运用一体化办案机制破解办案力量、能力不足等现实问题。《人民检察院组织法》《人民检察院公益诉讼办案规则》都明确规定一体化办案机制，可以调训辖区内的公益诉讼检察人员参与办案，最高检立案办理的多起自办案件均将“培训 + 办案 + 研究”贯穿于全过程，以办案需求为导向，调训下级院业务骨干参与办案，跟案学习，以案代训，在提升办案质效同时，提高参办人员业务能力，培养公益诉讼检察业务骨干。目前，有多个省公益诉讼检察部门建立一体化办案机制，但是运用该机制办理具体案件的实践不多，相关机制的科学性、合理性、周延性、实效性等方面没有实践的检验，需要再继续深化探索一体化办案机制。

（二）培养检察官过硬的业务能力

公益诉讼检察官不仅要具备刑事、民事、行政等相关法律知识，还需不断学习公益诉讼所涉领域其他学科的专业知识，避免出现知识盲区，努力做到靶向监督、精准监督。

一是技术实操的能力。检察公益诉讼技术支持保障工作由各级检察院技术部门负责。但在实践中，公益诉讼检察部门与检察技术部门可能存在工作内容、时间安排上的冲突，由于调查取证工作具有及时性、不可逆性等特点，公益诉讼检察官需要掌握一定的技术实操技能，如无人机航拍、快检、卫星遥感、同步录音录像等基本操作技术,及时有效收集和固定证据。

二是办案质效最大化的能力。公益诉讼的首要目标是保护公益,但检察公益诉讼制度的价值及优势又不止步于此,更在于完善国家治理体系和提升国家治理能力。因此,公益诉讼检察官不能就案办案,要深刻分析公益受损的根本原因,对症下药,标本兼治,巩固成效,真正做到办理一案、警示一片、治理一域、造福一方。

(三)推广“培训 + 办案 + 研究”模式

检察公益诉讼是实践的产物,国内外没有现成的检察公益诉讼理论可资借鉴。因此,此项制度的理论研究是对检察实践的总结、反思,在制度供给、基础理论、司法规律及办案实务等方面处于不断探索和完善的过程中。办案是最好的培训方式,也是最好的研究平台;反过来,培训和研究也是对加大办案力度、提升办案质效的有力促进。为此,最高检第八检察厅提出了“培训 + 办案 + 研究”的新型培训模式,并在万峰湖专案中予以实践,成效良好。在办理南四湖专案时,为进一步提升办案人员能力水平,推动专案办理经验提炼和成果转化,深化拓展办案成效,最高检专案组下发加强理论研究的提示。提示指出了研究方向主要是在南四湖专案有关办案实务、基础理论、机制建设等方面坚持问题导向,以专案办理过程中遇到的实际问题为研究着力点,重点关注工业污染、生活污染、农业面源污染、围湖养殖污染、内河航道污染、流域生态破坏等方面公益诉讼案件。围绕规范办案、科技办案、协同办案、办案成效、“培训 + 办案 + 研究”等方面的问题困难、机制成效和经验做法进行研究。最高检专案组还从 3 个方面给出了参考选题,一是办案实务:专案特征与办理路径、办案环节、磋商程序、技术支持、诉前程序司法化、结案标准、司法确认、鉴定、公开听证。二是基础理论:公益诉讼能动性、公益诉讼协同性、程序性结案、民事公益诉讼起诉顺位、办案与宣传关系。三是机制建设:跨区域公益诉讼检察机制、一体化办案机制、公益诉讼和行政执法信息共享机制、“公益诉讼 + 技术”机制。公益诉讼检察作为一项新制度非常缺既有理论研究又有实践经验的人才,各地检察院可以通过办案开展实操培训,结合办案实践深入思考,对办案经验进行提炼和总结,对司法实践中遇到的问题进行探索和研究,最终转化为研究成果,并在司法实践中不断完善和提升,提高发现问题和解决问题的能力。通过加强理论研究深化对公益诉讼的认识,打造公益诉讼的办案铁军。

(四)与技术、法警的深入融合

最高检技术信息研究中心派员加入南四湖专案组,相关技术人员首次直接参与专案办理，成立技术分组，实现检察机关“公益诉讼 + 技术”深入融合。实现技术支持从单纯的检验鉴定向全流程参与办案转变，为专案办理提供全方位、全流程、全天候的技术支持服务。参加现场调查取证，和公益诉讼检察官共同分析办案方向。检察技术部门积极开展公益诉讼办案“双鉴定”，即立案和结案均形成鉴定报告。办案过程中，对 55 个案件集中进行现场办案采样，共采集样品 134 份，开展 COD、氨氮、总磷等水质指标检测。检察技术人员直接参与公益诉讼案件办理，可以加深对公益诉讼检察的了解，并且公益诉讼办案人员也可以跟检察技术人员学习到技术方面的专业知识。在公益诉讼队伍发展壮大的同时检察技术的队伍也在发展壮大，实现两者相辅相成的效果。

司法警察有着协助自侦办案的经历和经验，在协助调查取证、询问、维护秩序等方面具有一定的工作优势。将司法警察纳入公益诉讼办案组织，一方面，司法警察履职有了新引擎；另一方面，可弥补公益诉讼部门办案人手少，调查取证、询问开展难等不足。公益诉讼部门在办理公益诉讼案件时，时常遇到被调查单位恶意阻挠，甚至人身安全受到威胁等情况。司法警察作为检察机关具有法制强制力的辅助办案力量，积极做好现场配合，能够使公益诉讼部门履职自信和安全得到有力保障。这也是直接参与办案的最有利的表现形式。

五、结语

检察公益诉讼是中国特色的司法制度，在推进国家治理体系和治理能力现代化的探索中应运而生，为破解公益保护的世界性难题提供了中国方案、贡献了中国智慧。随着检察公益诉讼作用发挥和制度发展，公益保护会有更多难啃的“硬骨头”，但只要公益检察官坚持开拓创新、久久为功，检察公益诉讼的制度目标就一定能实现，制度价值一定能彰显，公益检察官的人生价值也将得到升华。

专题六

公益诉讼案件线索发现和调查取证

黄笔镜[*]　北京市人民检察院

目　次

* 黄笔镜,北京市人民检察院第八检察部副主任、三级高级检察官。

一、线索发现

线索是公益诉讼办案非常重要的环节。可以说，线索发现是公益诉讼检察办案的必经程序，而发现线索又是公益诉讼检察官的必备本领。

（一）如何认识公益诉讼案件线索

综观法律，我们很难在某一具体的法条中找到对“线索”这一概念的界定。2021年最高人民检察院颁布施行的《人民检察院公益诉讼办案规则》（以下简称《办案规则》）也没有对公益诉讼案件线索的概念进行界定。其实，线索并不是一个专用的法律概念，其在很多场合都可能会用到，如新闻线索、案件线索、违法线索。《新华字典》将“线索”一词解释为事物发展的脉络或据以解决问题的头绪。在司法领域，“线索”一词往往和案件并用，“案件线索”成了办案程序中一个约定俗成的概念。那么，究竟什么是公益诉讼案件线索？对于这个问题，可以从意义、性质和特点三个方面来进行理解。

首先，案件线索对于公益诉讼检察办案的意义可从三个层面来理解：第一，从案件本身角度，线索是案件的来源，正所谓“巧妇难为无米之炊”，如果把公益诉讼办案比喻成做饭，那么线索就是我们用来下锅的米，足见线索的基础性和重要性。无线索不成案。第二，从办案程序角度，线索是办案的程序起点。无论是民事公益诉讼还是行政公益诉讼，成案都必然会经历从发现线索到立案调查的过程，只有发现了线索才有可能办成案件，只有善于发现线索才能保证办案的可持续发展。正所谓“万事开头难”，线索发现是公益诉讼办案过程中第一个需要面对的难题。第三，从整体工作角度，办案是公益诉讼检察工作的载体，线索是公益诉讼检察工作可持续发展的基础。发现线索、分析线索、评估线索和初查线索等一系列围绕线索展开的工作是后续各项办案工作的基础。线索阶段的工作不仅决定后续调查的方向，其成效也必然会影响办案的最终效果。正所谓“基础不牢、地动山摇”，只有保证线索来源的可持续和线索质量的可信赖，公益诉讼检察工作才可能行稳致远。

其次，对公益诉讼案件线索性质的理解，需要找到更加具体准确的定位。实际上，线索的本质是信息，案件线索就是为办案提供有待调查和证实的各种信息。总结近年来公益诉讼检察的办案经验会发现，所谓公益诉讼案件线索，其实就是各种各样开启检察机关公益诉讼办案程序的信息。这些信息可能表现为一段文字，也可能表现为一段视频，还有可能表现为一张照片。这些信息可能源于群众的一封举报信，可能源于媒体的一篇报道，也可能源于一起刑事案件，还有可能源于检察官发现的某个污染现场。这些信息之所以能够成为公益诉讼案件的线索,其共性就在于信息所表达和传递的内容对启动公益诉讼办案程序、促进公益保护有意义、有价值。认识到这一点,有助于我们找准在线索发现这个环节的工作目标和努力方向。信息乃线索之源,得信息者得天下。发现公益诉讼线索就需要获取更多的信息,获取更多对公益保护有价值的信息。

最后,我们需要准确把握公益诉讼案件线索的特点。归纳起来,公益诉讼案件线索的特点主要有三个:一是问题性。聚焦问题、反映问题应当是所有司法案件线索的共同点,以问题为导向也是公益诉讼案件的显著特征。只有环境被污染、资源被破坏、食品药品不安全等问题或违法情形存在,才有继续深入调查的必要。二是真实性。作为案件线索的信息应当具有客观真实性,不能是谣言等虚假信息。如果经过初步核实发现信息中的地点、主体等关键要素都不真实,则很难将这样的信息作为线索进行调查。三是公益性。公益诉讼制度的根本目的在于保护公共利益,所有的案件都应该事关公益,那么从线索开始就应当确定信息所涉及的问题与公益受侵害有关联性,以确保办案方向和领域的正确。公益性是公益诉讼案件线索区别于其他案件线索的本质特征。

(二)公益诉讼案件线索的来源

检察机关提起公益诉讼的基本法律依据是《民事诉讼法》第 58 条第 2 款和《行政诉讼法》第 25 条第 4 款。这两个条款对公益诉讼案件的来源进行了一致的规定,即“人民检察院在履行职责中发现”。实践中,对“履行职责”的理解和把握,首先要明确检察机关的职责定位。《宪法》第 134 条规定,人民检察院是国家的法律监督机关,从根本法角度确立了检察机关的性质。据此,检察机关在履行法律监督职责的过程中所发现的线索,都可以成为公益诉讼案件的合法来源。但法律监督是一个宏观概念,要想提高线索发现的实操性和有效性,还必须进一步结合检察机关的各项具体职责来梳理。

《人民检察院组织法》第 20 条以列举和兜底的方式规定了人民检察院行使的具体职权。也就是说,检察机关在履行这些职责中发现的线索都可以作为公益诉讼案件的来源。最高人民检察院将新时代的检察工作划分为“四大检察”“十大业务”,这样的划分更加简明清晰,为我们在履行职责中发现公益诉讼案件线索进一步捋清了思路,指明了方向。

通过对全国各地检察机关公益诉讼办案实践的观察总结,可从内部发现和外部获取两个视角对公益诉讼线索的来源进行梳理总结。

第一,从内部发现看,发现的路径包括依托案件发现和主动履职发现两种。

依托案件发现,就是检察机关通过办理职责范围内的各类司法案件发现公益诉讼的案件线索。比如从污染环境、破坏资源类的刑事案件中容易发现生态环境和资源保护领域的案件线索,从职务犯罪案件中容易发现国有财产保护领域的案件线索。在实践中还有过从民事、行政诉讼监督案件中发现公益诉讼案件线索的经验。在最高人民检察院公布的公益诉讼指导性案例和典型案例中,也有很多案例的线索源于检察机关办理的案件。比如,在 2020 年 12 月 17 日最高人民检察院发布的 9 起国有财产保护、国有土地使用权出让领域行政公益诉讼典型案例中,河北省枣强县扶贫项目补贴行政公益诉讼案的线索就源于一起涉嫌诈骗罪的刑事案件,浙江省新昌县检察院督促追缴学前教育专项经费行政公益诉讼案的线索就源于一起涉嫌伪造、买卖国家机关证件罪的刑事案件。自公益诉讼工作试点以来,各地检察院都在建立本院内部机构之间的案件线索移送机制,并将其作为公益诉讼基础性机制建设的一项重要内容不断优化和完善。

所谓主动履职发现,主要是指公益诉讼检察部门主动发现案件线索。经过司法改革,检察机关设立了专门的部门或办案组来履行公益诉讼检察职能,发现和搜集案件线索成为公益诉讼检察部门或办案组的一项重要工作。实践中的做法可以归纳为信息监测、现场巡查、专项活动和专项调研。比如,2018 年最高人民检察院部署开展了全国检察机关“保障千家万户舌尖上的安全”检察公益诉讼专项监督活动,办理了一批食品药品领域典型案件,有效保护了人民群众“舌尖上的安全”。2019 年重庆市检察院制定出台《重庆市检察机关公益诉讼巡查工作办法》,建立了公益诉讼检察官巡查机制,拓宽了案源渠道。

第二,从外部获取看,实践中主要包括群众举报控告、上级检察院交办、媒体曝光和其他单位移送等路径。目前,全国很多地方的检察机关都设立了公益诉讼举报中心,建设专门的公益诉讼举报平台,方便接收公益诉讼举报线索。2019 年 1 月,最高人民检察院与生态环境部等 9 部委联合印发了《关于在检察公益诉讼中加强协作配合依法打好污染防治攻坚战的意见》,其中就明确行政执法机关发现涉嫌破坏生态环境和自然资源的公益诉讼案件线索,应及时移送检察机关办理。

“问渠那得清如许,为有源头活水来。”总结起来,在拓展公益诉讼线索来源这一问题上,思路决定出路,机制胜于随机。检察机关应当坚持来源丰富、途径多元、方法多样的理念,解放思想、开阔思路,从内部和外部两个路径打通渠道、建立平台、运用科技,充分获取与公益保护相关的各类信息,以建设常态化、智能化、可持续、高质效的公益诉讼线索发现机制为目标,不断夯实公益诉讼检察办案的基础。

(三)如何做好公益诉讼线索的规范管理

《办案规则》第25条第1款规定:“人民检察院对公益诉讼案件线索实行统一登记备案管理制度。重大案件线索应当向上一级人民检察院备案。”该条规定明确了公益诉讼案件线索统一登记备案管理制度。实践中如何按照上述规定,加强对公益诉讼案件线索的规范管理,可以从以下三个层面来理解和落实:

一是要做好对案件线索的统一管理。对公益诉讼案件线索实行统一管理有利于促进公益诉讼线索管理的规范化、专业化和智能化,在实践中应遵循“归口受理、分级负责”的原则,实行线索统一受理登记、统一编号录入、统一处置分流、统一交办督办、统一反馈归档。

二是要做好对案件线索的登记管理。对公益诉讼案件线索进行登记管理,目的是让办案部门通过一本清晰明了的线索账做到心中有数、心中有期、心中有局。通过对线索的信息要素、流转节点、处理结果等进行登记,有利于及时掌握和调整案件规模、结构、期限、进度,有利于把控、调整和优化整体工作格局。从实践操作层面,建议公益诉讼检察部门依托统一业务系统,建立公益诉讼案件线索台账,对公益诉讼案件线索实行要素登记、动态更新。

三是要做好对重大案件线索的备案管理。对重大案件线索实行备案管理是落实“检察一体化”的具体体现,从办案角度看也有利于及早进行办案风险研判,尽早开展典型案例培育。对于“重大”的判断标准,可以从案件线索来源、被监督行政机关的层级、违法主体性质、舆论关注度等方面进行考虑。建议在实践中因地制宜进一步细化“重大”的判断标准,建立上下级院的备案衔接机制。

(四)如何做好公益诉讼线索的评估

获取公益诉讼案件线索之后,对线索进行分析、研判的工作同样重要。对所获取的线索信息作出全面分析和准确判断,是提高后续调查质量和办案效率的前提。对此,《办案规则》第27条规定:“人民检察院应当对公益诉讼案件线索的真实性、可查性等进行评估,必要时可以进行初步调查,并形成《初步调查报告》。”实践中,如何做好对公益诉讼线索的评估,可以从以下三个步骤进行考虑:

一是做好对线索的价值分析,包括分析真实性、完整性和可查性等方面。在对线索真实性进行分析时,可以根据线索来源的不同路径来判断。比如,源于已有案件的线索因为有相关证据和文书的支持而具有较强的真实性;从官方报道发现的线索真实性强于从其他媒体途径发现的线索；通过举报控告途径获取的线索在真实性方面可能需要专门进行核查。对线索完整性进行分析，目的在于根据线索信息的完整程度来判断调查的难度和深度。对线索可查性进行分析，重点是要研判公益诉讼介入的时机以及办案可能存在的风险。

二是做好对线索的方向判断。首先要锁定领域，原则是先法定领域后等外领域；其次要明确办案方向，是办理行政公益诉讼案件还是民事公益诉讼案件？是行政公益诉讼案件和民事公益诉讼案件同时办理还是先后办理？最后要明确调查的重点。无论行政公益诉讼还是民事公益诉讼，无非就是要查实被监督主体、违法行为、侵害后果这三个主要方面的事实。

三是做好对线索的调查谋划。在调查步骤设计上，建议采用先易后难、由内及外、先发现后形成的思路，优先采取更容易实施的调查措施，优先从检察机关内部获取证据，优先用调取、复制等方法去发现已有证据材料。比如，对于现场勘验和委托鉴定两种方式而言，检察官进行现场勘验明显比委托鉴定的手续更简便、周期更短；从其他部门调取已有档案材料比自行制作询问笔录的程序更简便、风险更小。在调查措施运用的计划方面，应根据线索信息完整度、涉及领域、办案类型等方面综合考虑哪种调查措施更适宜。比如，生态环境和资源保护领域案件线索更多会运用现场勘验的调查手段，民事公益诉讼较多会采用委托鉴定或咨询专业意见的调查方式。

随着公益诉讼检察工作的纵深发展，建立科学、高效的线索评估机制迫在眉睫，应将线索评估机制的建设纳入公益诉讼线索信息机制一体建设，用科学化、规范化的线索研判方法取代过往的粗放型和随意性的线索筛选方式。

二、调查认知

调查是一门行为科学，需要在领悟中加强实践，在实践中增强领悟。调查对于公益诉讼办案非常重要，对检察官而言也是最具挑战的工作，可以说是规范与灵活兼具、技术与艺术共存。《办案规则》共有 16 个条文涉及调查，仅凭学习和理解这些条文，很难保证在办案实践中的调查环节做到得心应手、游刃有余。做好公益诉讼案件调查，不仅需要坚持正确的理念和原则，树立科学严谨的调查态度，还需要运用恰当有效的调查思路和调查方法。

（一）如何认识公益诉讼中的调查

理念决定行为，“理念一新天地宽”。公益诉讼检察作为全新的一种检察业务,发展至今仅有 6 年多的时间,仍处于起步发展阶段,对很多制度性、规则性的问题都还处于摸索总结的阶段。公益诉讼案件的调查也是一项全新的检察办案程序,需要有新的理念去引领,以新的体系去构建,靠新的思路去探索。对于公益诉讼办案中的调查,我们不妨结合实践,从感性和理性两个层面来进行认识。

首先,从感性的感知这一层面,随着案件办理实践和经验的不断丰富,我们会不断遇到问题,进而引发一些思考。比如,拿到一个公益诉讼案件线索,调查方向应该如何确定?同一领域的案件进行调查是否有共性的规律?公益诉讼案件调查与诉讼监督案件调查有什么区别?公益诉讼案件调查与职务犯罪案件侦查有何异同?检察机关在公益诉讼中的调查与行政执法的界限在哪里?等等。这些问题成为我们开启对公益诉讼办案调查进行理性思考的火花。要回答这些问题,需要回归主业,立足于公益诉讼检察这一制度和业务本身进行研究和思考。从感性的认知层面,我们不妨结合公益诉讼检察业务的特点来梳理总结公益诉讼办案的调查需求。在此,用三个"从未如此"谈谈自己对公益诉讼检察业务特点的认识。公益诉讼检察相较于其他检察业务,一是从未如此之贴近,即公益诉讼检察贴近政府中心工作和百姓民生问题,这是由公益诉讼检察制度的目的和意义所决定的;二是从未如此之全面,即公益诉讼检察的办案流程和涉猎领域从未如此之全面;三是从未如此之开放,办案过程中需要坚持沟通协调的开放态度,秉持协作共赢的开放理念。基于上述业务特点,公益诉讼检察案件的调查需求也相应体现为主动性、及时性、有效性和规范性。

其次,从理性认识角度,不妨追本溯源,从"调查"的文义入手进行研究。在现代汉语中,所谓"调查",是指为了了解情况进行考察,常用于调查事实、调查真相等。在司法程序中,调查是国家赋予司法机关的一项权力。《人民检察院组织法》第 21 条第 1 款规定,检察机关在行使法律监督职权的过程中可以进行调查核实。但"调查"和"核实"在文义上还是有区别的。调查的重点在于查,核实的重点在于核。司法的核心问题是要通过合法有效的证据回溯性地证明已经发生的案件事实。因此,具有司法程序意义上的"调查行为",其完整表述应该是"调查取证行为"。明确这一点,做好公益诉讼的调查工作就有了清晰的行动指向。《办案规则》第 32 条也对调查的原则和目标予以了明确,即"人民检察院办理公益诉讼案件,应当依法、客观、全面调查收集证据"。

在司法程序中,与"调查"相对的另一个常用概念是"审查"。审查不是一般性的工作方法,而是实存的、法定的司法活动。审查是指检察机关对于依法受理或发现的事件(事项),遵循法定程序,通过查阅卷宗、调查核实、听取意见、讯问或询问相关人员等活动开展的查证工作。即调查重在“寻找”的过程，而审查重在“判断”的过程。按照一般办案逻辑，调查和审查都是必经的办案程序。虽然调查和审查在公益诉讼办案中并不是泾渭分明的不同阶段，但调查质量决定着审查走向和案件结果，因此，做好调查取证工作对于提升办案质效有着非常重要的意义。

《办案规则》第二章第四节专门规定了“调查”，主要是从调查原则、调查措施和调查措施运用规范这些角度进行规定。结合公益诉讼检察办案实践，还可以从体系性角度考虑如何更加科学合理地架构公益诉讼调查框架，从技术调查、法律调查、辅助调查、专业调查等不同角度去研究和构建这样的体系，让公益诉讼调查的制度体系更加丰满和完善。

（二）如何做好公益诉讼案件的调查

对于如何做好公益诉讼案件的调查这个问题，没有放之四海而皆准的标准，也没有一蹴而就的捷径，必须在实践办案中去磨炼，在思考总结中去提升。要做好公益诉讼案件的调查首先需要有正确的理念为指导，有正确的思路为引领。结合自己的办案经历，做好公益诉讼案件的调查应坚持“两个并重”和“两个引导”。

“两个并重”，是指程序与实体并重、公正与效率并重。因“两个并重”是从司法办案的共性角度提出的要求，无须再有过多的论述。

“两个引导”，是指审查引导调查和信息引导调查。首先结合具体的案例对“审查引导调查”进行说明。

案例一：网络餐饮服务食品安全风险行政公益诉讼案。2018 年 3 月，某区人民检察院在履行职责中发现，在几大网络餐饮服务第三方平台上，经营地位于该区的入网餐饮服务提供者存在诸多违法提供网络餐饮服务的行为。某区人民检察院经进一步现场勘查和线上取证发现，该区域内的部分网络餐饮服务提供者存在无实体经营门店、超范围经营、未按要求公示食品经营许可证、公示信息不真实等违法情形，食品安全存在严重风险。某区人民检察院于立案后一周内向区食品药品监督管理局制发行政公益诉讼诉前检察建议，要求其履行法定职责，及时对相关入网餐饮服务提供者的违法行为进行查处，并对辖区内网络餐饮服务存在的食品安全问题进行专项排查整治。

该区食品药品监督管理局在法定期限内回函称，已根据违法行为的不同性质，对检察建议书中涉及的多家网络餐饮服务商家进行立案调查，并给予行政处罚；制定并实施《关于实施网络餐饮服务领域风险隐患排查专项治理工作方案》，对全区范围内网络餐饮服务领域的违法行为加大查处整治力度,同时约谈了相关外卖平台,督促平台切实履行审核监管义务。检察官在跟进调查中发现,检察建议书中涉及的网络餐饮服务商家已分类进行整改,有的作下线处理,有的进行了公示信息更新等。

某区人民检察院通过办理此案,一方面督促监管部门加大对网络餐饮服务的监管力度,规范经营行为;另一方面促使网络餐饮服务平台强化责任意识、明确审核义务,保障网络餐饮商家符合法律规定条件,最大限度消除食品安全隐患。

案例二:违法露天烧烤行政公益诉讼案。2018 年 6 月,某区人民检察院在履行职责中发现,辖区内的部分生态观光园、农家乐等场所在网上销售自助烧烤团购票,向消费者提供露天烧烤场地。某区人民检察院经现场勘查发现,部分生态观光园、农场内设置露天烧烤区,为露天烧烤提供场地、工具和食材,烧烤产生的烟尘污染大气环境。该区人民检察院于立案后一周内向区城管执法局制发行政公益诉讼诉前检察建议,督促该局对违法行为进行查处。

该区城管执法局在法定期限内回复称,已针对涉案观光园等为露天烧烤食品提供场地的违法行为予以查处,并通过专项行动、联合执法等方式,加大对辖区内露天烧烤等违法行为的执法力度。检察官在跟进调查中发现,涉案场所均停止了露天烧烤业务。本案的办理不仅有利于减少区域大气污染,保护公众身体健康,而且为行政机关发现违法线索提供了新的途径,丰富了行政执法的案件类型。

上述两起案件的办理呈现三个共同特点。第一,线索发现源于公益诉讼检察官的职业敏感。公益诉讼检察官对易发生侵害公益行为的相关领域较为关注,并能精准找到相关问题背后的深层次原因。第二,事实调查和证据获取都是有的放矢。办案以问题为导向,调查重点是侵害公益的违法行为和行政机关的监管职责。第三,办案质效较高。从线索受理、立案,再到制发诉前检察建议,办案周期短,行政机关履职整改效果明显。这三个特点与公益诉讼检察官在办案中开展的调查取证工作密不可分。调查思路清晰、调查计划合理、调查步骤得当、调取证据充分,才能真正实现办案效果。

根据法律规定,检察机关是公益诉讼起诉人,其地位类似于民事诉讼和行政诉讼的原告。在目前的程序框架下,办理一起程序完整的公益诉讼案件,检察机关需要同时承担线索发现、调查、审查、提起诉讼等全流程的办案职责,因此,与刑事检察官相比,公益诉讼检察官具有调查角色和审查角色同一的优势和便利,但同时其在调查、审查中对事实的认定、证据的把握又不可避免地呈现同一化。这种同一化,一方面使检察官调查内容和审查内容趋同,另一方面也使调查和审查的事实和证据认定标准一致。因此,公益诉讼检察官以较高的审查标准去开展调查活动,调查的同时开展审查工作,审查结果反向引导调查活动。

以案例一为例,该案是食品安全领域的行政公益诉讼案件,且具体领域涉及网络食品的外卖服务,该领域主要的监管依据是《食品安全法》和《网络餐饮服务食品安全监督管理办法》。检察官通过对上述法律规定的学习和梳理,在线索摸排阶段就已经明确了负有监管职责的行政机关、行政机关履行监管职责的主要方式以及网络餐饮服务食品安全违法行为的具体表现,形成了对此类案件能够以行政公益诉讼方式进行监督的审查思路,故能够有针对性地制订调查计划,迅速固定证据,高效办理案件。

以案例二为例,案件具体涉及因露天烧烤违法行为导致的大气污染。此类案件有明显的地域性,检察官通过对大气污染相关法律以及该市禁止露天烧烤食品的地方性规定的梳理、学习,发现该区全境范围都是政府划定的禁止露天烧烤区域,对违法露天烧烤行为予以监管查处的行政机关为城管执法部门。相关法律规定所禁止的露天烧烤违法行为共有两类:一是在政府划定的禁止范围内露天烧烤食品;二是在政府划定的禁止范围内为露天烧烤食品提供场地。通过进一步对该区城管执法部门近两年来的行政处罚案件进行分析发现,该区有大量关于查处露天烧烤行为的行政处罚案件,却没有一起是针对为露天烧烤提供场地行为的行政处罚案件。这表明行政机关对此种违法行为的执法监管可能存在盲区。故检察官在线索排查和后续调查过程中重点关注是否存在为露天烧烤提供场地这一违法情形。当检察官通过网络发现相关线索后便直接展开现场调查固定相关证据,办案效率很高。最后,这一案件的办理也促使行政机关对执法盲区和弱项予以关注和加强,真正实现依法全面履行职责,切实保护公共利益。

在公益诉讼案件办理中,如何培养科学的调查思维、提升调查效果,是公益诉讼检察部门面临的一个非常现实且严峻的挑战。调查作为一门行为科学,除了要关注立法保障和体系构建,还需要检察官在实践中不断积累经验、总结规律、提高技能。建议从以下三方面努力:一是及时总结公益诉讼类案规律从而引导调查方向;二是系统研究法律规定和行政执法规律以明确调查重点;三是准确把握诉讼证据规则从而确定取证方式。

接下来,再谈谈“信息引导调查”。这里的“信息”包含两层意思:一是对信息的搜集、甄别和利用;二是信息化手段的运用。在这里先将公益诉讼案件调查和职务犯罪案件侦查做一个比较。职务犯罪案件的侦查以被侦查的对象为中心,通过调查该对象的工作履历、亲属关系、账户信息、消费记录、通信记录等情况呈现由点到面的发散性;而公益诉讼案件的调查却呈现与之不同的聚合性,即通过对各种信息的汇集、调查、核实和判断,进而明确和锁定被监督的主体和对象。对比职务犯罪案件的侦查,公益诉讼案件的调查更强调检察人员的信息素能。这种信息素能包括信息反应力、信息甄别力、信息收集力和信息整合力等基本能力。同时,检察机关在开展公益诉讼案件调查过程中也更需注重信息化手段的运用。在这里,笔者想跟大家分享一个经历。笔者曾经在两个助理中做过一次测试。对于一条反映某企业向河道非法排污的案件线索,要求助理 A 和助理 B 同时用一天时间针对这个线索搜集相关信息用于线索研判。最后助理 A 交了一张纸,搜集的信息是通过百度搜索的企业情况简单介绍;助理 B 交了厚厚一沓材料,既有通过政府官网查询的企业登记信息,又有该企业近三年受到环保行政处罚的文书内容,还有在中国裁判文书网中查询的涉及该企业的诉讼情况,其中一起诉讼案件能够反映该企业的用地来源。如果你是检察官,觉得哪位助理更得力?谁的信息素能更强?

所以,我们应当在公益诉讼案件调查中强调"信息引导调查",其积极意义体现在三个方面:一是更符合时代发展背景和公益诉讼办案规律;二是更有利于推进公益诉讼领域的智慧检务建设;三是更有利于培养公益诉讼专业化办案人才。

三、调查实务

(一)公益诉讼常用的调查措施

通过对全国 600 余名公益诉讼检察人员的问卷调查,我们发现:在民事公益诉讼中最常用到的调查措施排在前两位的是查阅、调取、复制有关执法、诉讼卷宗材料和委托鉴定、评估;在行政公益诉讼中最常用到的调查措施排在前两位的是现场勘验和查阅、调取、复制有关执法、诉讼卷宗材料。这一结果与检察机关的实际办案情况相吻合,也体现出民事公益诉讼案件和行政公益诉讼案件的不同特点和调查取证需求。最近,针对最高人民检察院已经发布的 17 件公益诉讼指导性案例进行梳理,把从公开材料里能够体现办案调查措施和证据种类的情况进行汇总,发现指导性案例的调查措施运用情况也与调查问卷的情况相吻合。结合办案经验,下面重点围绕现场勘验、向行政机关调取证据材料、询问行政机关工作人员这三种调查措施进行分析和讨论。

(二)如何运用调查措施

首先谈谈现场勘验的相关问题。

问题一:和谁去?这个问题涉及可以参加现场勘验的主体问题。根据《办案规则》的规定,检察机关开展调查和收集证据,应当由两名以上检察人员共同进行。检察官可以组织司法警察、检察技术人员参加,必要时可以指派或者聘请其他具有专门知识的人参与,根据案件实际情况,也可以商请有关单位协助进行。勘验应当在检察官的主持下,由两名以上检察人员进行,可以邀请见证人在场。必要时,可以指派或者聘请有专门知识的人进行。据此可知,现场勘验由检察官主持,可以根据办案需要邀请检察人员以外的人员或单位协助进行,见证人不是必备主体。

问题二:怎么去?比如,开警车去勘验现场是否合适、车辆性能可否满足现场驾驶环境等,都需要结合办案实际需求考虑公益诉讼案件调查装备的配备问题,以及根据办案实际情况判断使用何种装备的问题。

问题三:取什么证?根据《办案规则》,勘验情况和结果应当制作笔录,这是对现场勘验取证的明确要求。实践中,我们进行现场勘验还会拍照、录像,建议现场勘验后都形成笔录和视听资料等证据。需要注意的是,拍照时应注意选取参照物、照片标记等细节。

问题四:调查的风险和边界在哪里?实践中,需要进行现场勘验的案件大多集中在生态环境和资源保护领域。检察人员进行现场勘验时勘查什么?需要预防哪些风险?需要调查到什么程度?都是值得思考的问题。以笔者自己办理过的一起某企业非法取用地下水资源行政公益诉讼案件为例,通过“散乱污”企业整治台账,我们发现了一家面食加工企业存在非法取用地下水的问题。但当笔者带着助理找到这家企业时,却犹豫要不要进去进行现场勘查,寻找企业非法取水的直接证据。之所以犹豫,一方面是担心企业不配合,另一方面是担心自己无法对取水设备和取水行为作出专业判断。最后,笔者对这个案件进行现场勘查仅查明了企业的名称、位置和经营现状,并未进入企业去查找违法取水的具体点位。后来,通过询问行政机关工作人员,进一步搜集了企业违法取水的证据,并向水务部门制发了检察建议。水务部门依法对该企业予以立案调查,查明了其非法取水的违法行为,并进行了处罚。事后总结,笔者认为自己当时的决定是正确的。理由之一是应避免代替行政机关去调查。因为在行政公益诉讼办案中,检察机关其实只需要查明存在侵害公益的违法情形、行政机关的职责以及履职情况,至于侵害公益的主体是谁、侵害公益的具体行为手段和方式,都是行政机关履行监管职责应予查明的问题。同理,针对违法占用耕地建房的行政公益诉讼案件,检察机关在行政公益诉讼办案中对于公益是否受侵害这一事实,只需调查土地的性质和占地建设是否经审批即可,至于违法建设主体是张三还是李四,都属于行政机关履行监管职责应该查明的事实。理由之二是应避免引发行政相对人针对检察履职的信访。检察机关办理行政公益诉讼案件,其主要目的是督促行政机关依法履职,而行政机关履职的结果往往会对违法行为人进行查处,但实际上检察机关办理行政公益诉讼并不直接针对特定的违法行为人。如果我们在办案中直接与违法主体面对面,很容易引发违法主体对检察机关的不满,可能在其受到行政机关查处后对检察机关进行信访。基于上述考虑,在现场勘验过程中,建议:坚持细致有效的查证,减少确无必要的坚持,避免超越职权的代替,预防引发信访的风险。

再谈谈向行政机关调取证据材料的相关问题。

问题一:用什么文书?按照《办案规则》和系统文书模板,向行政机关调取证据材料的文书只有《调取证据通知书》一种。但在实践中,针对不同场合、不同情形,运用其他文书可能比《调取证据通知书》更实用、高效。比如,用介绍信调取企业工商登记档案信息,当场就可以办理;用协助调查函向行政机关调取证据材料,行政机关更易于接受。

问题二:怎么行文?包括标题、内容表述、落款等细节都需要认真推敲和全面考虑。比如,某一案件中想向行政机关核实某一企业是否有采矿许可证,行文的方式就有两种:一种是直接式。直接写明企业名称和要核实的内容。这样的优点是明确,缺点是暴露了被调查对象和违法行为,容易打草惊蛇。另一种是间接式。可以采取向行政机关调取有采矿许可证企业名录的方式来反证涉案企业是否有许可,如此行文就明显更有利于推进案件的办理。

问题三:行政机关不配合怎么办?《办案规则》第 45 条对行政机关及其工作人员不配合调查收集证据的情形,设置了向同级人大常委会报告、向同级纪检监察机关通报或者向上级主管机关通报的程序。这是加强检察机关行使调查权的外部保障机制。对办案的检察人员而言,在目前司法解释规定得相对原则的情况下,我们还要坚持"求人不如求己""方法总比问题多"的思想,积极寻找和总结实践中应对的有效方法,比如,"曲线救国法""借力而为法"等。

接下来谈谈询问行政机关工作人员的相关问题。

问题一:如何判断必要性和询问时机?询问行政机关工作人员是检察机关办理公益诉讼案件特别是行政公益诉讼案件的特色调查措施,但不是必须采用的调查措施。从必要性上判断,在涉及违法行使职权和不作为两类行政公益诉讼案件中,前者在调查中更有必要询问行政机关工作人员。就询问时机而言,建议在其他调查的基础上将其作为最后采取的调查措施,以实现调查、沟通、释明等多重目的。

问题二:如何通知?《办案规则》对此没有规定,实践中做法不一,有的直接电话通知,有的发书面通知。电话通知虽然便捷,但因缺乏文书记录,一旦行政机关不配合就很难证明调查中履行了通知程序。所以从规范性角度建议在采用询问行政机关工作人员这一调查措施时,应书面通知行政机关。

问题三:应采用何种语气和态度?行政机关不同于其他案件当事人,询问也不等同于讯问。如何拿捏与行政机关工作人员谈话时的语气和态度,是公益诉讼检察人员应该重点掌握的技能和艺术。总体而言,行政公益诉讼办案对事不对人,在与行政机关工作人员谈话过程中应就事论事,而不责难于个人。总体而言,建议把握以下原则:用柔软的身段表达坚定的主张,用平和的语气表达理性的意见,用真诚的沟通传递共赢的理念。

问题四:有何注意事项?在询问行政机关工作人员时应注意对《办案规则》第37条"询问应当个别进行"这一程序要求的理解和适用。实践中,常见的情形之一是行政机关接受询问时一般也会派两名以上的同志参加,检察机关询问时是否需要个别进行?常见情形之二是由于行政机关内部机构和职责分工的问题,行政机关就某个案件接受询问时可能会派不同部门的多名同志参加,询问是否需要个别进行?对此,笔者认为,询问应当个别进行中的"个别"是以当事人或者证人的身份来界定的,某一行政机关作为行政公益诉讼案件的被调查或被监督对象,其机关本身是案件当事人,接受询问的具体工作人员都是该机关委派的代表,同时询问该机关多名工作人员并不违背"个别"的要求。

(三)调查的程度

对于调查到什么程度这个问题,实践经常遇到的困惑是:行政公益诉讼案件启动磋商的条件、发出诉前建议的条件和提起诉讼的条件是否相同?如果从理论上对这一问题进行解答,需要研究清楚两个问题:一是行政公益诉讼不同办案阶段的证明标准是什么?二是行政公益诉讼案件在诉前阶段和起诉阶段对收集证据的要求是否有所区别?

在民事公益诉讼中,检察办案是直奔起诉程序的,诉前程序只是解决起诉主体的问题。因此,检察办案过程中收集证据的证明标准是明确且唯一的,那就是侵权之诉的证明标准,因此,检察办案自始就应当按照侵权证明标准全面准备向法院提交的各种证据材料。

但在行政公益诉讼中,情况明显更复杂,因为诉前程序的设置,需要先以磋商或检察建议的方式督促行政机关履行职责,且诉前程序的效果是起诉必要性审查的内容,所以就存在诉前程序的证明标准是否应与起诉程序的证明标准相一致的争议。笔者认为,行政公益诉讼的证明标准不是一个单一标准,而是一套体系标准。由于办案阶段的不同,难以对诉前程序和诉讼程序的证明标准进行同质化比较,但诉前程序和诉讼程序在公益受侵害和行政行为违法性两项核心待证事实上应具有一致的证明标准。在实践中,检察机关为启动诉前程序的证据收集应比为启动诉讼程序的证据收集更加注重提高效率和节约资源。之所以有这样的观点,主要是从设置诉前程序的制度目的、检察官与法官的角色区别、诉前程序本身的证明功能三个角度进行考虑。检察机关启动诉前程序的证据收集要求以达到检察官确信足以督促行政机关启动监管履职程序从而保护受损公共利益的程度即可。

检察公益诉讼听证工作的探索与完善

刘东斌* 最高人民检察院

目　次

* 刘东斌,最高人民检察院第八检察厅第二办案组主办检察官。

本课程的培训对象主要是从事公益诉讼检察工作的办案人员。课程主要以公益诉讼公开听证办案实践为基础,结合具体案例介绍检察机关办案听证工作的基本情况、适用范围、组织形式等内容,以及针对当前听证中存在的主要问题提出改进之策。本课程的主要内容有以下三个部分。

一、听证制度沿革简介

法学界普遍认为,听证最早起源于英美法系,英国普通法中的"自然公正原则"是听证制度最初的法理基础,而美国的"正当法律程序"则发展了这一理论基础。具体来说,英国的"自然公正原则"是指英国皇家法院对下级法院和行政机关行使监督权力时,要求他们公正行使权力的原则。该原则又派生出两项基本规则,其中之一便是听证规则,即任何人或团体在行使权力可能使别人受到不利影响时必须听取对方的意见,每一个人都有为自己辩护和防卫的权利。美国则在宪法中规定了正当法律程序的条款,要求行政机关在作出对当事人不利的决定时必须听取当事人的意见,当事人有要求听证的权利。随后,美国 1946 年制定的《联邦行政程序法》明确规定了行政机关的听证义务,此后听证制度被许多国家借鉴引入。

我国的听证制度最早确立于 1996 年《行政处罚法》,标志着我国民主法治迈出了重要的一步。1996 年《行政处罚法》第 42 条规定了行政处罚听证,即"行政机关作出责令停产停业、吊销许可证或者执照、较大数额罚款等行政处罚决定之前,应当告知当事人有要求举行听证的权利;当事人要求听证的,行政机关应当组织听证"。随后,1997 年《价格法》第 23 条规定:"关系群众切身利益的公用事业价格、公益性服务价格、自然垄断经营的商品价格等政府指导价、政府定价,应当建立听证会制度,由政府价格主管部门主持,征求消费者、经营者和有关方面的意见,论证其必要性、可行性。"2000 年《立法法》规定了立法听证。

相较于立法听证、行政听证而言,检察听证出现较晚,而且多为规范性文件中规定,尚未规定在立法层面。一般认为,最高人民检察院 1999 年 5 月下发的《人民检察院办理民事行政抗诉案件公开审查程序试行规则》(现已失效)建立了民事检察听证的雏形。2000 年 5 月,最高人民检察院下发的《人民检察院刑事申诉案件公开审查程序规定(试行)》(现已失效)规定了刑事申诉案件公开审查的方式主要以举行听证会形式进行,并且详细规定了听证会的组成人员及职责、听证会的准备和听证会程序,确立了刑事检察听证制度。2013 年最高人民检察院通过的《人民检察院民事诉讼监督规则(试行)》,在第五章第二节第 57 ~ 64 条正式确立了民事检察听证制度，明确规定了相应的听证程序。2020 年 9 月 14 日，最高人民检察院颁布实施《人民检察院审查案件听证工作规定》，第一次对检察听证进行了系统规定，包括听证的适用范围、听证会参加人和听证会程序，成为“四大检察”办理检察听证案件的重要依据。为了充分发挥听证的作用，最高人民检察院在 2021 年 4 月制定下发的《“十四五”时期检察工作发展规划》中要求全面推开检察听证，坚持“应听证尽听证”。

笔者认为，检察听证制度是检察机关主动转变办案理念，更好履行法律监督职能的一项重大制度创新，具有重要而深远的历史意义和现实意义。检察机关传统的办案方式是通过调取案卷、单方询问当事人的方式调查核实案件的事实和证据，此种方式自有程序高效的优点，但同时也存在明显的弊端：检察机关主导整个案件审查的程序，缺乏外部有效监督和制约；当事人单方面参与甚至不参与的审查程序，既不利于检察机关全面客观地查明案件事实，影响法律监督职能的发挥，同时也剥夺了当事人在司法案件中的参与权和知情权。而具有公开性、程序性、抗辩性等自然属性的检察听证制度则很好地克服了传统办案方式的弊端。通过主动听取当事人以及听证员的意见达到兼听则明的效果，在听证中接受当事人等外部力量的监督制约，以开门办公的方式履行法律监督职能，提升检察公信力。从更深层次意义看，检察听证还是全过程民主在司法领域、检察工作中的具体体现，通过听证，让人民群众广泛参与司法办案实践，感受公平正义，促进司法公正。虽然组织听证比以往的办案方式费点事，但值得我们去这么做，而且我们还要不断巩固和深化检察听证工作，使之常态化、制度化、法治化。

二、检察机关公益诉讼办案听证工作的初步实践

（一）基本情况

因为检察公益诉讼制度正式建立于 2017 年的民事诉讼法和行政诉讼法中，设立较晚，自然对应的公益诉讼检察听证也晚于其他检察职能。

2020 年 10 月 29 日，最高人民检察院（以下简称最高检）第八检察厅下发《关于做好公益诉讼案件办理中开展听证工作的通知》，要求全国检察机关公益诉讼检察部门认真贯彻落实最高检关于检察听证工作的部署要求，进一步重视和做好公益诉讼案件办理听证工作，不断改革和完善办案方式，落实以人民为中心的司法理念，切实保护公共利益，助推国家治理体系和治理能力现代化。各地积极稳妥开展公益诉讼听证工作，取得了以公开促公正赢公信的初步成效。

相较其他检察业务听证，公益诉讼检察听证工作可以说是起步晚、进展快。从数据上看，2020 年全国各级检察机关共办理公益诉讼听证案件 1816 件，其中行政公益诉讼 1514 件，占比 83.37%，民事公益诉讼（包含刑事附带民事公益诉讼）302 件，占比 16.63%，涵盖了生态资源和环境保护、食品药品安全、国有财产保护、国有土地使用权出让、英雄烈士权益保护和新领域。其中，高检院 1 件、省级院 8 件、市级院 235 件、基层院 1572 件。2021 年年初，张军检察长专门就公益诉讼检察听证工作作出批示，要求对听证情况进行通报。为此，最高人民检察院第八检察厅在 2020 年 2 月 10 日发布《2020 年全国检察机关公益诉讼案件听证工作情况通报》，并提出工作要求。仅 2021 年上半年，全国检察机关共办理公益诉讼听证案件 2983 件，是 2020 年全年的 1.6 倍，增势明显，其中第一季度 834 件，第二季度 2149 件，环比增长 158%；行政公益诉讼 2665 件，占比 89.34%；民事公益诉讼（包含刑事附带民事公益诉讼）318 件，占比 10.66%。

从工作开展情况看，主要有以下特点：一是领导重视，有序推进。工作开展初期，各省级、市级检察院按最高检要求，在本辖区内确定 1～2 个下级检察院先行试点，有计划地组织听证，最高检多次派员赴地方调研督导。最高检分管副检察长和一些省级院领导还亲自主持公益诉讼听证会。二是聚焦重点领域，彰显听证效果。各地检察机关将公益诉讼听证与“守护人民美好生活”专项监督活动有机结合，将生态环境和资源保护、食品药品安全、新领域等公益损害突出且群众反映强烈问题作为听证重点，发挥听证功能，实现维护公益和推动社会治理的双赢多赢共赢。三是注重健全完善机制，规范听证运行。一些检察机关结合实际出台有关公益诉讼听证规范性文件，对公益诉讼案件的听证范围、听证程序及听证保障等内容予以细化，增强可操作性。最高检也正在研究起草公益诉讼检察办案听证工作规范性文件。

（二）检察公益诉讼听证的功效

公益诉讼检察听证是一项对检察办案理念、办案方式乃至检察制度发展都影响深远的重大司法制度创新，日益发挥着独特的功能和作用。如听证可以作为调查核实案件事实和证据的一种手段，调查核实是否存在违法行为、公益损害的严重程度等（这一点，与我院规定的听证是审查办案的方式有所不同）；听证也可以作为督促整改、对案件办理效果进行验证的手段，如行政机关整改后是否达到整改效果、实现预期目的，检察机关可以召开听证会的方式进行多方验证，保障案件办理的科学性和公平性。

自公益诉讼检察听证工作全面开展以来,从各地上报的案例来看,听证案件取得的效果还是很不错的,问题得到了有效解决,达到了政治效果、法律效果、社会效果的有机统一。

我们可以看出,它的功效是非常明显的,笔者把它概括为“四个有利于”:一是有利于检察机关全面、及时、准确了解有关行政机关的法定职责,以及国家利益和社会公共利益是否受到侵害及侵害程度,从而对行政机关是否依法履职、受损公益是否已经得到及时有效保护、是否需要提起诉讼等作出准确判断,增强检察监督的针对性和实效性。二是有利于行政机关正确认识其法定职责,主动及时依法履职和行政相对人主动修复受损公益或消除公益受损的风险,促进矛盾化解,使公益得到及时有效的保护。三是有利于检察机关办案人员接受外部监督,规范办案行为,改进工作作风,落实普法责任,提高司法公信。四是有利于社会各界了解和支持公益诉讼检察工作,形成公益保护的共识和合力,从而推动公益诉讼检察工作健康发展。我们要充分认识开展听证工作的意义,更好地将这一制度贯彻落实,取得良好办案效果。

(三)公益诉讼听证的适用情形

这是检察机关公益诉讼办案听证实践最具特色的部分,也是笔者今天要介绍的重点内容。由于公益诉讼检察办案流程涵盖受理、立案、调查、诉前程序、结案、跟进监督等环节,办案中什么时候、哪个环节可以进行听证,不如其他检察业务听证那样单一、明确,各地在这个问题上困惑也是最多。例如,能不能在立案环节听证?磋商前能不能听证?发出检察建议或者结案后还能不能听证?为此,我们认真学习研究我院听证规定,总结概括各地听证经验做法,认为公益诉讼办案中以下 10 种情形可以适用听证,下面笔者结合相关典型案例进行具体讲解。

第一种情形:国家利益或者社会公共利益是否受到侵害,或者受到侵害的程度存在争议的。

国家利益或者社会公共利益受到侵害是立案的基本条件之一,一般情况下,这个问题比较明确,如某地森林被砍伐、土壤被污染,生态环境受到破坏。但有些时候这个公益是否受损不是那么容易判断,甚至还可能存有争议。此种情形下,检察听证作为一种调查手段对案件事实进行全面的调查了解,包括国家或社会公共利益是否受到损害、受到损害的程度等。例如,广东省江门市江海区人民检察院督促整治保护个人信息安全行政公益诉讼案。广东省江门市江海区“某某花园”“某某豪庭”等 7 个住宅小区物管公司均在未向行政主管部门申请并审核验收的情况下,擅自安装并投入使用“人脸信息识别”门禁系统,且已完成大部分小区业主的人脸信息采集。小区物管公司也口头告知了收集业主的人脸信息、联系电话、住宅地址等个人信息用于安保门禁。这种情形是否侵害了公益,一开始有不同看法。为回应群众需求,进一步查明公益受损事实,厘清行政机关监管职责,江海区人民检察院决定对该案进行公开听证。经过听证员评议和与会代表研讨,各方一致认为辖区住宅小区违规设置“人脸信息识别”门禁系统,存在泄露个人信息的风险,涉嫌侵害不特定多数人的合法权益,损害了公共利益,检察机关有必要介入监督。

第二种情形:被监督行政机关难以确定或者行政机关是否负有监督管理职责存在争议的。

此类听证在行政公益诉讼中是比较常见的,主要是对被监督对象——行政机关的履职情况公开听证,以明确被监督的对象、明确行政机关各自的职责、解决行政机关在履职中的客观困难。

例如,重庆市两江地区人民检察院督促整治截污管网溢流污染环境行政公益诉讼案。2020 年 4 月 8 日,重庆市两江地区人民检察院在重庆市广阳岛片区开展公益诉讼巡查时发现该案线索。本案社会公共利益受损事实清楚,但开发区与区县政府在行政管理体制上存在较大差异,加上机构改革又尚未落地,涉及管网破损整治的部门较多,一般调查核实方式难以迅速确定责任部门。为此,两江地区人民检察院举行了听证会,邀请具备生态环境保护专业知识的市人大代表、政协委员、人民监督员、环境法学教授、环境工程专家等 5 人为听证员。重庆经开区管委会办公室、组织部、市政环卫绿化管理处、国土管理所等相关职能部门以及马颈村村民代表参加听证会。通过听证,听证员认为,结合两江地区检察院调取的证据及法律规定,案涉截污管网溢流渗漏对长江支、干流水质及周边环境造成污染,重庆经开区管委会负有污水管网治理和生态环境监管职责,应采取有效措施及时整治管网溢流渗漏问题,切实维护社会公共利益。通过组织公开听证,让相关行政部门充分发表意见,厘清职能职责,明确了整改责任主体和监督对象,增强了监督准确性。

又如,河南省人民检察院郑州铁路运输分院督促保护黄河湿地、饮用水水源地行政公益诉讼案。河南省国有孟州林场冶戍林区是焦作市代管县级市孟州市在洛阳市吉利区的“飞地”,该区域既是黄河湿地国家级自然保护区核心区,也是吉利区城镇居民饮用水水源保护区。该案涉及“飞地”监管问题,“飞出地”与“飞入地”政府对监管职责有争议。本案检察机关通过公开听证,明确主体,强化责任,督促两地政府制定联合整治方案,协同推进问题整治,并为“飞地”的科学有效管理建立长效机制,为该类问题的解决提供了可借鉴经验。

第三种情形:行政机关是否依法全面履职存在争议的。

例如,新疆维吾尔自治区布尔津县人民检察院督促收缴水土保持补偿费行政公益诉讼案。新疆维吾尔自治区布尔津县人民检察院(以下简称布尔津县院)在履行职责中发现该线索,于2020年10月19日决定立案调查。根据《水土保持法》《水土保持补偿费征收使用管理办法》的规定,从事烧制砖、瓦、瓷等生产建设活动的单位和个人,在缴纳水资源费的同时还应当缴纳水土保持补偿费。经与县水利局沟通联系,县水利局认为水资源费、水土保持补偿费两者择一收取即可,也就是说,县水利局认为自己已经依法履职了。为进一步明确行政机关对水资源费和水土保持补偿费是否可以择一收取问题,2020年11月2日,布尔津县院组织召开听证会。听证会上,检察机关采用多媒体方式,就行政机关履职相关事实的相关证据逐一展示,对水资源费和水土保持补偿费分属不同征收科目而均应收取进行了释法说理,对行政机关应当依法履职,防止国有财产流失的必要性进行了阐述说明。县水利局代表对10年未收取费用的情况进行了说明,但仍坚持水资源费和水土保持补偿费择一收取即可。听证员就案件事实、法律适用现场提问,发表听证意见,一致认为水利局作为水主管部门应当依法履职,对某砖厂欠缴的水资源费和水土保持补偿费均应及时征收,对符合办理取水许可条件的应限期办理取水许可证。

第四种情形:整改方案是否科学合理、切实可行难以判断的。

例如,2020年12月24日浙江省人民检察院检察长贾宇亲自主持的、浙江军地检察机关联合办理的嘉兴树桥文物保护行政公益诉讼案件。由于这座桥地处春秋时代吴越两国分界线而得名“国界桥”。数十年前,桥面中间立起一堵砖混隔离墙,令这座历经200年风雨洗礼的古桥不堪重负。因部分桥体位于驻地部队营区内,如何既拆除古桥上的隔离墙,又维护军营秩序,把古桥建成军民连心桥,是摆在军地各方面前的难题。当地区政府提出两套保护方案。听证会上,听证员围绕整改方案相关问题进行了发问,有的直接讲了自己的观点。贾宇检察长在区政府提出的保护方案基础上,将大家的思考不断引向深入。参会各方各抒己见,为古桥保护献计献策。经过充分讨论研究,各方达成了一致意见,贾宇检察长进行了归纳总结,明确了古桥保护的具体实施方案。

第五种情形:整改工作需要多个行政主体合力解决的。

当社会公益修复涉及多家行政机关,职责存在交叉情形,单独一家行政机关履职存在困难需要合力解决问题时,检察机关可以组织召开听证会,协调多方力量形成整改合力,推动公益修复顺利完成。例如,四川省广元市利州区人民检察院督促整治违法占用国有存量土地停车乱象行政公益诉讼案。针对城市“停车难”、“停车乱”、国有存量土地被违法占用,且涉及自然资源局、市城管执法局、市发改委等多部门,检察机关通过公开听证厘清相关行政职能部门权责,督促各部门加强协作、形成整改合力,有效推动问题解决。广元市人民检察院于2020年8月7日举行公开听证会,邀请广元市自然资源局、广元市城管局等相关职能部门、省市两级人大代表、政协委员和人民监督员参加。听证会上,参加公开听证会的相关职能部门先后陈述了履职不到位、工作推进难的原因,人民监督员刘某在听证会上展示了自己在网上收集的市民要求相关部门及时有效治理城区停车难的意见。人大代表、政协委员对广元市城区“停车难”“停车收费混乱”等问题发表意见。广元市人民检察院通过听取各方意见和现场讨论情况,分析了城区停车乱象长期整治不力的原因是城区停车位规划设置不合理、相关配套设施建设滞后、小区周围土地权属存在争议、相关主管部门之间权责不清且互相推诿。与会人员建言献策,共商最佳整治方案,为检察机关作出具有针对性、可行性的检察建议奠定了实践基础。

第六种情形:整改效果是否有效维护国家利益和社会公共利益需要评估的。

检察机关发出检察建议后,行政机关是否履职、履职效果如何、国家利益和社会公共利益是否得到有效保护是决定检察机关是否提起诉讼的关键。运用听证方式对行政机关的整改成效是否达到要求进行充分论证,既是实事求是地对行政机关的工作有效监督的方式,又是避免滥诉、节省司法资源的重要手段。需要说明的是,对于整改成效的听证,不仅可以听取相关专家的意见以保证检察听证的科学性,还可以听取社会公共利益受到侵害所涉及的不特定主体代表、公益受损地的基层组织和群众的意见以保证检察听证的人民性。例如,山东省青岛市崂山区人民检察院督促大河东湿地生态修复行政公益诉讼案中,为评估大河东生态修复效果是否实现生态修复目的,青岛市检察院组织听证会。在听证会上,湿地专家、人民监督员分别就围堰高程、水系循环、湖心岛高度、绿植维护等问题进行提问,行政机关逐一进行答复。经听证查明,行政机关共投资4200余万元,对河道以及全部的废弃养虾池进行了清淤,增设涵洞8个,打通了水系,实现了水流在虾池、河道与涵洞之间的流动。补种的水草已初步连片,已有鱼虾再次孵化。湿地生态得到明显改善,周边群众居住环境得到优化。青岛市检察院在充分听取各方意见后,根据已经查明的事实、证据和有关法律规定,认为被建议单位已经初步履行了保护湿地的职责,当场对本案作出终结审查的决定。

又如,万峰湖流域生态环境保护公益诉讼案。面对违法主体多元、情况复杂的跨区划环境污染案件,最高人民检察院通过公开听证客观评价办案效果,以此作为案件办结的重要依据。在万峰湖专案中,检察机关是否完成办案任务、万峰湖流域污染问题是否得到根本治理、沿岸群众是否满意等,都是检察机关能否顺利结案的“必答题”。为此,专案组决定通过公开听证的方式,对专案工作办理成效进行客观评价。2020 年 12 月 24 日,专案组在贵州省兴义市举行公开听证会。听证会由张雪樵副检察长主持,邀请 3 名全国人大代表、4 名专家学者担任听证员。由于本案污染问题涉及三省(区),需要跨区划协同治理,专案组还邀请水利部、生态环境部、农业农村部相关代表,以及百色、曲靖、黔西南三地市级政府领导参加,沿岸 5 县政府领导和群众代表旁听。通过公开听证,听证员以及参会人员对专案办理过程及取得的成效有了深入、直观、生动的了解。听证员、全国人大代表杨晓雪认为:“检察机关办理专案前后,湖区生态环境改善非常明显。”参会人员一致认为,检察机关主动通过开展公益诉讼检察工作,督促行政机关依法履职,案件成效显著,万峰湖专案办案目的已经实现。

第七种情形:适用法律法规需要进行释法说理的。

例如,北京铁路运输检察院督促保护消费者知情权行政公益诉讼案。注册在北京市海淀区的部分电子商务经营者在从事食品经营中,存在未依法进行相关资质信息公示、公示信息不清晰、公示信息难以识别等违法行为,可能导致不具有食品销售资质的商家通过网络向消费者销售存在安全隐患的食品,损害社会公共利益。某电子商务平台经营者在其运营平台上,对消费者查看平台内经营者资质信息设置查询障碍,消费者查看几个商家后即出现“出错啦 ~ 稍后再试试吧”提示,当天无法再查看商家资质信息。针对这一互联网领域的新业态、新问题进行公开听证,重在解决由于现行法律法规不明晰产生的认识分歧,以及网络安全与消费者知情权发生冲突时如何保护公益的问题,具有较强的探索和示范意义。听证会邀请了法律领域、信息技术领域的 3 名专家,还邀请了 6 名北京市人大代表、2 名人民监督员参与。应邀专家由检察机关和行政机关共同沟通确定,并获涉案企业认可。与会专家和人大代表、人民监督员分别从法律规范原意、行政执法实务、网络食品交易安全现状、技术发展情况与人民群众需求、企业社会责任等方面对争议问题进行解读和分析。北京铁路运输检察院采纳了听证员的意见。

第八种情形:民事公益诉讼案件调解和解的。

检察机关办理民事公益诉讼案件是否可以诉前和解,目前有关方面认识不一致,《人民检察院公益诉讼办案规则》对此也没有明确规定。一些地方在办案中探索采取听证的方式解决这个问题,取得良好效果。例如,上海市人民检察院第二分院诉肖某某等非法采砂环境保护民事公益诉讼案。2018 年,长江航运公安局成功侦破“6 · 12”长江非法采砂系列刑事案件,违法人员利用江苏省、上海市长江交界处海事、治安、水务等行政管理跨地域管辖的特殊性盗采江砂,对长江生态环境造成破坏。2019 年至 2020 年 6 月,该案多名涉案人员因犯非法采矿罪分别被判处 3 个月拘役至 5 年有期徒刑不等的刑罚,并处罚金。因案件中非法采砂地点属上海辖区,江苏省司法机关通过长三角一体化司法协作机制将该案公益诉讼线索移交上海检察机关办理。2020 年 9 月,上海市人民检察院第二分院经立案调查,发现案件共涉及 19 名侵权行为人,立案前因非法采砂受损的长江生态环境仍未得到及时修复。案件中肖某某等 3 人违法事实清楚、采砂次数和数量较少,均被判处缓刑,生态环境修复责任较轻且具有主动赔偿意愿。上述 3 人如一并进入公益诉讼起诉程序,不仅审理周期长,而且增加鉴定成本,不利于及时修复受损的长江生态环境以及赔偿责任的履行。通过对个人情况、磋商意愿、赔偿能力的综合研判,根据上海市人民代表大会常务委员会《关于加强检察公益诉讼工作的决定》第 3 条第 2 款的规定,“侵权行为人自行纠正违法行为,采取补救措施,或者承诺整改的,检察机关可以就民事责任的承担与侵权行为人进行磋商”,上海市人民检察院第二分院决定于 2020 年 11 月 27 日与肖某某等就诉前磋商召开公开听证会,创新性地将检察公益诉讼地方立法规定的“民事磋商”与检察听证工作有效结合,既依法有效监督检察机关当好“公益代表”,又通过专业评议明确了鉴定意见在非法采砂类案件中的统一适用,有效增强检察监督的专业性和公正性。

第九种情形:属于涉众型、新类型,或者有社会影响的案件,召开听证可以起到“办理一件、警示一片、教育影响社会面”的良好办案效果的。

这种情形也可以称为普法宣传听证。公益诉讼案件涉及不特定多数公众的利益,对于其中涉众型、新类型或有重大社会影响的案件,检察机关通过组织召开听证的方式以扩大公益诉讼办案的警示、教育、宣传、引导作用,同时也是落实“谁执法,谁普法”责任的生动实践。例如,湖南省平江县人民检察院诉张某某等人非法捕捞水产品破坏生态资源刑事附带民事公益诉讼系列案中,张某某等 6 人虽然非法捕捞的渔获物不多、价值小,但是鉴于此类案件在该县梅仙镇沿江地区多发,为了更好地实现惩罚和教育并重的效果,引导社会公众自觉保护生态环境,检察机关组织召开听证会,邀请河长办、水产中心、森林公安局、当地政府、新闻媒体代表及人大代表、政协委员、特约检察员、律师代表、当地民众 500 余人参加听证会,筑实听证基础。听证会结束后,旁听群众均表示通过此次听证和放流活动,了解了相关法律知识,对检察机关以听证方式促生态修复拍手称赞。

第十种情形:人民检察院认为其他需要召开听证会的情形。

这是兜底情形,随着公益诉讼听证实践的发展,可能还有其他需要听证的情形。总体来讲,就是当检察机关在事实认定、法律适用、案件处理等方面存在较大争议,或者有重大社会影响,需要当面听取当事人和其他相关人员意见时,都可以根据实际情况召开听证会。比如,公益诉讼检察工作中涉及较多专业性较强的疑难复杂问题,尤其是在生态环境和资源保护、食品药品安全、文物和文化遗产保护、互联网信息安全等领域尤为突出,检察机关受专业所限,需要借助"专业外脑"的力量对问题进行科学合理的评估和决策。举个例子,在浙江省温州市鹿城区人民检察院督促保护不可移动文物行政公益诉讼案中,针对古桥保护涉及多学科、专业性强的特点,检察机关确定了由文博、建工、法律专家组成的听证员"专家团",为科学评议听证事项奠定了基础,专家发表的专业意见在公开听证会上释疑解惑,让公众和利害关系人信服,经听证明确了古桥文物保护优先,村民出行则采取其他合理措施妥善解决。

(四)公益诉讼办案听证的组织形式

在公益诉讼检察听证中,充分利用检察一体化的组织优势开展多种形式的听证,在听证活动中调动多部门、多方主体的作用,达到一次性解决法律问题和事实问题的目的。具体来说,常见的组织形式有以下四种。

第一种形式:上下级检察院联合组织听证。例如,在前述河南省人民检察院郑州铁路运输分院督促保护孟州林场冶戍林区黄河湿地、饮用水水源地行政公益诉讼案中,河南省国有孟州林场冶戍林区是焦作市代管县级市孟州市在洛阳市吉利区的"飞地",由于该案涉及"飞入地"和"飞出地"行政管理职能与责任交叉以及社会稳定风险防控的问题,河南省人民检察院联合郑州铁路运输分院召开了听证会,厘清行政机关责任、制定整改方案,最终问题得到了圆满解决。

第二种形式:同一检察院不同部门联合听证。例如,在陕西省西安市灞桥区人民检察院督促治理窨井盖安全问题行政公益诉讼案中,由于窨井盖涉及部门较多、情况比较复杂,而且法律责任方面既涉及刑事责任也涉及民事责任,所以西安市灞桥区检察院成立公益诉讼和刑事联合调查组,召开"公益诉讼暨刑事司法联合公开听证会",一并解决公益诉讼和刑事检察方面的问题。

第三种形式:军地检察院等联合组织听证。这种情况在英雄烈士权益保护及英雄烈士纪念设施保护领域中比较多见,因为在这类案件中多需要军事检察院的协作和配合。例如,福建闽侯县大湖乡湖山革命烈士纪念碑旁违规搭建信号铁塔,破坏了英烈纪念设施庄严、肃穆、清净的环境和氛围,引发社会舆论广泛关注。此外,全省多处英雄烈士纪念设施存在管理保护不当问题,严重损害英雄烈士的尊严荣誉,社会公共利益受到侵害。为合力解决"多头治理"难题,2020 年 11 月 13 日,福建省检察院联合福州军事检察院召集省退役军人事务厅等相关单位,邀请人大代表、政协委员、人民监督员等 7 位社会各界人士担任听证员,由福建省人民检察院副检察长主持召开公开听证会,取得很好效果。

第四种形式:上级检察院提级听证。例如,在山东省青岛市崂山区人民检察院督促大河东湿地生态修复行政公益诉讼案中,因为需要修复治理的湿地面积大、涉及的疑难问题复杂、行政机关对于是否属于湿地争议较大,所以山东省青岛市人民检察院提办了该案件,并组织听证会对于湿地修复效果进行论证,最终解决了湿地生态修复问题。

三、当前检察公益诉讼听证中存在的主要问题及对策

(一)实践中存在的主要问题

一是听证工作开展不平衡。实践中,公益诉讼检察听证工作开展的情况差距还很大,如云南、陕西、浙江、河南、广东、河北等省的公益诉讼听证案件数量均超过百件,6 省听证总数约占全国的一半,但是同时也有 7 个省(市)的公益诉讼听证案件在 10 件以下。从目前的情况来看,公益诉讼听证工作在全国各个基层检察院还没有实现全覆盖,部分地方对听证工作的重视程度还不够,工作抓得不够紧。

二是听证流于形式。有的检察机关为了听证而听证,组织听证的目的和要解决的问题不清晰,或者不需要通过听证就可解决的事项也组织听证进行解决,造成司法资源的浪费。有的听证没有突出展示问题、解决问题这一重点,给人感觉像是工作报告会或经验介绍会。

三是听证程序不够规范。例如,有的听证会未在听证前 3 日内告知听证会参加人听证的案由;有的公开听证没有向社会发布公告,群众参与度不够;有的听证会的名称标识、桌椅摆放、席位设置等没有严格按照《人民检察院检察听证室设置规范》操作,不够规范;有的会前未宣布会议纪律,影响听证会场严肃性;有的听证中遗漏征求其他听证员的意见;有的给听证员评议的时间不够充分,采纳意见不

够全面；等等。

四是听证硬件设施有待完善。部分基层检察院缺乏举行听证会的规范场所，由会议室临时布置，公开听证的硬件条件不足；有的院因场地匮乏、设备落后，不具备检察听证直播的条件，录像工作需外包给电视台，听证成本较高且影响听证效果。

（二）加强和改进听证工作的建议

一是要加大推进力度，切实做到“应听证尽听证”。突出必要性，明确听证要解决什么问题，防止“为了听证而听证”。在实际开展听证的工作中，可以构建听证必要性论证的程序和手段，防止出现听证流于形式的问题，如承办检察官认为需要听证的，写明听证的目的和解决的问题，报请检察长审批。同时，也要切实做到应听证尽听证，对于应当通过听证解决的问题，就要组织听证进行解决，切实发挥听证的作用。

二是边实践边总结，进一步明确公益诉讼案件听证工作规范。由于公益诉讼检察听证开展的时间还不是很长，很多都是“摸着石头过河”，组织听证的经验还不是很成熟，这就需要我们在具体办案的过程中不断积累实践经验，包括人民监督员在听证中的角色定位、如何遴选听证员并充分发挥其作用、直播听证中遇到突发事件如何处置应对等，并将这些经验上升为办案的工作规范。要进一步总结实践经验，规范公益诉讼办案听证工作，使之更加具有可操作性和实效性。

三是加强软硬件建设，着力打造过硬的公益诉讼听证检察队伍。目前检察公益诉讼工作的软件和硬件建设都存在一定的短板和问题，需要强化这两方面的建设，打造过硬的公益诉讼检察队伍。各级检察院应调配一定的资金不断完善软件建设，配置听证室所需设施，以保证听证的效果。同时，要强化业务人员运用听证的能力和水平，尤其是积累听证过程中遇到突发状况该如何处置的经验。只有硬件和软件建设都跟上了，公益诉讼检察听证的质量才能提升上去，避免出现听证效果不好的情况。

四、小结

通过研究各地检察机关公益诉讼听证案例，并参与指导个别公益诉讼听证案件，笔者深切感受到公益诉讼检察听证在功能定位、适用范围、组织形式、结果运用等方面都有其独特之处，它不仅是公益诉讼办案调查、审查的一种方式，更是办案理念的积极转变；不仅有助于查明案件事实、督促行政机关履职、实现精准监督，而且有助于推进司法民主、增强检察公信、提升社会治理效能。公益诉讼办案涉及诸多领域的专业性问题，听证员的评议意见直接关系到听证的质效，因此建议更加重视听证员库建设，要以“看得见”的方式保证听证员选任公正，并切实发挥其作用。笔者相信，随着听证工作的广泛深入推进，这项具有重大创新意义的改革举措将为公益诉讼检察工作高质量发展发挥越来越重要的作用。

专题八

如何做好公益诉讼案件的庭前准备和庭审预案工作

吴小红* 江苏省常州市人民检察院

目 次

* 吴小红,江苏省常州市人民检察院检委会专职委员、四级高级检察官。

监察体制改革,自侦转隶,检察监督格局发生重大变化,公益诉讼成为检察监督新的利器。检察机关提起公益诉讼,从党中央顶层设计、人大授权、两年试点再到正式立法,取得了显著的成效,但也经历了很多困难。这种困难,试点地区的同人深有感受,非试点地区的同志也已初尝。这种困难,有发现挖掘线索的"掘地三尺",有调查核实的各种障碍,还有庭审过程中的重重压力。当然,这些困难,有来自外部的,也有干警自身的能力问题,而庭审应对能力则是公益诉讼检察干警相对较为薄弱的地方。

一、为什么要做好庭前准备和庭审预案工作

(一)庭审的重要意义

和公益诉讼制度改革一样,以审判为中心的诉讼制度改革也是十八届四中全会布置的一项重要司法改革任务。通过这项改革,庭审成为诉讼中最重要的阶段。当然,这里的庭审,指的是能够体现集中调查、充分辩论等诉讼基本原则的实质化庭审。而实质化的庭审必然是建立在全面、充分的庭前准备基础之上。公益诉讼案件出庭,干警从宣读起诉书、举证质证、辩论再到最后陈述的全过程担当主角,举证需要全面到位,质证就要一针见血,辩论必须丝丝入扣,这些绝对不是简单应付就可以的。出庭是对公益诉讼检察干警的重大挑战和考验。

法庭如战场,不可逆转。上战场打仗,必须准备好充足的武器弹药,开庭同样如此。只有做好充分的庭前准备才能在法庭上游刃有余,把握主动。如果不做准备或是说没有准备好,那就只能招招被动,处处受压。

(二)严峻的出庭压力

公益诉讼制度本身就是一个新生事物,还处于不断摸索、不断完善的过程中,很多时候仍需要积极审慎的探索实践。尽管相比公诉干警,公益诉讼检察干警在出庭方面确实锻炼不够、经验不足,但是大家都有着较深的法律功底,也有着丰富的法律监督经验,而且现在随着公益诉讼工作的全面开展,以往重刑轻民的思想有了根本性的转变,很多地方院领导都高度重视公益诉讼工作,配强配齐公益诉讼检察队伍。只要认真地做好准备,全面地做好应对,那就一定是出色的公益诉讼人。

(三)现实的客观需要

公益诉讼案件本身事关国家、社会公共利益,涉及的都是生态环境、资源保护、食药安全等社会热点领域,事关民生民利,影响比较大,需要高度重视、认真对待。由于公益诉讼还是一个新生制度,目前修改后的两大诉讼法对其作出了相应规定,最高检也出台了公益诉讼办案规则,但是实践中还是存在一些问题没有明确,法院和检察院之间、不同法院之间在一些问题上还是可能存在不同的认识,因此这也要求在实践过程中提前加强沟通协调,做好准备。

二、庭前准备工作的七大主要方面

精彩的庭审,因为所有诉讼参与人的全情投入,会让旁听人员兴趣盎然,回味无穷。具体而言,就是体现在对待证事实的抽丝剥茧、各类证据的逻辑演绎以及法庭辩论的针锋相对上。司法实践中,因为庭前准备不充分或是准备错位导致的庭审效果不佳的案例也常有。

“快播案件”是全程庭审直播案件,网络上对于公诉人的表现也有很多负面评论。那么问题究竟出在哪里？公诉人不懂技术是其中一个原因,但归根结底,最重要的原因是公诉人没有充分地做好准备。

为什么说没有做好准备？一是该案是热点案件,新闻媒体关注度极高,而且该案是全程庭审直播。二是被告人王欣是快播公司的 CEO、这个领域的专家。另外几个被告人也都是公司的高管。三是提审过程中应该知道被告人及其律师提出的方方面面的问题。

回到公益诉讼案件,公益诉讼的庭前准备工作涉及面很多,有实体方面的,也有程序方面的;有法律方面的,也有技术层面的;有一般案件所共有的,还有公益诉讼所特有的。但是,无论多繁杂,还是有规律可循的。

庭前准备可以把握以下原则:一是必须要熟练把握庭审流程,这是最基本的要求;二是必须要准确把握庭审目的,这是最根本的,要让法官通过庭审采纳你的证据,采信你的观点;三是必须要突出把握庭审重点,特别重视争议焦点的预测和应对;四是必须要精准把握庭审特点,这是公益诉讼所特有的,除一般庭审任务外,还要加强法制宣传教育。

基于以上原则,庭审准备可以概括为 7 个方面的内容:

1. 尽早开始准备工作,列出序时进度。庭审时间是由法院确定的,法官只要在 3 日前通知即可。因此,必须尽早做好准备。切不可将案件诉到法院后就觉得高枕无忧、万事大吉了。起诉只是万里长征走出的第一步,庭审的好坏和判决的结果才是关键。已经有个别公益诉讼案件被法院驳回起诉和发回重审的情况。而且,随着庭审的临近往往会有很多突发情况。比如,在办理试点后的全国首例民事公益诉讼案件——许某惠、许某仙环境污染民事公益诉讼案件时,就碰到了很多意外情况。法院在庭前会议时归纳的争议焦点和检察机关在起诉时归纳的焦点不同,导致所有的举证方向、举证顺序都得调整。

2. 及早研判执行风险,切实做好应对。检察机关提起公益诉讼的目的是要修复、弥补和挽回受损公共利益,如果最终胜诉了,可是判决不能执行,那么就不能达到公益诉讼的目的,办案效果将大打折扣。所以必须提前考虑案件的后续执行情况,如有必要,应当及早向法院建议对被告采取财产保全措施。例如,在许某惠、许某仙环境污染民事公益诉讼一案起诉之前,检察机关就通过向银行、工商等部门调查、外围排摸等方式摸清其财产情况,起诉的同时向法院提供了被告的银行账户和财产线索,向法院建议采取财产保全措施,法院也及时冻结了其账户。同时,必要时也可以建议采取行为保全措施。山东省高级人民法院 2016 年出台文件明确要求探索实施环境民事公益诉讼保全制度,针对正在发生的污染环境、破坏生态行为,依法及时采取司法禁止令等保全措施。在办理环境类案件时,如果发现当事人污染环境行为仍在对环境造成破坏,应当与法院及时沟通,建议法院采取禁止其行为的保全措施。

3. 高度重视与鉴定人、专家辅助人的沟通。必须重视和鉴定人及专家辅助人的沟通。在环境民事公益诉讼中,举证的一个重点就是环境污染损坏评估报告。而这个报告往往是被告有异议的地方,也是辩论的焦点。根据《民事诉讼法》的相关规定,当事人对鉴定意见有异议或者人民法院认为鉴定人有必要出庭的,鉴定人应当出庭作证。经人民法院通知,鉴定人拒不出庭作证的,鉴定意见不得作为认定事实的根据。因此,只要当事人有异议,鉴定人就必须出庭。鉴定人出庭,必须提前与之沟通。这里的沟通不是简单地告诉鉴定人开庭的时间、地点,而是要将被告针对鉴定评估报告的异议,法院对评估报告的意见、问题及时告诉鉴定人,以便鉴定人充分准备。专家辅助人,也就是诉讼法上的具有专门知识的人,往往就一些专业问题提供专业意见。这里要注意,专家辅助人的选择要慎重。一是专家;二是一定要是这个领域的专家。同时,要注意专业问题。他不解决法律问题,也不解决证据问题,只解释专业方面的问题,如环境污染后果、是否存在因果关系等。

4. 加强与法院关于审理程序的沟通。主要包括两个方面:一是关于庭前会议程序的沟通。为了提高庭审效率,对于比较复杂、争议焦点多的公益诉讼案件,可以与法院进行沟通，通过庭前会议明确诉讼请求和被告的答辩意见、进行证据交换和争议焦点的归纳等。在办理许某惠案件过程中，通过庭前会议，先行对案件争议焦点进行归纳。对于被告提出的检察机关作为公益诉讼人的资格等问题在庭前会议程序中就予以了认定解决。被告提交了补充答辩的意见，在庭前会议后进行了有针对性的准备，为案件后续的庭审活动规范、有序、高效进行打好基础。庭前会议的四个功效包括：固定争议焦点、了解辩论方向、开展证据交换、解决庭审程序等细节问题。二是关于庭审具体程序的沟通。包括开庭的时间、地点、庭审的方式、举证质证程序、辩论程序、示证程序、证人和专家辅助人的出庭程序等。有两个行政公益诉讼案件的庭审，在审理程序和举证责任的分配上就存在较大的差异。一个是采用法庭调查和辩论相结合的形式，围绕一个焦点，法庭调查后随即进行辩论；另一个是法庭调查后进行总体辩论。在举证责任的分配上，一个法院是把行政机关的法定职责、行政机关是否怠于履职及行政行为的合法性，全部让行政机关来举证。检察机关只就案件是否符合检察机关提起公益诉讼的条件进行举证。但另外一个法院则是让公益诉讼人对行政机关的法定职责及怠于履职情况等进行举证。所以，在庭前准备过程中，有必要就庭审程序加强与法院的沟通。

5. 整理准备好出庭的相关材料。公益诉讼办案审查过程中，肯定会形成大量的案件材料，检察人员在出庭前应进一步将这些庞杂的资料进行系统整理和归类，熟悉案情，研究与本案有关的法律政策问题以及审判中可能涉及的专业知识，认真准备出庭相关材料，包括出庭需要的案件卷宗、证据目录、证据材料、举证质证提纲、询问提纲、辩论提纲、结案陈词、同步展示 PPT、相关法律法规等。

6. 根据检察人员出庭要求做好相关准备。细化出庭人员分工。公益诉讼庭审中检察人员的出庭任务更为繁重，除了宣读起诉书、举证质证、辩论、询问专家辅助人、最后陈述等常规程序，还要应对庭审中可能出现的各种突发情况。所以合理的出庭人员安排和细致的出庭任务分工尤显重要。以常州市民事公益诉讼案件为例，诉讼请求有 3 项，于是在庭前对出庭人员任务进行细化，既分工又协作，两名出庭人员各负责两个争议焦点的举证质证和辩论，各自重点准备，确保庭审效果。规范出庭人员着装形象。公益诉讼人代表检察机关出庭，应当注重出庭仪表。按照最高人民检察院《关于人民检察院服装管理规定（试行）》中的规范，要求检察人员着统一制服，佩戴检徽和制式领带，穿黑皮鞋，可以化淡妆，女检察人员最好穿高跟鞋，更显挺拔精神。庭审中尽量使用普通话。发言时应做到用语规范，语速适中，吐字清晰，声音洪亮。总体来说就是要做到仪表整洁、举止得体。

在办理许某惠、许某仙环境污染民事公益诉讼时,为了更好地把握出庭的形象、语速等,专门联系了常州市中级人民法院,到法院观看了公诉案件大要案的庭审录像。当时出庭是两个女同志,又都不够高大,特别是在法院大法庭里,桌子前面的挡板也有好几厘米高,体现不出公益诉讼人的气势,但是人只有这么高,怎么办呢?就在桌子下面垫木板。所以,开庭的时候,公益诉讼人的座位下面都垫了7厘米的木板。还专门配了公文包,开庭前专门化妆,应该说从各个方面提升公益诉讼干警的精气神。关于公益诉讼人出庭注意事项,可以参考《公诉人出庭行为规范》,里面规定得比较具体全面。检查备齐示证装备。目前公益诉讼庭审中使用较多的是PPT同步示证。开庭前,一方面要调试好出庭示证用的笔记本电脑,检查好示证PPT,保证PPT版本与电脑相匹配;另一方面要跟法院技术部门负责人员沟通联系,最好能提前到法庭调试示证的投影仪、电子屏幕等设备,确保庭审中证据展示的效果。

7. 根据检察人员出庭要求做好相关准备。前期关于庭审的准备可以说都是"纸上谈兵",准备是否到位只能通过实战进行检验,模拟庭审就是正式庭审之前的实战演练。开展模拟庭审的主要目的就是让出庭人员熟悉庭审程序,增强自信,同时发现庭审中可能存在的问题,尽快予以调整解决。模拟庭审中应当注意:一是参与模拟庭审的干警对案件应基本掌握案情,保证模拟庭审真正达到检验前期准备的效果。除了出庭起诉的检察干警,在模拟庭审中最好选任曾有审判经验的干警担任法官,能言善辩会"挑刺儿"的干警担任被告及其代理人。发挥各位干警的智慧,利用平时办理案件的经验,对被告可能的答辩作出各种假设,设想各种可能的突发事件,模拟庭审后制订补充方案。二是帮助出庭人员严格规范出庭言行,调整好自身状态。我们每个人都有自己特定的行为模式,譬如,走路的姿势、说话的方式、习惯性语言、肢体动作等,这都是长年累月形成的,如果要改变,是非常困难的,同样,养成一种行为习惯,也非易事。英国心理学家通过实验发现,将一种重复性行为变成习惯,大约需要经过66天的坚持,人们才会做到"习惯成自然"。因此,在进行模拟庭审中,我们要积极发现出庭过程中言行的不规范问题,对于不良习惯及时指出,庭后多加练习,尽快调整。在模拟庭审结束后,领导就对我们的表现一一进行了点评,特别指出开庭过程中我们不能老是低着头,整个庭审过程中,既要有和被告及其代理人的对视,也要有和法官的眼神交流,一定不能老是低着头。所以,在后来的庭审过程中,我们对此也是有意识地进行了调整。

三、如何准备出庭相关材料

（一）如何制作出庭预案

一起公益诉讼案件，到开庭时通常已经形成了大量的案卷材料。开庭过程中，需要某些材料来支持公益诉讼人的观点时，我们不可能再去临时翻阅案卷，否则庭审会出现短暂中断，极大地影响庭审效果，我们自己也会在翻阅过程中产生慌乱不淡定的情绪。公诉部门在办理一些大要案时，往往会专门制作一本《出庭预案》，涵盖了庭审各个环节所需要的材料。因此，出庭预案是案件前期准备工作浓缩的精华，是公益诉讼人出庭工作"一本通"，一本在手，庭审不愁。在办理首例公益诉讼案件时，我们就参考了刑事大要案的做法，经江苏省人民检察院帮助我们修改完善，制作了40页的《出庭预案》。公益诉讼的《出庭预案》一般应当包括下列内容：（1）检察机关出庭情况简介；（2）目录；（3）公益诉讼起诉书；（4）庭审模式及争议焦点；（5）举证提纲；（6）质证提纲；（7）辩论提纲；（8）最后陈述意见；（9）相关法律法规。下面就几项重点内容跟大家交流一下：

1. 认真准备举证提纲

（1）确定举证提纲的内容框架。以环境民事公益诉讼为例，举证结构最好是围绕侵权构成要件来举证，那么总体框架就包括三个要点：一要举证证明被告实施了污染环境的侵权行为；二要证明被告侵权行为造成环境损害的后果；三要证明行为与损害的后果之间具有因果关系。围绕侵权构成要件举证的优点在于条理清晰、结构层次分明、举证过程不会杂乱无章，符合包括法官在内的法律人判断侵权的惯常思维。行政公益诉讼同样如此，围绕案件的关键点：法定职责、怠于履职或违法履职的证据、要求继续履职的证据。当然举证的时间点可能由于法官的庭审程序安排有所不同，但是围绕这三个方面进行举证应该没有什么大问题。举证的时候应当先说明证据名称，再说明该证据要证明的事实是什么。关于证明的内容，一定要简要明了，具有针对性。

（2）举证提纲要分清层次。举证顺序要有逻辑性，所举的证据要环环相扣，针对同一事实，先出示什么证据，后出示什么证据，应当根据不同的案情巧妙安排，以达到举证的最佳效果。通常在出示证据时，可以按照证据的证明力强弱来举证，先举直接证据后举间接证据。比如环境类公益诉讼，通常被告污染环境的行为是比较容易举证的，一般有污染环境的刑事判决书、行政处罚决定书等，就可以认定。但这里要注意一点，很多案件特别是废水的非法排放，垃圾的倾倒等，就需要在这个环节来证明污染物的排放量,相应的证据一般可以是当事人的供述,处置合同、运输单等。当然还有一种就是当事人不肯交代,或者说只交代了被抓获的一次,对之前的排放不肯承认的情况。这时,关键证据就是企业的环评报告,如果不是正规企业,没有环评的,就可以参考同类同行业企业的环评报告,再结合其产量,从而判断其污染行为的程度。

(3)举证提纲要有针对性。举证时,公益诉讼人要分清主次和详略,对于双方争议的焦点问题应当着重加强举证,让合议庭充分注意到,在重点问题上要放慢举证节奏,突出重点、扼住要害。举证中的难点一般在于对损害后果的举证,如污染范围的大小,赔偿费用的多少等。损害后果一般就是现场遗留的危险废物、土壤污染、地表水或地下水污染,还有就是服务功能损失、惩罚性赔偿、大气污染等。如果就是简单地向河流、湖泊排放废水,那么很多情况都是通过虚拟治理成本法来计算修复费用的。这种情况就不一定需要鉴定,只要用前面证明的排放量、一般情况的处置成本,再结合污染源周边环境敏感受体的系数,就可以直接算出修复费用。如果涉及土壤污染的,那还是要经过鉴定,测算污染的范围。另外,因果关系的证明也是公益诉讼的举证重点。有些案件涉及赔偿方法的选择,也应当有相应的证据来论证。

举例1:许某惠、许某仙环境污染民事公益诉讼案件的举证提纲。一共是5组证据,分为两类:第一,检察机关有权提起本案公益诉讼的证据,这一问题在庭前会议中解决,庭审中就没有再举。第二,证明被告实施了污染环境侵权行为的证据,包含3个证据:刑事判决书证明污染行为;被告人的供述和证人的证言证明非法洗桶的数量;两家正规洗桶企业的环评报告,证明被告非法洗桶一定会产生至少500吨的废水。

为什么会这样举证?主要是考虑层次递进,从有污染的行为到污染的程度。为什么要证明排污量?主要是为了后面更好地证明非法排污的损害,这是虚拟治理成本的前提。为什么会出现正规企业的排污量?这是为了通过对比的方式来证明我们的内容。

举例2:因果关系的举证。证据名称:《东方村洗桶厂地块场地环境调查阶段实际采样点位图》、澳实分析检测(上海)有限公司出具的检测报告。证明内容:一是残渣和污水池底部沉积物样品检出多种重金属以及硝基芳烃和酮类、苯酚类、酞酸酯类、多环芳烃、总石油烃、卤代脂肪族化合物、单环芳香烃、含氧化合物等多种有机物;二是污水池里废水中检出多种重金属及苯酚类、酞酸酯类、多环芳烃、总石油烃、卤代脂肪族化合物、单环芳香烃、含氧化合物等多种有机物;三是地下水中含有多种重金属、总石油烃、二氯乙烷、苯系物均超标，地下水受到污染；四是根据污水池附近地下水污染数据，以及地下水中污染物种类与残渣、污水池底部沉积物、污水池里的废水检出的污染物种类相对应，应当认定污水池底部土壤受到污染，且土壤污染是由污水池渗漏造成的，被告非法贮存废水的行为与土壤的污染之间具有因果关系。证明结果：经检测，场地土壤和地下水中检出的重金属、总石油烃、苯系物、氯代烷烃等特征污染物与污水池污水中检出的特征污染物一致。

2. 高度重视质证提纲

相对于举证提纲和辩论提纲，质证提纲很容易被忽略或是忘记。因为有些案件中被告可能没有在庭前向法院提交证据，特别是在民事公益诉讼中，很多情况下被告没有提交证据，比如办理的许某惠、许某仙环境污染民事公益诉讼案件。但是在行政公益诉讼中，根据《行政诉讼法》的规定，被告对作出的行政行为负有举证责任，应当提供作出该行政行为的证据和所依据的规范性文件。被告不提供或者无正当理由逾期提供证据，视为没有相应证据。因此，在行政公益诉讼中，被告除会作出相应的辩解外，也会提供相应的证据。在这种情况下，就必须针对被告提供的每一份证据做好充分的质证准备。当然，质证主要是从证据的“三性”出发，包括真实性、合法性和关联性。比如，在起诉比较多的怠于履职的案件中，被告往往会在诉前检察建议后或起诉后采取一定措施部分履职。这个时候，我们在质证过程中，一方面可以明确被告未充分全面依法履职；另一方面还可以针对履职的合法性提出质证意见。比如，在一起起诉国土部门怠于履行闲置土地认定和处置的案件中，针对被告已经履职的证据，通过认真分析，在庭审中对每一份证据进行了有力的驳斥。一共指出了其处置过程中存在的程序不规范、处置方式依据不足等6个方面的问题，取得了良好的庭审效果。

3. 详细制作辩论提纲

准备辩论提纲要求检察人员要暂时站在被告的角度来看待整个案件。首先，要深入分析答辩状，厘清被告的所有答辩意见，仔细分析答辩意见中合理和不合理的地方，有针对性地对答辩意见作应对方案。其次，要注重在庭前会议中被告提出的观点和意见。尽管被告提交了书面答辩状，但是很多时候答辩状上不一定涵盖了被告所有的答辩意见，有些案件答辩状写得很简单，但是跟被告交流后发现他的意见远远不止答辩状上那些，有些被告委托了代理律师后，律师又会有自己更专业的想法，帮助被告补充了很多答辩意见。所以在庭审前与被告及其代理人接触的过程中，要尽可能多地了解他们对案件的想法，要及时记录并在事后准备好应对之策。再次,准备辩点应当集思广益。同样一件事情,不同的人对它会有不同的认识和看法,这一点在平常集体讨论案件时已经有非常充分的体现。在准备辩点时,要充分发挥民行集体的智慧,让每位干警都设想一下,如果自己是对方的代理律师,针对每一个争议焦点会提出怎样的答辩意见。这样一来,我们准备的辩论提纲一定是充分全面的。最后,还要注意的是,在法庭上辩论的争议焦点是按照举证顺序来的,在准备辩点时可以按照举证提纲或争议焦点来进行分门归类。环境民事公益诉讼的辩论焦点往往集中在损失的大小、损失与污染行为之间的因果关系方面。行政公益诉讼辩论的焦点则往往在法定职责和有无怠于履职或履职是否合法的问题上。因此,在准备辩论提纲时要有侧重点。而且辩论的过程中一定要分层次,要把问题讲清楚了。还是上面说到的:第一个层次是规定是什么样;第二个层次是哪个方面怠于履职或违法履职;第三个层次是被告的理由不能成立的原因。

4. 精心准备最后陈述

在法理上和世界司法史的进程中,“最后陈述”和“当庭辩论”同样都具有非常重要的作用。在西方陪审团制的庭审中,“最后陈述”会成为打动陪审团成员的最后环节,对判决结果起着决定性的作用。在我国民事诉讼中,“最后陈述”也同样重要。如何对公益诉讼案件做最后陈述也有一定的技巧和方法。通常来说,最后陈述要简短,不宜过长。因为在经历了举证质证、辩论等庭审环节之后,法官对整个案件基本已经能够形成内心确信,有了自己的观点。此时,法官想听到的是一种更为明了更有效率、同时又能抓住和保持他们注意力的总结陈述,而不是对前道程序内容的重复。

最后陈述至少应当包括以下要素:

(1)开场白。最后陈述的开场一般简要陈述公益诉讼人一方受指派出席法庭履职的依据,同时用一两句话对全案重要的主题或事实进行提炼,开场最好简洁明了,切中要害。

(2)表明案件争议焦点。在开场之后,可以陈述案件的争点,并表明公益诉讼人的结论性观点。

(3)简要回顾案件事实以及被告应当承担责任的依据。在陈述完争点后,继续关于案件事实的论证。不要花太多的时间来回顾庭审中没有争议的事实部分,关于事实的论证应当集中在关键部分。最后,陈述要有说服力,就要将所有有用的事实,即对能增强你的关键论点、反驳被告方论点的事实进行强调,让法官接受公益诉讼人关于事实的描述和相关证据,从而形成一个条理清楚的事实,证明公益诉讼人提出的结论。同时注意结合法律的相关规定,论证被告应当承担责任的依据。

(4)结尾。在最后陈述的结尾部分,可以通过强调、简要说明该公益诉讼会对社会产生的积极意义等方法有效地总结观点。

(二)如何制作同步展示 PPT

近年来,一些社会影响力较大的案件、疑难复杂案件以及观摩庭等越来越多地开始运用多媒体来示证,播放录音、视频等,运用得最多的就是 PPT 示证。通过 PPT 来直观形象地举证示证,客观真实地还原案件真相,增强了诉讼程序的公信力,极大地提升了庭审的整体效果。公益诉讼案件庭审中运用 PPT 的主要目的也是为了示证。在制作之前,应当先讨论设计好一套 PPT 示证方案,确定分组示证的顺序,哪些证据要在 PPT 上展示,通过文字还是图片的方式或者其他方式展示,专家辅助人发表意见需要展示哪些图片或资料等。在确定了详尽的 PPT 方案之后,就要着手收集方案中确定的需要展示的图片和相关资料,图片分辨率一定要高,扫描的文书、书证等也要尽量清晰,以保证展示的效果。素材收集完毕,就可以根据展示方案来一步步去填充 PPT 的内容了。在制作以及当庭展示 PPT 过程中,笔者认为以下几点值得关注:

1. 应当保证 PPT 示证内容的完整性。首先,办案人员对证据体系要有清晰的认识,在设计示证方案时要保证示证文稿所含证据完整,将需要的文字、图片、录音录像资料等考虑周全,把举证思路清晰地用演示文稿一一表现出来,严格遵守操作规范,让证据环环相扣,形成证据链,有力支持公益诉讼人观点。

2. 证据展示要突出重点。多媒体示证信息量大、证据类型多,出示证据最好不要重复,尽量多用图片、图表等形式展示,PPT 的文字不宜过多,演示时速度不宜过快。对一些关键性的证据可以通过标注、标红、加粗、绘制图表等方式进行重点展示,有选择、有重点地对 PPT 显示的证据向法庭宣读解释其所证明的问题,使合议庭更直接地了解案情,增强对证据的采信度。

3. 证据展示要保证同步性。PPT 示证是为了更好地辅助出庭人员举证质证,因此,展示内容必须要同举证质证保持一致的节奏。如果公益诉讼案件 PPT 的制作、播放人员与出庭人员不是同一个人,那么事先互相一定要做好充分的沟通。PPT 的内容应与出庭人员举证的内容保持一致,并根据举证方案的改变及时作出调整,出庭人员举证质证的节奏与 PPT 当庭播放的速度也应当保持同步。需要注意的是,如果在举证过程中,同一个或几个证据要被先后运用多次,为了保证

PPT 展示的连续和同步,最好在需要举证的地方再次插入该证据到 PPT 中去,这样播放人员不需要回头去找,只需要一直按键连续播放即可。PPT 完成后可以先模拟演练一下,看是否达到同步性要求。我们当时在公益诉讼庭审之前也安排承办人和 PPT 播放人员演练了好几遍,修改了好几次才达到 PPT 演示的完全同步。

4. 专家辅助人意见的同步展示。公益诉讼庭审需要专家辅助人出庭发表意见的,事先不但要同专家辅助人就出庭程序做好沟通,也要记得询问专家辅助人有无相关资料需要通过 PPT 展示。比如我们办理环境公益诉讼案时,专家辅助人需要对被告污染环境行为与地下水污染之间的因果关系作出说明,当时专家主动向我们提出要展示污染地下水分布三维图、地下水在流沙层迁移示意图、地下水污染后走向分布图等彩图。我们及时获取了这些图片素材并将其制作到 PPT 中,在专家辅助人出庭发表意见时进行了同步展示,让法官和旁听人员对专业性解释有了更深刻直观的理解,取得良好效果。

国有土地使用权出让领域的公益诉讼案件办理

王　琳[*]　福建省泉州市惠安县人民检察院

目　次

* 王琳，福建省泉州市惠安县人民检察院第四检察部主任。

国有土地使用权出让,是指国家按照土地所有权与土地使用权相分离的原则,以国有土地所有者的身份将一定地块的国有土地使用权有期限地让与土地使用者,并向土地使用者收取土地使用金的行为及制度。国有土地使用权出让从根本上解决了制约我国城市基础建设和市政发展的资金匮乏问题,更从体制层面解决了行政划拨土地的低效、土地资金浪费及与市场经济不匹配的问题。国有土地使用权出让领域较常涉及的国有土地出让金的追缴,不仅能有效防止国有财产流失,还能提高土地综合开发利用效率,促进土地市场的健康有序运行。我院办理的“惠安县国土资源局怠于向惠安某置业有限公司催缴国有土地使用权出让金案”被写入 2018 年全国检察公益诉讼工作情况新闻发布会内容,获评 2019 年度检察公益诉讼优秀案件。以个案办理为引领推动专项治理,该案及专项活动追缴的国有土地出让金数额巨大,充分展示了检察机关敢啃“硬骨头”的担当精神,既有力维护了国家利益,也优化了地方营商环境。

首先,向大家介绍上述典型案例的办理情况。

一、典型案例分析

(一)基本案情

2017 年 10 月 25 日,惠安县国土资源局就惠安县某片区的 A、B、C 三块土地与惠安某置业有限公司分别签订 3 份《国有建设用地使用权出让合同》。根据上述合同的约定:(1)惠安某置业有限公司应于 2017 年 11 月 25 日前缴纳第一期土地出让金 63,650 万元,应于 2018 年 1 月 25 日前缴纳第二期土地出让金 63,650 万元;(2)惠安某置业有限公司不能按时支付土地出让金的,应自滞纳之日起,每日按迟延支付款项的 1‰向惠安县国土资源局缴纳违约金;(3)惠安某置业有限公司延期支付土地出让金超过 60 日,经惠安县国土资源局催缴后仍不能支付的,惠安县国土资源局有权解除合同并可请求惠安某置业有限公司赔偿损失。但惠安某置业有限公司除了在合同签订前缴纳 14,000 万元可依约定抵作首期出让金的款项外,没有支付其他款项。

2018 年 7 月 26 日,我院在走访惠安县审计局时发现,惠安县国土资源局收到惠安县审计局要求该局就惠安某置业有限公司欠缴土地出让金、拒付违约金一事进行整改并函告相关情况的公函后,没有积极履行职责、挽回国家损失。

(二)办理情况

1. 了解国有土地出让涉及的相关法律问题

这是我院办理的第一起国有土地使用权出让领域案件。国有土地使用权出让,是指国家以土地所有者的身份将土地使用权在一定年限内让与土地使用者,并由土地使用者向国家支付土地使用权出让金的行为,该领域案件专业性较强。我们召开检察官会议,梳理国有土地使用权出让涉及的相关法律法规,对国有土地使用权出让问题做了全面深入的学习。

国有土地使用权出让有以下特征:(1)国有土地使用权以出让方式取得;(2)出让国有土地使用权直接依法律的规定原始取得;(3)出让国有土地使用权取得性质为有偿和有期限,即以支付出让金为取得土地使用权的对价,土地使用权的行使有一定的期限限制;(4)出让国有土地使用权在存续期间内其权能近似于所有权。

注意以下三点:一是国有土地使用权出让最基本的缔约方式是拍卖、招标、挂牌出让和协议四种;二是商业、旅游、娱乐和商品住宅等各类经营性用地,必须以招标、拍卖或者挂牌方式出让;三是国有土地使用权出让领域的行政公益诉讼案件,主要是指国有土地供应、土地使用权出让收入征收、出让土地使用监管等环节负有监督管理职责的行政机关违法履行职权或者不作为,造成国家利益或者社会公共利益受到侵害的案件。

国有土地使用权出让案件相关法律依据包括:

(1)《城镇国有土地使用权出让和转让暂行条例》(国务院令第55号,2020年修订,国务院令第732号)第14条规定:"土地使用者应当在签订土地使用权出让合同后六十日内,支付全部土地使用权出让金。逾期未全部支付的,出让方有权解除合同,并可请求违约赔偿。"

(2)《城市房地产管理法》第16条规定:"土地使用者必须按照出让合同约定,支付土地使用权出让金;未按照出让合同约定支付土地使用权出让金的,土地管理部门有权解除合同,并可以请求违约赔偿。"

2. 调取相关证据材料

办案人员向审计局调取审计报告,向惠安县国土资源局调取《国有建设用地使用权出让合同》《支付业务回单(收款)》《一般缴款书(收据)》,以及对该案国有土地出让金的催缴情况的工作说明。

3. 实地了解惠安某置业有限公司的基本情况

4. 本案中行政机关的法定职责

惠安县国土资源局与惠安某置业有限公司所签订的0020171025G066号、

36210020171025G067号、36210020171025G068号《国有建设用地使用权出让合同》,意思表示真实,内容不违反法律、行政法规的强制性规定,系有效合同。惠安某置业有限公司违反合同约定,没有按时足额支付土地出让金,且拒不支付违约金,损害了国家利益。惠安县国土资源局作为国有土地使用权的出让方,本应该履行国有资产保护职责,及时采取有效措施督促惠安县某置业有限公司缴纳出让金、违约金或依法解除合同、要求惠安某置业有限公司承担违约责任,以避免国家利益继续受到侵害。而惠安县国土资源局至今未采取有效措施,导致国家利益持续处于被侵害的状态。

根据《行政诉讼法》第25条第4款和最高人民法院、最高人民检察院《关于检察公益诉讼案件适用法律若干问题的解释》第21条的规定,我院于2018年8月1日向该单位提出检察建议:及时采取有效措施督促惠安县某置业有限公司缴纳出让金、违约金或依法解除合同;要求惠安某置业有限公司承担赔偿责任,以避免国家利益继续处于被侵害状态。

(三)监督情况

经惠安县国土资源局催促,惠安某置业有限公司于2018年9月5日缴清C地块《国有建设用地使用权出让合同》项下的土地出让金、违约金合计47,765.5万元,于2018年9月10日书面承诺将于2018年9月30日前、2018年10月30日前分别缴清A、B地块《国有建设用地使用权出让合同》项下的国有土地出让金、违约金。2018年9月17日,惠安县国土资源局将上述情况函告惠安县人民检察院,并表示如果惠安某置业有限公司逾期交款,将"上报县政府批准后,解除与其签订的《出让合同》,并追究其违约的相关法律责任"。

2018年12月6日,惠安县人民检察院针对"惠安某置业有限公司2018年9月17日之后未再继续缴纳土地出让金、违约金,且未依惠安县国土资源局《土地出让金催款通知》的要求于2018年11月30日缴清全部土地出让金、违约金"这一情况,致函惠安县国土资源局,要求其研究妥善解决的措施并于15日内书面反馈。

2018月12月21日,该局复函称已于2018年11月21日再次催缴,并于2019年1月30日向惠安某置业有限公司发出解除协议通知。

(A地块)2019年2月26日该局追回A地块7000万元;2019年3月7日该局追回A地块13,000万元;2019年3月20日该局追回A地块12,000万元;2019年3月21日该局追回A地块5500万元。

（B地块）2019年3月21日该局追回B地块14,900万元；2019年3月25日该局追回B地块12,890万元；2019年3月26日追回B地块6880万元；2019年4月15日追回B地块6030万元。

截至目前，该局已催缴涉案A、B、C三地块的土地出让金（合计127,300万元）及C地块滞纳金（8165.5万元），惠安某置业有限公司已全部缴清。目前尚欠A、B地块的滞纳金总计34,704.19万元（其中A地块16,348.75万元，B地块18,355.44万元）。

这个案件的办理不仅有效挽回了巨额的国家损失，也为企业的健康发展指明了正确方向。

（四）主要经验

1.发挥"双向·多元"办案机制解决司法实践难题

惠安县检察院在办理公益诉讼案件时，始终坚持"双向·多元"的办案机制。"双向·多元"的办案机制作为一种全新的提法，是泉州市检察院基于多年多地的实践提出的，具有很强的指导性。"双向"是指检察机关办理行政公益诉讼案件既要朝起诉方向准备，强化诉讼能力、信心和勇气；也要朝不起诉方向努力，充分利用诉讼外的方式，有效维护国家利益和社会公共利益。"多元"是指检察机关在办理行政公益诉讼案件过程中，要积极寻求党委、政府、人大、政协及有关单位的理解和支持，探索立案函询、检察宣告、圆桌会议、诉讼协调、专题报告等多元化办案机制，更好地履行公益诉讼职责。"多元"的办案机制中，既包含了"刚"性的办案机制，也包括"柔性"的办案机制。提起诉讼是一种刚性办案机制，而圆桌会议等是柔性的办案机制。"双向"这条线贯穿于"多元"模式的始终，朝着起诉方向发展的那条线，是刚性的办案机制；相反，朝不起诉方向努力的则是一种柔性的办案机制。通过不同模式来解决检察机关开展公益诉讼过程中遇到的难题。

（1）诉前检察建议。为了把检察建议做成刚性、做到刚性，我们主要从以下三个方面努力：第一，发出诉前检察建议，调查取证都是以诉讼的标准收集证据的，确保诉前检察建议发出去，行政机关仍不履职的，为起诉做好准备。谈到取证，在没有强制措施的前提下，很多时候取证还是会遇到阻碍。但如果我们可以根据案件类型对取证方法进行灵活运用，就可以避免遇到证取不到或证取不全的问题。例如，在办理督促催收水土保持费的案件中，我们采取数据对比法，将开工建设项目与已缴纳水土保持费的项目进行比较，就很容易发现未缴纳的项目，这就在很大程度上解决了直接让行政机关出具未缴纳项目说明的难题。在办理督促海岸带垃圾整治的案件中,我们在对破坏范围、程度进行表述时,通过专家渠道获得了相关数据,帮助我们对案情进行精准表述。第二,规范诉前检察建议书。回到刚刚提到的土地出让金案件。对建议内容,我们的表述从一开始的“建议你局依法履行土地监管职责”到“建议及时采取有效措施督促惠安县某置业有限公司缴纳出让金、违约金,以避免国家利益继续处于被侵害状态”,到最后的“建议及时采取有效措施督促惠安县某置业有限公司缴纳出让金、违约金或依法解除合同、要求惠安某置业有限公司承担赔偿责任,以避免国家利益继续处于被侵害状态”,建议内容进行了三次完善,目的是让建议更具有可操作性、可执行性,防止一旦进入诉讼,因为建议内容不准确而处于被动。第三,严格执行报备制度。福建省检察院对下级院发出的检察建议实行逐级报备制度,确保及时发现并纠正不规范的检察建议,对不规范的检察建议还有一系列的操作流程,最终做到起诉一起胜诉一起。试点以来,我们发出公益诉讼诉前检察建议近百件,采纳率在90%以上(有些未到期的没有统计进去),这么高的采纳率,都是由于诉前程序具有一定的刚性。

试点以来,我们也办理了一批诉前检察建议典型案件。如办理的惠安县市政公用事业管理局怠于履行职责案被最高人民检察院列为首批十佳“提起公益诉讼试点工作诉前程序典型案例”。这个案例基本情况是,惠安县检察院在履职中发现,梅山垃圾填埋场虽然已关闭多年,但垃圾渗沥液因排放不畅,溢出后流入附近河道,对环境造成污染。经调查了解,惠安县梅山垃圾填埋场于1995年7月投入运行,于2011年1月终止垃圾填埋,原惠安县螺城镇下属单位惠安县环境卫生管理处负责日常综合管理。2012年12月惠安县螺城镇政府将该处垃圾场一并移交给惠安县市政公用事业管理局归口行政管理,2015年11月惠安县人民检察院向惠安县市政公用事业管理局发出检察建议:对梅山垃圾填埋场渗历液因排流不畅造成周边环境污染的情况进行排查、整改。惠安县公用事业管理局采纳了检察建议,立即组织市政维护相关人员进行勘察,提出修复方案后立即组织现场施工;并督促县环境卫生管理处加强梅山垃圾填埋场的日常管理,加强巡查,以便及时发现问题。

“双向”中“另一个方向”朝不起诉方向进行,下面主要介绍我们的跟进监督做法与圆桌会议机制。

(2)跟进监督做法。鉴于近两年房地产市场景气指数降低、开发商资金相对紧张、国有土地出让市场相对疲软这一实际情况,对于惠安县国土资源局在反馈检察建议后既未追缴其他两块土地的出让金、违约金,又未解除《国有建设用地使用权出让合同》这一行为，惠安县人民检察院探索“跟进函”的监督方式，通过致函惠安县国土资源局要求其函告解决措施的跟进监督方式，将采取何种方式处理惠安某置业有限公司拖欠的国有土地出让金问题的选择权再次交给惠安县国土资源局，由其权衡利弊提出妥善解决方式、明确整改期限，既有利于实现国有资产利益的最大化，也有利于检察机关后续的跟进监督工作。

(3)圆桌会议机制。我们还探索建立诉前“圆桌会议”办案机制。行政公益诉讼诉前圆桌会议机制，是福建省检察机关借鉴“枫桥经验”，秉承双赢多赢共赢监督理念，着力协商解决公益受损问题的一种创新方式，省检察院发布了《关于建立行政公益诉讼诉前圆桌会议机制的规定(试行)》。圆桌会议的具体做法：人民检察院在向行政机关发出检察建议之后，针对被监督行政机关虽然有整改意愿但因客观原因整改确有困难，或案件涉及多个行政机关需要协调配合共同履职的，人民检察院通过召集相关部门、组织以及群众代表召开诉前圆桌会议，主要目的是共同研究解决方案和措施，推动被监督行政机关更好履行公益保护职责。实践也证明，诉前圆桌会议机制具有可行性和优越性：一是有利于解决一些公益损害仅靠一个行政机关的整改达不到理想的治理效果的问题；二是相对于提起公益诉讼，诉前圆桌会议能消除对抗性，让行政机关认为检察机关发诉前检察建议是为了促进问题解决、保护公益，实现双赢多赢共赢，而不是给他们制造麻烦；三是多方协商整治方案，经常会邀请党委、人大、政府和相关职能部门参加，各方协作配合，齐心协力推动问题解决，以低成本换取更高效率、更好的效果。

2019年2月8日，我们牵头召开诉前圆桌会议。为了使国土资源局更好地履行职责，我们还邀请了人大代表、政协委员、相关行政机关代表等，会上通过了解某置业有限公司的筹款情况、分析当前解除合同可能存在的一些信访风险(工人工资拖欠问题、部分拆迁安置问题)等，要求国土资源局必须让该公司制定缴交计划表并严格跟踪落实，检察机关也会给予一定期限整改并全程跟踪。

(4)“多元”的另外一个做法是要积极争取地方党委、政府的理解和支持。该案作为福建案值最大的国有土地出让金公益诉讼案件，社会影响大、关注度高。土地管理部门履职不到位受制因素多，提起行政公益诉讼达不到应有的法律效果和社会效果。首先，我们也本着“寓支持于监督之中”的工作理念，积极与地方党委、政府加强沟通，专门就该案办理情况向县委书记、县长等主要领导汇报，主动说明公益诉讼重要意义，并且对公益诉讼相关规定作出具体解释；其次，在案件办理中，确保尽量避免办案给当地党委政府和经济发展带来负面影响；最后，与县委、县政府在通过检察机关的公益诉讼工作推进解决国有土地出让领域问题落到实处、共同促进依法行政等方面达成了共识,党委和政府主要领导表态积极支持检察机关提起公益诉讼。

2. 在实践的基础上,探索个性化线索获取渠道

从另一个角度来讲,这个案件也是惠安县人民检察院、惠安县审计局共享审计成果,通过审计监督加持公益诉讼,共同维护国有资产的成功范例。针对国有土地使用权出让领域、国有资产领域线索匮乏严重制约检察公益诉讼工作发展的这一实际情况,在实践的基础上,我们与惠安县审计局会签了《关于建立民事行政和生态资源检察与审计监督衔接配合工作机制的意见》,该意见被福建省人民检察院、泉州市人民检察院转发推广。该意见旨在通过将土地资源资产、海洋资源等领域的保护情况及资金使用情况等内容作为今后两家共同监督的重点。通过联席会议、定期通报等工作机制推动机制落实,共同维护国家利益和社会公共利益。

目前该项衔接机制运转也比较顺畅,我们也从审计局移送的对自然资源局、乡镇主要领导干部的自然资源资产离任审计报告中发现了一些诸如非法占用海域、矿山生态修复专项资金被挪作他用等公益诉讼线索。

在这里,介绍下我院自主研发的两个公益诉讼线索平台。

(1)“智惠蓝”公益诉讼检察联动平台。该平台最初的开发主要是服务“护卫泉州惠安县生态检察联盟”,运用“网络爬虫技术”,设定规则和算法,在行政执法部门、主流媒体等官方网站页面自动抓取与海洋生态保护相关的经验做法、辖区内设计破坏生态环境的各类讯息,智能采集的数据经过筛选、甄别和分析,相关讯息和破坏海洋生态违法犯罪线索被分配至联盟成员单位,并在第一时间提醒所涉及的联盟成员单位接收处理案件线索,实现包括海洋在内的生态环境公益诉讼方面信息在互联网大数据上进行抓取、分流、共享等多项功能,减少人工分析所耗费的时间和精力。另外,联盟成员单位可以根据本年度的一些重点工作设置线索关键词,比如惠安 2021 年开展“国有文物检察公益诉讼专项监督活动”,我们就选取了一些本地的网站,设置了诸如“某某文物点、毁损、被破坏”之类的关键词。在平台的助力下,我们也办理了一批典型案例。

比如,我们通过这个平台从网络上抓取到了一条反映辖区内县级文物保护单位青龙桥疏于管理保护、桥身歪斜、桥面坍塌的线索。该古桥距今 700 多年,保护刻不容缓,我们通过邀请文物专家参与实地勘察、修复论证,向惠安县文体局和辋川镇人民政府发出了“尊重历史问题、抢救修复为主、避免二次破坏”的检察建议,有关单位也为此申请了 30 多万元的修缮资金、编制修缮方案、组织专家论证,

古桥修复工作得以启动。为确保检察建议落实不打折扣，我们持续跟进，通过引入第三方进行效果评估，邀请县人大参与监督，有效提升青龙桥修复的进度。该案的成功办理为我们探索国有文物公益诉讼提供了经验蓝本，也是我们充分运用大数据平台获取有效公益诉讼线索的典型。

(2)“公益眼”小程序。针对一些线索发生紧急、时效性强，发现的群众不愿意通过公开方式进行举报的情况，我们研发了“公益眼”小程序。这个小程序主要依托腾讯微信平台，不用点击关注，更无须注册账号，群众便能以“有图有真相”的方式完成对身边公益诉讼线索的举报，支持在线上传图片、音频、视频以及定位等多项功能。

二、常见问题探讨

上述案例中所涉及的几个问题在我们实践中比较常见，以下展开探讨。

(一)是否属于公益诉讼案件范围

在案件办理中，对案件是否属于公益诉讼案件范围，有两种观点：一种观点认为，本案土地管理部门与受让方签订了《国有土地使用权出让合同》，国土管理部门提起《国有土地使用权出让合同》之诉，属于民事诉讼调整范围，检察机关应当是支持起诉而不是发诉前检察建议。另一种观点认为，本案属行政纠纷，土地管理部门怠于履行职责，检察机关可以提出诉前检察建议。

我们认为可以发诉前检察建议，理由如下：

《国有土地使用权出让合同》的行政合同法律属性。因《国有土地使用权出让合同》产生的纠纷，在性质上属于行政纠纷。最高人民法院《关于适用〈中华人民共和国行政诉讼法〉若干问题的解释》第 11 条第 1 款专门为行政合同下了定义。根据该规定，行政合同是指行政机关为实现公共利益或者行政管理目标，在法定职责范围内，与公民、法人或者其他组织协商签订的具有行政法上权利义务内容的协议。国有土地管理部门基于管理国有土地的法定职责，与公民、法人或者其他组织签订的《国有土地使用权出让合同》，当属行政合同。虽然最高人民法院《关于适用〈中华人民共和国行政诉讼法〉若干问题的解释》已因最高人民法院《关于适用〈中华人民共和国行政诉讼法〉的解释》施行而废止，但其有关行政合同的定义仍然得到了理论界、实务界的认可。其后的法律及司法解释未再对行政合同进行定义。

根据《行政诉讼法》第 12 条及最高人民法院《关于审理涉及国有土地使用权

合同纠纷案件适用法律问题的解释》第 2 条至第 6 条的规定，除了受让人因认为行政机关不依法履行、未按照约定履行变更、解除合同提起的诉讼按行政诉讼法进行审理外，其他因《国有土地使用权出让合同》产生的纠纷按民事诉讼法进行审理。就是受让人提起涉《国有土地使用权出让合同》之诉，有可能进入行政诉讼程序，若为国土管理部门提起则只能进入民事诉讼程序。之所以规定国土管理部门只能通过提起民事诉讼解决其与受让人之间的行政纠纷，是最高人民法院受行政机关不能成为自己行政行为的行政诉讼原告、行政相对人不能成为行政诉讼被告的法律规制，为了畅通行政纠纷处理渠道，不得已而作出的制度安排。国土管理部门怠于行使《国有土地使用权出让合同》权力，在性质上属于怠于履行国有土地管理职责。不能因《国有土地使用权出让合同》产生的绝大部分纠纷需要通过民事诉讼程序解决，而否定检察机关向国土管理部门提出行政公益诉讼诉前检察建议的合法性。

（二）适度监督问题

土地管理部门收到我院检察建议后，先后就以下三个问题征求我院的意见，这涉及检察机关应如何适度监督的问题。

1. 土地管理部门能否在只收到土地出让金，还未收到违约金的情况下，为受让方办理国有土地使用权证？

2. 土地管理部门能否与受让人协议减收违约金？

3. 本案中，共有 3 份《国有土地使用权出让合同》。土地管理部门收到受让人通过银行转入的款项后，能否应受让人的要求出具票据，确认受让人转入的款项是在缴纳其中一份合同的土地出让金、违约金？

我们认为，其一，根据财政部、原国土资源部、中国人民银行《国有土地使用权出让收支管理办法》第 2 条“国有土地使用权出让收入……包括……出让国有土地使用权所取得的总成交价款……以及其他和国有土地使用权出让或变更有关的收入等”、第 9 条“……对未按照缴款通知书规定及时足额缴纳土地出让收入，并提供有效缴款凭证的，国土资源管理部门不予核发国有土地使用证……”之规定，不能在受让人只交土地出让金、未交违约金的情况下，为受让人核发国有土地使用权证。其二，根据财政部、原国土资源部、中国人民银行《国有土地使用权出让收支管理办法》第 10 条“任何地区、部门和单位都不得以‘招商引资’、‘旧城改造’、‘国有企业改制’等各种名义减免土地出让收入……”的规定，不得与受让人协议减收违约金。其三，对于是否按受让人的要求出具票据，确认受让人转入的款项是在缴纳其中一份合同的土地出让金、违约金，我们认为属土地管理部门的裁量事项，我院也尊重土地管理部门的裁量结果。我院提出的上述监督意见，均得到了土地管理部门的采纳。

（三）国有土地使用权出让环节可能存在的违法履职或怠于履职情形

除了上述国有土地出让金方面的问题，在国有土地使用权出让环节可能存在的违法履职或怠于履职的情形，我们也进行了梳理归纳。主要有以下三个方面：

1. 违法违规出让或划拨土地。主要是：为权属来源不合法的土地办理供地或登记手续；违反招拍挂规定违规协议出让土地；在地上建（构）筑物未拆除的情况下“毛地”出让土地；违规设置土地出让竞买条件定向招拍挂；低于国家规定的最低价标准出让土地；违反工业项目建设用地控制指标出让土地；擅自改变单独选址项目用途供地等。

2. 违反国家宏观调控政策供地。违反《禁止用地目录》或《限制用地目录》向占用耕地的主题公园、汽车城、家具城、公墓等项目供地；违反国家投资管理规定和产业政策向钢铁等产能过剩行业项目用地供地。土地出让收支管理不规范主要存在以下问题：违规批准减免、返还、缓交土地出让收入；土地出让金逾期未征收到位；未按土地出让合同约定收取违约金或滞纳金；违反土地出让“收支两条线”管理规定，由园区管委会、乡政府等收取土地出让收入；为未按合同约定期限及时足额缴纳出让金的用地单位和个人违规办理国有土地使用权证或分割发证等。

3. 供后监管不到位。例如，闲置土地原因认定不准确，违规为闲置土地多次办理延长动工开发期限；未履行调查、认定等程序直接与用地单位或个人签订土地出让合同补充协议；未按规定收缴闲置费或无偿收回；未通过门户网站等方式公开闲置土地处置信息；未如实向上级部门报送闲置土地信息等。

三、拓展工作方向

我院以国有土地使用权出让领域作为公益诉讼工作的重点，梳理了几个拓展的工作方向。

（一）非法低价出让国有土地使用权（国有土地出让金减免或变相减免）问题

出于招商引资的需要，有的地方政府承诺企业先通过招拍挂方式并按正常程序取得土地使用权后，政府通过配套费返还或者以其他财政补贴的方式，将部分土地出让金返还给用地企业。该等土地出让金返还政策备受投资商、开发商的追捧,当地政府亦会与用地企业签订各种协议明确该等返还安排。

近年来,为防止土地贱价出让、减免或变向减免土地出让金,中央出台了一系列行政法规、部门规章等法律性文件:国务院《关于加强土地调控有关问题的通知》(国发〔2006〕31 号)第 5 条规定,建立工业用地出让最低价标准统一公布制度,即国家根据土地等级、区域土地利用政策等,统一制定并公布各地工业用地出让最低价标准。工业用地出让最低价标准不得低于土地取得成本、土地前期开发成本和按规定收取的相关费用之和。工业用地必须采用招标拍卖挂牌方式出让,其出让价格不得低于公布的最低价标准。低于最低价标准出让土地,或以各种形式给予补贴或返还的,属非法低价出让国有土地使用权的行为,要依法追究有关人员的法律责任。

根据财政部、原国土资源部、中国人民银行《关于印发〈国有土地使用权出让收支管理办法〉的通知》(财综〔2006〕68 号)第 10 条规定,任何地区、部门和单位都不得以“招商引资”“旧城改造”“国有企业改制”等各种名义减免土地出让收入,实行“零地价”,甚至“负地价”,或者以土地换项目、先征后返、补贴等形式变相减免土地出让收入。

原国土资源部《关于发布实施〈全国工业用地出让最低价标准〉的通知》(国土资发〔2006〕307 号)第 7 条再次重申:“各地国土资源管理部门要加强对工业用地出让的监督管理。低于最低价标准出让工业用地,或以各种形式给予补贴或返还的,属非法低价出让国有土地使用权的行为,要依法追究有关人员的法律责任”。

2014 年 5 月,原国土资源部颁布了《节约集约利用土地规定》(国土资源部令第 61 号,于 2014 年 9 月 1 日起实施),这是我国首部专门就土地节约集约利用进行规范和引导的部门规章。该规定第 22 条明确规定限制地方政府滥用土地优惠政策招商引资,即“经营性用地应当以招标拍卖挂牌的方式确定土地使用者和土地价格。各类有偿使用的土地供应不得低于国家规定的用地最低价标准。禁止以土地换项目、先征后返、补贴、奖励等形式变相减免土地出让价款”。

实践中,在土地出让金返还的具体操作方式上,主要有两种:一是用地企业先通过招拍挂方式以正常的价格取得土地使用权,地方政府或者园区管委会再通过地方税收返还、配套费返还或其他财政补贴的方式,将土地价差返还给企业。二是土地招拍挂价格与承诺地价之间的差价由地方财政直接支付给土地部门,用地企业与地方政府或者土地部门、园区管委会等签订协议书,明确补贴或者返还方式、金额等。用地企业往往会基于对政府的信赖，认为与政府签订的协议均是合法有效的，基于该等协议就可以“名正言顺”地向政府要钱，地方政府履行了该等协议将部分土地出让金返还后，用地企业亦往往自认为“落袋为安”而高枕无忧了。

但是，这类补贴或者返还的协议约定，实质上违反了行政法规的强制性规定，而且减免土地出让金的行为亦将造成国有收益流失，属于损害社会公共利益的行为，根据《民法典》第153条的规定，用地企业与地方政府签订的该等协议当属无效。就法律后果而言，如果用地企业已经收到了土地出让金返还，即协议已履行，我们可以将此作为公益诉讼线索进行介入调查。

调查方向思考：(1)可以通过涉案公司，调取土地出让合同、土地出让金的发票，调查其与当地政府是否存在土地出让金返还的协议以及政府财政补贴安排。(2)调取公司银行账户流水，分析其与政府之间的转账明细，看是否存在以土地换项目、先征后返、补贴、奖励等形式变相减免土地出让价款的行为，以及土地出让金的实际返还情况。

(二)供后监管问题

供后监管问题主要是指土地闲置监管问题。《闲置土地处置办法》(国土资源部令第53号，自2012年7月1日起施行)规定，闲置土地处置应当符合土地利用总体规划和城乡规划，遵循依法依规、促进利用、保障权益、信息公开的原则。闲置土地处置的最终目标是促进闲置土地的消化和合理利用。

闲置土地，一般是指超过出让合同约定或划拨决定书规定的动工开发日期满1年未动工开发的国有建设用地。因特殊情况，未约定、规定动工开发日期，或约定、规定不明确的，以实际交付土地之日起1年为动工开发日期，其中实际交付土地日期以交地确认书确定的时间为准。

以河南省沁阳市人民法院判决飞天置业公司诉温县国土资源局征缴土地闲置费决定一案为例。

1. 案件基本情况

2012年12月6日，原告焦作市飞天置业有限公司(以下简称飞天置业公司)与被告温县国土资源局签订国有建设用地使用权出让合同一份。合同约定，由被告将编号为2012-08号宗地的国有建设用地使用权出让给原告，宗地交付时间为2013年6月26日前。原告对该宗地的建设项目应于2013年12月1日之前开工。合同签订后，原告按期足额付清了宗地全部价款，并于2013年1月29日取得了国有土地使用权证。同年5月21日,原告向被告发函称近期准备对案涉宗地进行开发建设,拟在6月10日前接受该宗地,请求被告协调将该宗地上的青苗、农作物、建(构)筑物、坟山及一切临时建筑物清除干净,确保具备可以顺利开发建设的条件。被告收到该函件后未与原告协调处理此事。2014年12月3日,因涉及其他刑事案件,该宗地被司法机关查封。2016年7月5日,被告认定,原告取得土地使用权后未按照约定的期限及开发条件进行开发建设,至今未动工已满两年,认定上述土地为闲置土地。原告遂提出了造成土地闲置的原因主要是地上附着物至今未予清理、村民阻挠进地,土地未能按合同约定交付和被司法查封等政府原因造成,要求撤销闲置土地认定书。后被告于2017年1月17日作出征缴土地闲置费决定书,认定由于原告自身原因导致涉案宗地未动工开发建设已满1年,对原告闲置土地征缴土地闲置费1700万元。原告不服,提起行政诉讼。

河南省沁阳市人民法院经审理认为,被告在未对本案土地闲置原因是否属于《闲置土地处置办法》第8条规定的有关情形进行调查核实的情况下,即作出征缴土地闲置费决定,违反了《闲置土地处置办法》的有关规定,属认定事实不清,证据不足,依法判决撤销被告温县国土资源局作出的征缴土地闲置费决定书,责令被告在法定期限内对原告飞天置业公司2012-08号宗地土地闲置原因重新调查、认定。

一审宣判后,被告向河南省焦作市中级人民法院提出上诉。焦作市中级人民法院经审理后判决驳回上诉,维持原判。

2. 本案启发

第一,关于土地的交付。土地权属登记解决的是土地物权的归属和利用的问题,并不能说明已经登记的土地就不会存在外在的影响其开发和利用的情况。因此,原、被告双方签订的出让合同虽然约定了土地交付时间,但并未对交付土地时应达到的土地条件明确约定,不能当然认定取得土地使用权证后即视为土地交付。

第二,从国家征收土地闲置费的目的来看。国家征收土地闲置费是为了规范土地市场行为,防止相关权利人因自身的原因导致所取得的土地长期未开发,从而达到促进节约集约用地的目的。但是对于确实因客观原因导致无法开发土地的情况,国土资源主管部门应当进行调查核实,区分不同的情况予以相应的处理。

具体来讲,《闲置土地处置办法》第8条规定,有下列情形之一,属于政府、政府有关部门的行为造成动工开发延迟的,国有建设用地使用权人应当向市、县国土资源主管部门提供土地闲置原因说明材料,经审核属实的,依照本办法第12条和第13条规定处置:(1)因未按照国有建设用地使用权有偿使用合同或者划拨决定书约定、规定的期限、条件将土地交付给国有建设用地使用权人，致使项目不具备动工开发条件的；(2)因土地利用总体规划、城乡规划依法修改，造成国有建设用地使用权人不能按照国有建设用地使用权有偿使用合同或者划拨决定书约定、规定的用途、规划和建设条件开发的；(3)因国家出台相关政策，需要对约定、规定的规划和建设条件进行修改的；(4)因处置土地上相关群众信访事项等无法动工开发的；(5)因军事管制、文物保护等无法动工开发的；(6)政府、政府有关部门的其他行为。因自然灾害等不可抗力导致土地闲置的，依照前款规定办理。

通过以上案例可以清楚地看出，土地闲置的原因往往是处理此类案件的一个争议焦点。因此，我们在做此类公益诉讼线索时，同样也需要对土地闲置原因进行甄别分析，对职能单位应当履行何种职责进行准确判定，提高我们检察建议的精准性。

一是因企业原因造成土地闲置。

情形一：未动工开发时间超过 1 年(含 1 年)且不满 2 年的，征缴土地闲置费。市、县自然资源部门报经本级人民政府批准后，作出《征缴土地闲置费决定书》。国有建设用地使用权人在收到《征缴土地闲置费决定书》的 30 日内，缴纳土地闲置费。

土地闲置费 = 土地出让或划拨价款 ×20%(涉及有无足额缴交的问题)。

情形二：未动工开发时间超过 2 年(含 2 年)的，无偿收回土地使用权。市、县自然资源部门报经有批准权的人民政府批准后，作出《收回国有建设用地使用权决定书》，无偿收回国有建设用地使用权。国有建设用地使用权人在收到《收回国有建设用地使用权决定书》的 30 日内，办理国有建设用地使用权注销登记，交回土地权利证书。

二是因政府原因或不可抗力造成土地闲置。

情形一：政府修改规划或规划建设条件、军事管制、文物保护、不可抗力造成土地闲置的，由市、县自然资源部门与国有建设用地使用权人就收回范围、补偿标准、收回方式等进行协商，协商一致后拟订协议有偿收回的闲置土地处置方案，报本级人民政府批准后实施。

有偿收回的补偿金额(主要是使用权人利益)不低于国有建设用地使用权人取得土地的成本，综合考虑其合理的直接损失，参考市场价格，由双方共同协商确定。

情形二：政府未依约履行拆迁安置、前期开发、及时交地等义务造成土地闲置的，政府应积极主动解决问题，与国有建设用地使用权人签订补充协议，重新约定“净地”交付期限，为项目动工创造必要条件；在约定的期限内仍未能达到“净地”标准的，要明确造成闲置的政府及有关部门责任并依法处理后，方可采取协议有偿收回的方式处置。

调查方向:土地闲置后,国土资源部门是否进行了调查核实?调查核实后,是否做出相应的处理?是政府原因导致土地闲置还是企业自身原因无法开工导致土地闲置?以上内容可以作为线索介入。具体费用缴交情况还是要通过调取银行流水来获取。

可借鉴江苏常州市新北区的经验,该区在2016年行政检察工作中通过对闲置土地的监督,摸索出了“三听三看”工作法。其中,“三听”,即听取地方政府、用地企业和国土部门的意见,防止偏听偏信;“三看”,即看规划图纸、看土地现场、看出让合同,力求有理有据。在“三听三看”的基础上,新北区检察院针对土地闲置的不同成因,分别制定了三套解决方案。

对具备开工条件的,配合国土部门上门沟通,释法说理、监督开工。某化工企业为囤地升值而迟迟不开发,每逢国土部门上门便“打游击”“软调皮”,实行不配合、不见面、不签字的“三不策略”。检察机关介入监督后,类似情况没有再发生,土地顺利开工。

对于确有特殊原因需要延迟开发的2宗地块,检察机关、国土部门、企业、政府开展“四方会谈”,达成协议,列出计划开发时间表。如一家汽服企业在拍地后,因市场变化投资项目不被看好,经协商,企业承诺在1年之内重新立项开工。

对于因城市规划调整、改变土地用途的4宗土地,新北区检察院积极撰写报告,通过向上级党委政府逐级反映,保障用地企业合法权益。

四、结语

需要指出的是,2021年6月4日,财政部宣布将国有土地使用权出让收入等四项政府非税收入划转税务部门征收。财政部、原自然资源部、税务总局、人民银行《关于将国有土地使用权出让收入、矿产资源专项收入、海域使用金、无居民海岛使用金四项政府非税收入划转税务部门征收有关问题的通知》指出,将由原自然资源部门负责征收的国有土地使用权出让收入、矿产资源专项收入、海域使用金、无居民海岛使用金四项政府非税收入,全部划转给税务部门征收。2022年1月1日起全面实施征管划转工作。国有土地使用权出让收入征收主体的历史性变化,必然带来自然资源部门与税务部门之间种种信息实时共享问题。因此,我们要以最高人民检察院印发的《关于加强国有财产保护、国有土地使用权出让领域公益诉讼检察工作的通知》为依据,确实担起公共利益代表的责任,运用检察智慧推动国有土地使用权出让领域的依法行政。

刑事附带民事公益诉讼重点问题

王　辉* 江苏省徐州市人民检察院

目　次

* 王辉，江苏省徐州市人民检察院第七检察部主任、四级高级检察官。

刑事附带民事公益诉讼,是指检察机关在提起刑事诉讼的同时,就该刑事诉讼所涉及的公益诉讼请求一起提出,法院对此一并加以裁判的复合诉讼制度。① 从实践来看,刑事附带民事公益诉讼已成为检察机关保护公益的常态性诉讼方式,也是实现公益保护与刑事犯罪打击相结合的重要诉讼形式。以 X 市检察机关为例,2021 年共提起民事公益诉讼 54 件,其中刑事附带民事公益诉讼 51 件,占 94.4%。但是,由于刑事附带民事公益诉讼衍生于刑事附带民事诉讼,是刑事诉讼和民事公益诉讼两种诉讼形式复合而成的诉讼形式,是将民事公益诉讼融于刑事诉讼程序一并审理,而这必将面临刑事诉讼法和民事诉讼法及相应司法解释的多重要求。因此,检察机关在办理该种类型的公益诉讼案件时,应厘清民事公益诉讼案件部分和刑事案件部分的证明标准、事实认定、责任承担和法律适用等问题,以全面及时有效保护公益。

一、诉讼形式如何选择

刑事附带民事公益诉讼,本质上是刑民复合的诉讼形式,其呈现刑事诉讼程序与民事诉讼程序并行,刑事责任与民事责任交叉的复杂形态。在行为人实施犯罪行为损害公益时,其行为可能需要承担刑事责任、行政责任和民事责任三种责任,并可能存在行政机关不依法全面履职的问题。在这种情况下,检察机关应综合考虑如何实现实体法责任目的最大化,在刑事附带民事公益诉讼、民事公益诉讼、行政公益诉讼三种诉讼形式中作出合适选择。个人认为,如果检察机关能够通过督促行政机关依法全面履职而达到公益保护目的的,应优先选择行政公益诉讼形式;如果不能通过行政处罚或者其他行政强制措施保护公益的,则应当启动民事公益诉讼程序或刑事附带民事公益诉讼程序。

(一)提起民事公益诉讼

一般来说,如果侵害公益的行为是一种行政违法行为并且构成刑事犯罪,但该行为的发生不存在行政机关不依法全面履职的问题,检察机关无法通过督促行政机关依法全面履职而达到公益保护目的的,可提起刑事附带民事公益诉讼,以实现惩罚犯罪和保护公益的双重目的。

【案例】2016 年 4 月至 2018 年 3 月,李某闻等 6 人在明知骆马湖为禁渔区且

---

① 参见汤维建:《刑事附带民事公益诉讼研究》,载《上海政法学院学报(法治论丛)》2022 年第 1 期。

处于禁渔期内的情况下，采用电鱼的方式非法捕捞渔获物 90～2800 公斤不等，涉嫌非法捕捞水产品罪。检察机关委托骆马湖渔业管理委员会对非法捕捞造成的渔业资源损失进行了评估。评估认为，电鱼的危害性较大，破坏力类同于渔业水域污染事故，天然渔业资源经济损失额的计算由渔政监督管理机构根据当地资源情况而定，但不应低于直接经济损失额的 3 倍。经过价格认定部门审查，渔获物价值 9385 元。

在禁渔期采用非法手段捕鱼，是一种行政违法行为，渔政部门应当加强监管。但是，如果非法捕渔行为构成了刑事犯罪，而渔政部门对该犯罪行为不存在不依法履行职责的情况，检察机关只能提出刑事附带民事公益诉讼来维护公益。该案中，检察机关在提起公诉的同时，提起附带民事公益诉讼，要求 6 名被告赔偿渔业资源修复费用 28,155 元，被告在庭前自愿缴纳了全部赔偿费用。案件在骆马湖边现场开庭审理，法院当庭作出判决，由渔业主管部门用被告缴纳的赔偿费用代为购买了 160 万尾鱼苗，现场放流骆马湖，以修复受损的渔业资源。

（二）提起行政公益诉讼

如果公益被行为人的犯罪行为侵害后，需要行政机关依法全面履职进行公益保护，而行政机关却不依法全面履职造成公益再次受损的，检察机关在提起刑事附带民事公益诉讼后，还可以提起行政公益诉讼。

【案例】浙江省舟山市新和公司、嘉达公司等 5 家公司从事油轮清洗业务，并在清洗中产生属于危险废物的油泥。2017 年 9 月以来，以上 5 家公司将清洗出来的 1100 余吨油泥，分别交给冯某康等 21 名被告，分 12 批次运到江苏省、山东省、江西省等多地进行非法处置。其中，运到徐州市的有 98 吨。在以上危废处置过程中，冯某康等人将该批油泥运输至徐州市睢宁县岚山镇陈集村羊山砖瓦厂内，然后将 34 吨油泥倾倒入事先挖好的渗坑中，另外 64 吨油泥尚未倾倒即被公安机关当场查获。案发后，睢宁县岚山镇政府组织人员清理了倾倒的油泥污染物，支出应急处置费用 545,166 元。对于尚未倾倒的 64 吨油泥，经咨询专业危险废物处置机构，每吨处置费用为 6890 元。案发后，行为人全部被采取强制措施。检察机关在提起刑事公诉时，依法提起附带民事公益诉讼，要求被告赔偿生态环境损失和政府支出的应急处置费用。被告全部被羁押后，该县环保局未及时对遗留的油泥进行处置，对其进行不当保管，造成了环境的二次污染。睢宁县检察院向该县环保局发出检察建议，要求其及时妥善处置油泥、消除环境风险，但该县环保局没有及时充分履职。检察机关提出行政公益诉讼，诉请法院判决确认环保局行政行为违法,并判令其继续履行相关职责。经审理,法院支持了检察机关的诉讼请求。该案中,环保局对污染环境的犯罪行为造成的后果,要承担处置涉案危险废物、修复生态环境的法定责任。但该县环保局未依法全面履职,检察机关应依法启动行政公益诉讼程序。2021 年 8 月 19 日,该案入选最高人民检察院发布的第 29 批指导性案例(检例第 112 号)。

在办理涉刑事犯罪公益诉讼案件时,检察机关首先要考虑选择何种公益诉讼形式。民事公益诉讼和刑事附带民事公益诉讼在很多方面存在很大差异,检察机关该如何选择?还应当考量哪些因素?笔者将在下文中通过具体问题的讨论来判断该选择何种类型的公益诉讼。

二、案件事实如何认定

检察机关在发现公益诉讼案件线索后,在确定了诉讼形式基础上,应重点做好侵权行为造成公益损害案件事实的认定工作。民事案件和刑事案件在事实认定、证明标准上存在差异,当法官采取刑事诉讼的证明标准来解决附带民事公益诉讼部分时,可能会出现证据越充分,行为人责任越小的悖论。① 下面通过一个案例予以说明。

【案例】苏州其安公司的老板江某鸣,把生产过程中产生的 83 桶约 110 余吨废硫酸,交给没有废硫酸处置资质的黄某峰、何某义、王某义处置,黄某峰等人到物流市场的马路边现场随机找陌生大货车车主来运输。其中,车主魏某东及其雇佣的司机许某晨将 15 桶运到了徐州并倒掉了 3 桶,后被公安机关查获。留在倾倒现场的 12 桶废酸,经检测、鉴定为危险废物,并在环保部门的监管下运回苏州进行合法处置。检察机关依法提起公诉后,法院审理判决被告公司罚金 30 万元、江某鸣有期徒刑 1 年 6 个月缓刑 2 年、黄某峰有期徒刑 1 年 9 个月、何某义有期徒刑 2 年、王某义有期徒刑 2 年、魏某东有期徒刑 1 年缓刑 1 年 6 个月、许某晨拘役 6 个月缓刑 1 年,并分别判处了 1 万 ~30 万元不等的罚金。

从以上刑事判决来看,法院是根据"两高"《关于办理环境污染刑事案件适用法律若干问题的解释》相关规定进行的判决。该解释规定,非法处置危险废物 3 吨以上的,判处 3 年以下有期徒刑;非法处置危险废物 100 吨以上的,判处 3 ~ 7 年有期徒刑。所以,刑事判决只认定了被告在徐州倒掉的 3 桶废酸,大约 4.2 吨,

① 参见户恩波:《附带民事公益诉讼不能适用刑事诉讼证明标准》,载《检察日报》2018 年 5 月 2 日,第 3 版。

对被告人判处了3年以下的刑罚。另外被随机处置的68桶废酸,被运到了哪里,进行了怎样的处置,是不是也属于危险废物,有没有对生态环境造成破坏,在刑事案件的审理和判决中并没有予以认定。但是,这部分事实却是提起公益诉讼并诉请被告承担多大侵权责任的关键事实。

刑事部分只认定被告非法处置3桶废酸,是由刑事案件的证明标准决定的。刑事案件在认定事实方面,要求排除合理怀疑。另外的68桶废酸因为没有查明被处置情况,所以法院没有认定其被非法处置。如果检察机关就该案件提起附带民事公益诉讼,那在案件事实认定上,是否要和刑事部分保持一致?是否也只能认定行为人倾倒了3桶废酸?对此,有正反两种不同观点。

观点一:不能认定行为人倾倒了另外的68桶废酸。该观点认为,检察机关提起公益诉讼诉请被告承担生态环境损害赔偿责任,前提是要证明有生态环境损害的事实发生。如果无法查清另外的68桶废酸被运到了哪里、被如何处置,无法对其是否属于危废进行检测鉴定,无法认定其危险程度,无法证明其对生态环境造成了损害,也就无法诉请被告承担损害赔偿责任。刑事案件要追究被告人的刑事责任,就要遵循刑事诉讼"排除合理怀疑"的实质性证明标准。因此,该观点是从刑事案件排除合理怀疑、无罪推定的角度提出的,这也是刑事案件办案人员长期办理刑事案件的一个固定思维。

观点二:应当认定行为人倾倒了另外的68桶废酸。该观点认为,民事诉讼讲究的是优势证据原则和高度概然性标准,只要能形成内心确信,就可以认定一方应当承担的责任。那么,在该案件中,检察机关可以推定68桶下落不明的废酸也对生态环境造成了破坏。

承办本案的检察机关赞同第二种观点,并重点开展两方面事实的调查核实工作:第一,证明另外的68桶废酸和另外15桶废酸性质是一样的,都是危险废物。第二,证明另外的68桶废酸也被非法倾倒掉了。检察机关一方面结合刑事部分现有的被告供述等证据材料,证明被告从苏州总共运出了83桶废酸,并在开庭审理时以询问的方式,让被告陈述83桶废酸都是同一时期、采用同一种工艺、生产同一种产品时产生,由此来推定83桶废酸的性质是一样的。另一方面,检察机关让被告当庭陈述83桶废酸的处置过程,证明整个处置过程都是非法的,相关处置人员也没有任何危废处置资质,并对可能造成的损害后果主观上都是明知的、放任的,由此来推定这些废酸不可能得到合法处置并会发生损害生态环境的后果。

另外,《侵权责任法》第66条(现《民法典》第1230条)规定:"因污染环境发生纠纷,污染者应当就法律规定的不承担责任或者减轻责任的情形及其行为与损害之间不存在因果关系承担举证责任。”①最高人民法院《关于审理环境民事公益诉讼案件适用法律若干问题的解释》第13条规定:“原告请求被告提供其排放的主要污染物名称、排放方式、排放浓度和总量、超标排放情况以及防治污染设施的建设和运行情况等环境信息,法律、法规、规章规定被告应当持有或者有证据证明被告持有而拒不提供,如果原告主张相关事实不利于被告的,人民法院可以推定该主张成立。”根据以上举证责任倒置的规定,被告应承担不能证明68桶废酸被合法处置、没有破坏生态环境的后果。

通过以上调查核实和论证,检察机关就该案提起民事公益诉讼,并提出要求被告对已查明下落的3桶废酸及未能查明下落的68桶废酸都承担损害赔偿责任的诉讼请求,诉请被告赔偿生态环境损失483万元。法院经审理判决支持检察机关的全部诉讼请求。该案已入选最高人民法院公布的第24批指导性案例,主要指导意义为对没有查明下落的污染物,可通过一系列证据来判断、推定其是否对生态环境造成了损害。

三、被告对象如何确定

刑事附带民事公益诉讼的被告对象确定问题,主要是指刑事附带民事公益诉讼民事部分的被告是否需要同刑事部分的被告单位、被告人(以下统称被告)保持一致的问题。被追究刑事责任的被告是否必须承担民事侵权责任?没有被追究刑事责任的被告是否仍需承担民事侵权责任?民事公益诉讼本质上是一个民事侵权诉讼,即侵权主体的违法行为侵害了公益。所以,在确定公益诉讼被告方面,检察机关应当按照《民法典》及其他相关法律的规定,正确认定责任主体。

(一)刑事被告是否必然是民事被告

先来讨论第一个问题,被追究刑事责任的被告是否必须承担民事侵权责任。在此,笔者认为,两种情况下的行为人的行为虽被追究刑事责任,但可以不承担民事侵权责任:第一种是单位的工作人员因执行工作任务造成他人损害的;第二种是个人之间形成劳务关系,提供劳务一方因劳务造成他人损害的。

现结合上文述及的苏州其安公司向徐州倾倒废酸案件进行分析。在该案刑

---

① 《民法典》第1230条规定,因污染环境、破坏生态发生纠纷,行为人应当就法律规定的不承担责任或者减轻责任的情形及其行为与损害之间不存在因果关系承担举证责任。

事部分，苏州其安公司和 6 人（江某鸣、黄某峰、何某义、王某义、魏某东、许某晨）被追究了刑事责任。但是检察机关在提起民事公益诉讼时，只起诉了案涉公司和 4 人，未将苏州其安公司的老板江某鸣、车主雇用司机许某晨 2 人列为被告。

检察机关为何未将江某鸣列为公益诉讼被告？江某鸣把危险废物交给没有危废处置资质的个人非法处置，应根据《关于办理环境污染刑事案件适用法律若干问题的解释》追究其刑事责任。但是，在民事责任的承担上，根据《侵权责任法》第 34 条（现《民法典》第 1191 条）的规定，用人单位的工作人员因执行工作任务造成他人损害的，由用人单位承担侵权责任。所以，江某鸣实施的非法处置危废的行为是一种执行工作任务的职务行为，该种行为造成的侵权后果应当由公司来承担侵权责任。所以江某鸣个人不用承担民事侵权责任。

检察机关为何未将许某晨列为公益诉讼被告？许某晨是受魏某东雇用的司机，其对车辆运输物品是否属于危险废物没有决定权和知情权。根据《侵权责任法》第 35 条（现《民法典》第 1192 条）的规定，个人之间形成劳务关系，提供劳务一方因劳务造成他人损害的，由接受劳务一方承担侵权责任。因此，许某晨提供劳务造成民事侵权后果的，应由其雇主魏某东承担民事侵权责任。

但是，也有观点质疑，对于以上两种人员实施的行为，为何按照最严格的刑事责任认定标准应被追究刑事责任，而按照归责标准较低的民事责任认定标准却无须承担民事责任呢？该观点认为，雇员按照雇主要求提供劳务，法院刑事判决确认该劳务行为构成犯罪，说明雇员具有主观过错，其提供的劳务也超出了民事法律行为的范围，不再是民法意义上的雇佣行为。因此，该种劳务行为不应当再适用《民法典》关于雇员不承担民事责任的规定。所以，从事雇佣活动构成刑事犯罪并侵害公益的，仍然要承担民事责任。实践中，法院的主流观点对此不予认同。在汕头市检察院诉郭某全案①中，检察机关将被雇佣者作为公益诉讼被告，要求其承担相应的公益损害赔偿责任，但法院认为被雇佣者不需要承担民事侵权责任，驳回了检察机关的该项诉讼请求。

（二）刑事被告之外的人能否成为民事被告

行为人实施的侵权行为，虽然该行为没有构成刑事犯罪，但和其他刑事犯罪

---

①　参见最高人民检察院第八检察厅编：《民事公益诉讼典型案例实务指引》，中国检察出版社 2019 年版。基本案情：郭某全等人雇用郑某从事集成电路板烧熔、酸洗作业，破坏生态环境。郭某全、郑某等人均被追究刑事责任。检察机关对郭某全、郑某等人提起民事公益诉讼，法院判决认为郑某系受雇佣人员，不应承担污染环境的民事赔偿责任［（2016）粤 51 民初 8 号］。

行为共同造成了公益损害后果的,应承担民事侵权责任。有观点认为,民事被告范围大于刑事被告范围,没有被追究刑事责任的民事被告无法在刑事诉讼程序中一并审理,因此不能对其提起附带民事公益诉讼。但是,也有观点提出反对意见,认为刑事附带民事公益诉讼是普通刑附民诉讼的一种特殊诉讼形式,根据最高人民法院《关于适用〈中华人民共和国刑事诉讼法〉的解释》第 180 条"附带民事诉讼中依法负有赔偿责任的人包括:刑事被告人以及未被追究刑事责任的其他共同侵害人、刑事被告人的监护人、死刑罪犯的遗产继承人、共同犯罪中案件审结前死亡的被告人的遗产继承人、对被害人的物质损失依法应当承担赔偿责任的其他单位和个人,附带民事诉讼的被告人的亲友自愿代为赔偿的,可以准许"的规定,行为人虽未被追究刑事责任,但仍然可以作为刑事附带民事公益诉讼被告。

如此,可能会带来公益诉讼被告范围进一步扩大化、复杂化的问题,这对作为"新生事物"的公益诉讼制度的健康成长来说,显然并不友好。这种问题出现的根源不在于公益诉讼制度本身,而在于上述司法解释是为普通刑事附带民事诉讼而设计的,因此,不能将其简单适用于公益诉讼制度中。对于这个问题,法院的主流观点认为,刑事附带民事公益诉讼的被告,应当和刑事被告的范围保持一致,如果民事公益诉讼被告的范围大于刑事被告,应当单独提起民事公益诉讼。

(三)不同被告先后到案如何处理

在多人实施犯罪行为的刑事案件中,犯罪嫌疑人可能会被先后分别抓获归案。但犯罪嫌疑人到案的时间不影响其刑事责任的承担,只要现有证据能够证明先到案被告的犯罪事实,法院可先行定罪量刑,不必等所有被告全部到案之后再予审理。在这种情况下,如果检察机关提起刑事附带民事公益诉讼,确定附带民事公益诉讼被告可以有以下四种方式:

第一种方式,对先到案的被告先提起附带民事公益诉讼。《民法典》第 178 条第 1 款规定,二人以上依法承担连带责任的,权利人有权请求部分或者全部连带责任人承担责任。一般情况下,多人共同实施侵权行为,行为人应对民事侵权后果承担连带责任。对于已经到案的刑事案件被告,检察机关可以要求其对全部侵权后果承担全部责任,或者根据查明的事实要求其承担相应部分的侵权责任。这种确定公益诉讼被告和侵权责任承担的方式,能够确保公益诉讼和刑事诉讼保持同步,并消除法检两院关于被告范围方面的分歧,提高诉讼效率。但是,先到案的被告可能欠缺赔偿能力,会在一定程度上使公益利益不能得到及时保护或修复。

第二种方式,对未到案的被告和已经到案的被告一并提起诉讼。现有证据可以依法认定未到案人员也应当承担民事侵权责任的，检察机关也可以对所有刑事诉讼被告一并提起附带民事公益诉讼，由法院采取公告的方式送达法律文书，法院审理后可以对未到案的被告予以缺席判决。这种确定公益诉讼被告和侵权责任承担的方式，可以一次性要求所有行为人承担侵权责任。但是，当附带民事公益诉讼的被告范围超出刑事被告范围时，法院、检察院可能产生被告确定方面的分歧。另外，之前未到案的被告到案之后，其可能会提出新的证据，影响其侵权责任的承担。

第三种方式，对先后到案的被告分别提起诉讼。检察机关可以根据已查明的事实，明确已到案被告的责任承担方式和大小并对其提起刑事附带民事公益诉讼，待其他人员到案后，再根据相应的事实和证据确定其应承担的侵权责任，并另行提起民事公益诉讼。如果各被告均承担按份侵权责任，则在两案中分别予以明确。如果各被告应承担连带责任，则可以在前案中诉请先到案的被告承担全部责任，在后案中诉请后到案的被告与前案先到案的被告承担连带责任，并做好两案以及各被告责任承担的衔接，以防部分侵权责任无人承担或者各被告之间重复承担责任的现象发生。这种确定公益诉讼被告和侵权责任承担的方式，可以避免责任重复承担或者遗漏，但是司法效率较低，也在一定程度上存在不能及时保护公益的问题。

第四种方式，待全部被告到案后再合并提起民事公益诉讼。这种方式适用于必须各被告全部到案后才能查明事实、明确责任或法院对前三种方式不认可的情况。这种确定公益诉讼被告和侵权责任承担的方式，有利于全面查清案件事实，准确认定各被告的民事侵权责任，但可能造成诉讼效率的低下，不能及时赔偿公益受到的损失。

四、侵权责任如何承担

多人实施侵权行为，有共同侵权和分别侵权两种形式。共同侵权行为又分为共同加害行为、教唆帮助行为和共同危险行为三种形态；分别侵权行为分为累积因果关系和共同因果关系两种形态。不同的侵权形态的侵权责任承担，法律分别规定了连带责任、按份责任、补充责任三种责任形式。公益诉讼实践中，责任承担方式一般适用连带责任或按份责任，案情复杂情况下会共同适用连带责任和按份责任，适用补充责任的则较为少见。

（一）按份责任

《侵权责任法》第 12 条（现《民法典》第 1172 条）规定，二人以上分别实施侵权行为造成同一损害,能够确定责任大小的,各自承担相应的责任;难以确定责任大小的,平均承担赔偿责任。具体到环境污染侵权责任,《侵权责任法》第67条(现《民法典》第1231条)规定,两个以上污染者污染环境,污染者承担责任的大小,根据污染物的种类、排放量等因素确定。多名侵权行为人承担按份责任的前提是,各侵权行为具有相同性或相似性,各侵权行为造成的后果可以根据污染物的种类和数量来确定,并能查清各侵权行为人非法处理的污染物的种类和数量。

【案例】2019年2月,徐州市人民检察院办理了一件大气污染民事公益诉讼案件。该案中,5名老板共同出资,非法建设焚烧废旧电路板的冶炼炉,以提炼废旧电路板里面的金属。他们负责联系废旧电路板货源,具体冶炼工作由他们雇用的8个工人来操作。截至案发,总共有来自全国7个省的26人将1400多吨废旧电路板运至该处的冶炼炉焚烧加工。

非法建设冶炼炉焚烧废旧电路板,释放的污染物会造成大气污染。该案存在两种责任承担方式:一种是连带责任。5名老板作为经营场所的负责人,要对全部经营活动造成的侵权后果承担侵权责任,即对所有焚烧的1400多吨电路板造成的大气污染承担连带责任。另一种是按份责任。26名运送废旧电路板焚烧加工的个人,应分别按照他们焚烧的数量承担按份责任,并与5名老板一起承担连带责任。另外,该案中还有8名受雇佣从事具体操作焚烧的工人,检察机关认为按照《侵权责任法》第35条(现《民法典》第1192条)的规定,他们不承担侵权责任。当然,对这一观点也有不同认识,请大家在办案中区分具体情况正确处理。

(二)连带责任

《侵权责任法》第8条(现《民法典》第1168条)规定,二人以上共同实施侵权行为,造成他人损害的,应当承担连带责任;第10条(现《民法典》第1170条)规定,二人以上实施侵权行为,能够确定具体侵权人的,由侵权人承担责任,不能确定具体侵权人的,行为人承担连带责任;第11条(现《民法典》第1171条)规定,二人以上分别实施侵权行为造成同一损害,每个人的侵权行为都足以造成全部损害的,行为人承担连带责任。《侵权责任法》第10条规定的情形实践中不常见,第11条规定的情形偶尔也会出现。例如,在一家造纸厂非法排污造成河流污染的案件中,徐州市检察机关根据环保部门认定的该造纸厂排污数量,采用虚拟治理成本法,确定了生态环境修复费用,并以该造纸厂为被告提起了民事公益诉讼。但是被告辩称,有一家发电厂也向受污染的河流排污,检察机关应将该发电厂也列为被告。检察机关认为,虽然被告的辩解具有一定的合理性,但根据《侵权责任法》第 11 条“二人以上分别实施侵权行为造成同一损害,每个人的侵权行为都足以造成全部损害的,行为人承担连带责任”的规定,被告应对其非法排污行为造成河流污染的损害后果承担连带责任,检察机关根据该造纸厂的排污量计算出生态环境修复数额并据此提起公益诉讼符合法律规定。这里要注意的是,虽然发电厂也可能存在侵权行为,但检察机关对造纸厂提起公益诉讼,是基于造纸厂自身的排污事实,并不是基于受污染河流的全部生态损害后果提起的诉讼,也没有加大造纸厂的侵权责任。检察机关并没有获取发电厂排污的证据,所以未能对发电厂提起民事公益诉讼。

实践中,会经常遇到多个被告共同实施同一个侵权行为造成了同一个损害后果的情况,检察机关一般会要求侵权人按照《侵权责任法》第 8 条的规定承担连带赔偿责任。例如,2015 年至 2017 年,陶某等 9 人在未取得采矿许可证的情况下,以土地整理的名义,非法开采其承包的集体土地上的一座山头,共开采石灰岩矿石 18 万余吨,价值 520 万余元。经鉴定,被破坏的生态环境修复费用为 655.41 万元,政府部门为编制生态环境修复方案支出 3 万元。该案中,虽然涉案人员多达 9 人,且分别负责组织管理、具体施工和对外经营活动,但他们的行为共同造成了一个侵权后果,彼此之间的责任难分大小,故应当承担连带责任。对此,检察机关依法提起刑事附带民事公益诉讼,要求 9 名被告连带赔偿生态环境修复费用 655.41 万元、方案编制费用 3 万元。

(三)按份责任与连带责任相结合

实践中,对于一些参与人数较多、案情比较复杂的案件,不能简单适用按份责任或“一刀切”式的连带责任,而可能会适用按份责任与连带责任相结合的责任承担方式。在该种案件中,检察机关需要准确查明当事人实施侵权行为的方式、程度,以确定侵权行为与侵权结果之间的关系以及侵权行为人该承担何种责任。

【案例】一个以孟某地为首、有 23 名骨干成员的黑社会性质组织通过长期霸占微山湖地区进行非法采矿来获取非法经济利益,并实施一些其他违法犯罪活动。2014 年至 2016 年,孟某地等人在微山湖南四湖水域前程子段、刘香庄段两个水域进行非法采矿,共开采河砂 52 万余吨,价值 1500 万余元。经鉴定,其非法开采行为造成的生态环境损失为 430 万余元。该案中,除首要分子孟某地外,其他人员各有不同分工,有的负责管理采砂船,有的负责在外围望风,有的负责暴力排挤其他采砂人员,还有的负责对外“经营”。以上被告一段时间在前程子段“工作”,另一段时间又被调到刘香庄段“工作”。

由于该案人员结构复杂、违法行为跨度时间长，准确认定涉案人员民事责任是提起附带民事公益诉讼的关键。为此，检察机关在刑事侦查认定的事实基础上，再次询问各被告、核实相关证据，进一步落实各被告参与非法采矿的过程和数量。检察机关认为，鉴定机构是以被告的采砂量为基础来认定其造成的生态环境损害数额的，因此，准确认定被告参与采砂的数量是确定被告赔偿责任的关键。检察机关在确定被告的责任大小和方式时，不管各被告之间如何分工，认为只要被告参与了非法采砂行为，就应以其参与采砂的数量来承担责任。因此，该案各被告的责任承担方式，实际上是在按份责任为基础上的连带责任。首先，要确定各被告的按份责任。检察机关以各被告的采砂总量、生态环境损害总数额为基础，计算出平均每吨砂对应的生态环境赔偿责任，然后按照各被告参与采砂的量来确定其相应的赔偿责任。其次，确定各被告的连带责任，即各被告对与其他人共同实施的采砂行为承担连带责任。检察机关针对两个采砂点，分别制作了以时间轴为主线的责任认定图，即在同一个采砂点，在某一时间段，有哪些被告在该采砂点“工作”，这些被告即以该时间段内、该采砂点非法采砂的数量为基础，互相承担连带责任。例如，在微山湖南四湖水域前程子段，多名被告共非法采砂 29 万余吨，相应的生态环境修复费用为 189.61 万元。经查，孟某地、孟某好、张某 1、张某 2、张某红、张某春、李某、王某学等人始终在该段参与采砂，另有张某 3 前后共参与采砂 13.78 万吨，占 29 万吨的 47.5%，对应生态环境修复费用为 90.06 万元；刘某洪前后共参与采砂 5 万吨，占 29 万吨的 17.24%，对应生态环境修复费用为 32.69 万元；周某玲、程某伦共同参与采砂 4 万吨，占 29 万吨的 13.79%，对应生态环境修复费用为 26.15 万元。对此，检察机关提出的诉讼请求是，孟某地、孟某好、张某 1、张某 2、张某红、张某春、李某、王某学等 8 人对 189.61 万元承担连带赔偿责任，张某 3 在 90.06 万元范围内与孟某地等人承担连带责任，刘某洪在 32.69万元范围内与孟某地等人承担连带责任，周某玲、程某伦在 26.15 万元范围内与孟某地等人承担连带责任。

五、诉讼请求如何确定

这是检察机关提起公益诉讼最为关键、核心的一个问题。因为，如果检察机关提出的诉讼请求不适当，法院会判决驳回诉讼请求，这也意味着案件办理的失败。《人民检察院公益诉讼办案规则》第 98 条对民事公益诉讼的诉讼请求作出了基本规定，同时也针对不同类型案件规定了“个性化”的诉讼请求，需要我们在实践中正确把握和适用。

（一）停止侵害是否适用，赔礼道歉如何落实

1. 停止侵害的诉讼请求。在一般的民事侵权案件中，通常会提出停止侵害的诉讼请求。但是，在刑事附带民事公益诉讼案件中，如果被告人已经被羁押，被告已不可能再继续实施侵害行为，也就没有必要提出停止侵害的诉讼请求。如果被告没有被羁押，是被取保候审或者可能被判处缓刑，其还有继续实施侵害行为的可能，则可以提出停止侵害的诉讼请求。虽然检察机关提出了停止侵害的诉讼请求，法院也判令被告停止侵害，但这个判项能否实现，关键还是看被告是否能够停止实施侵害行为。如果判决后，被告仍然继续实施侵害行为，那么该行为应当是被告实施的新的侵权行为，检察机关可以再行提出一个新的公益诉讼。所以，个人认为，在刑事附带民事公益诉讼案件里，提出停止侵害的诉讼请求的实际意义并不大。

【案例】2016 年 11 月，张某云通过药品交流会联系到销售“金伟哥”“金功夫”“早泄克星”等产品的厂家销售员，在明知这些药品没有相关资质许可的情况下仍然从厂家购买，然后通过微信销售给唐某 1、唐某 2、唐某 3 等几个下线 700 余盒，价值 12,000 余元，再由他们出售给消费者。经过鉴定，他们出售的这些药都是假药。检察机关在对张某云提起公诉的同时，提起了附带民事公益诉讼，请求判令张某云对其销售假药行为立即停止侵害、消除危险，并在全国范围内公开发行的有关媒体上赔礼道歉。

关于停止侵害的诉讼请求，张某云已经被羁押，已不可能再实施销售假药的侵害公益行为。因此，该诉讼请求的提出更多的是象征意义。至于消除危险诉讼请求，检察机关在法院的主持下放弃了该诉讼请求。因为这个诉讼请求在该案中难以实现。

2. 赔礼道歉的诉讼请求。除英烈保护类的民事公益诉讼之外，在生态环境、食品药品安全等常规案件里，并不适合“逢案必提”赔礼道歉的诉讼请求。如果耗费大量司法资源，只为让当事人在报纸上登个道歉声明，有多大实际意义呢？这个诉讼的“性价比”在哪里？所以，检察机关不能单纯提出没有实质内容的诉讼请求。一般来说，停止侵害、赔礼道歉的诉讼请求要和赔偿损失等有实际内容的诉讼请求共同提出。另外，赔礼道歉都是要求被告在一定级别的纸质媒体上道歉。而在当今数字化时代，人们已很少关注纸质媒体。如果检察机关还是按照传统思维要求被告在报纸上赔礼道歉，虽然能对被告起到教育作用，但难以实现对更多社会公众的预期警示和感情抚慰目的。

因此，检察机关应顺应时代发展，创新诉请被告进行赔礼道歉的方式。首先，

可以尝试要求被告在网络上采取适当的方式赔礼道歉。网络的受众范围更大,被告在网络上赔礼道歉会起到更好的社会效果。例如,对利用网店销售影响人体健康安全的食品药品的案件,检察机关可以要求被告在其网店上发布道歉声明,或者直接向购买其产品的销售者发送道歉信。在现有技术条件下,这种方式可以实现,赔礼道歉的效果也会比在纸媒上道歉更好。其次,可以考虑在案发地现场,采用张贴书面道歉信的方式,或者采取某种适当的方式,对受害群众当面赔礼道歉,以提高赔礼道歉的针对性,增强赔礼道歉的仪式感,这样做对被告的惩戒作用、对其他人的警示教育作用会更好。例如,检察机关在一个药店出售假药的案件中,要求药店老板在店门前张贴书面道歉信,一方面是赔礼道歉,另一方面也让买药的群众知晓真情,购买过的假药就不要再服用了,这样才真正发挥了公益诉讼保护群众身体健康、维护社会公共利益的效果。

(二)排除妨碍、消除危险、恢复原状能否实现

刑事附带民事公益诉讼案件更多地集中在两个领域,一类是食品药品类案件,另一类是生态环境和资源保护案件。在食品药品类案件中,其销售对象是即时消费的东西,在这类案件中要求判令当事人消除危险能否做到?有无实际意义?在上述张某云案件中,检察机关之所以“自愿”放弃消除危险的诉讼请求,就是因为该诉讼请求无法实现。而且,在公益诉讼案件中,排除妨碍、消除危险以及恢复原状的诉讼请求,并不像给付金钱类或者其他一些行为类的诉讼请求可以被强制执行。当然,如果说让被告依法处置涉案食品药品,也算是排除妨碍、消除危险的话,那么这两个诉讼请求在食品药品类案件中是可以提出的。但需要指出的是,一旦发生影响安全的食品药品类案件,涉案食品药品一般都会被行政机关或司法机关查扣,也不需要当事人去排除妨碍、消除危险了。至于恢复原状诉讼请求,在食品药品类案件中,只要食品药品一经售出、被消费者食用,所造成或可能造成的后果即已产生,基本上是不可能恢复“原状”的。

在生态环境和资源保护案件中,生态环境是一个非常复杂的系统,一旦受到破坏,其修复的难度非常大,这也是很多案件采用虚拟治理成本法计算修复费用的一个重要原因。在这种情况下,检察机关要求刑事案件被告去排除妨碍、消除危险、恢复原状,在实际操作上难以实现。所以,检察机关一般不会单独提起这几项诉讼请求,而是在要求被告承担这几项责任的基础上提出,如果被告不能恢复原状、消除危险、排除妨碍,请求法院判令被告承担相应的赔偿费用并由有资质、有能力的机构来承担相应的工作。

需要指出的是，恢复性司法理念在公益诉讼案件中越来越多地得到运用。对于具备恢复可能的，或者可以进行替代性恢复的，检察机关并不一定要机械地要求判令被告赔钱，或者提出难以实现恢复原状之类的诉讼请求，而可以提出具体可行的工作方案，努力修复生态环境，实现公益保护的最大化。

【案例】王某强等9人在明知未办理林木采伐许可证不能从事林木砍伐的情况下，砍伐树木300余棵。检察机关提出的附带民事公益诉讼请求是，要求被告在林业部门的监管指导下，栽植滥伐株数5倍的树苗，并承担养护责任1年，验收成活率达到90%以上；如不能栽植，则判令承担栽植费用。9名被告对诉讼请求全部认可，主动缴纳了栽植费用。被告缴纳的栽植费用，由林业部门代为购买了1000余株树苗，在法院宣判后现场栽种，取得了良好的法律效果和社会效果。

在上文提到的李某闻等人非法捕鱼案件中，也是运用的恢复性司法理念。因此，对于具备恢复可能的，或者可以进行替代性恢复的，检察机关在提出诉讼请求时，要尽可能地提出科学合理的具体方案，尽力采取恢复性措施，这才是对公共利益最好的保护。但是，对于不具备恢复条件的，或者实施恢复性措施不具备科学性、合理性的，也不能片面强调恢复性理念。例如，在一个非法采矿案件中，检察机关提出的诉讼请求是要求被告恢复原状，即按照检察机关委托的机构出具的恢复方案，购买相应数量的石头，回填到矿坑中去，然后再覆土植绿，把受破坏的山体恢复到原来的状态。但是被告委托的另一家机构却认为，这样机械地恢复"原状"并不具有合理性，并认为可以因地制宜对矿坑进行适当修整，建设成一个山体公园。这样，一方面可以节约费用，另一方面也可以更好地美化环境。相反，花费大量资金购买石头把矿坑填上既不经济也不科学，对恢复生态环境也不具有积极意义。至于两方提出的方案孰优孰劣，法院也难以决断。最终，法院判令被告按照检察机关提出的方案对所需要的费用承担赔偿责任，但并没有明确要求按照检察机关的方案将矿坑恢复原状。

（三）赔偿损失包括哪些内容

顾名思义，在公益诉讼案件中赔偿的损失，应当是公共利益受到的损失。除此之外，有关部门为了保护公共利益而支出的费用，算不算公益损失呢？这里主要是指政府部门应急处置支出的费用。例如，在舟山新和公司等非法处置油泥案件中，当地政府支付了对被倾倒的34吨油泥进行处置的54万多元的处置费用，这笔费用能不能计算为公益损失，然后由检察机关在公益诉讼中提出赔偿请求呢？

首先,来看一下司法解释关于赔偿项目的规定。最高人民法院《关于审理环境民事公益诉讼案件适用法律若干问题的解释》规定的生态环境修复费用,包括制定、实施修复方案的费用和检验、鉴定费用以及律师费等其他合理的费用,并不包括应急处置费用。如果检察机关提出被告承担应急处置费用的诉讼请求,不一定能得到法院的支持。而且,实践中,也出现过法院驳回检察机关该类诉讼请求的情况。例如,运输危险化学品的车辆由于翻车,导致化学品泄漏,当地环保部门进行了应急处置,然后检察机关起诉被告,要求其赔偿应急处置费用,但是法院判决驳回了这项诉讼请求。判决的理由是,清理受污染的环境本来就是环保部门的职责,且环保部门也有财政经费,因而这笔费用不属于公共利益损失。其实实践中,法院一般会支持赔偿应急处置费用的诉讼请求。当然,如果要得到法院判决支持,检察机关可以提出,需要进行应急处置的后果是被告造成的,要求被告来承担也是合理合法的,只是关键看能不能把这笔费用算到公益损失里面。

再换个角度来讨论这个问题,如果认为应急处置费用可以纳入公益损失范围,而应急处置费用是政府部门支出的,是不是要由政府来单独起诉索要这笔钱?如果由检察机关在公益诉讼里要求被告赔偿,那么检察机关和政府部门之间是什么法律关系?首先,检察机关和政府部门虽然同属国家机关,同是公共利益的保护者,但是从法律层面来看,两者不是同一种类机构,检察机关并不必然可以为政府部门主张应急处置费用。其次,两者之间也不是委托代理关系,一般案件中,政府部门也无法委托检察机关作为诉讼代理人来追偿应急处置费用。最后,如果政府部门向检察机关出具了委托书,那么这明显就属于私益诉讼了,是政府部门将应由自己主张的权利委托给检察机关提出,这样就不是公益诉讼了。因为政府部门的利益,也并不必然等同于公共利益。所以,这个问题归根结底还是关于公共利益的范围问题,要解决这个问题,还需要从立法上对公共利益进行界定。

检察机关提起公益诉讼制度从试点至今已近7年,公益诉讼的法定领域逐步扩展至安全生产、公民个人信息保护、军人和英雄烈士权益保护等多个领域。由于案件类型的不同,刑事附带民事公益诉讼面临的问题也越来越复杂,其原因归根结底是现有法律没有关于公益诉讼的专门规定,一定程度上处于“无法可依”的境地,造成实践中出现诸多争议和分歧。因此,随着检察公益诉讼制度价值的日益凸显、对提高社会治理体系和治理能力现代化水平呼声的日益高涨,公益诉讼专门立法应该提上议事日程。

公益诉讼惩罚性赔偿问题研究

杨会新* 国家检察官学院

目 次

---

* 杨会新,国家检察官学院教授,法学博士。原文发表于《比较法研究》2021年第4期。

随着消费公益诉讼实践的发展,惩罚性赔偿成为消费公益诉讼中最为重要的诉讼请求。自2014年施行的《消费者权益保护法》赋予中国消费者协会和省级消费者协会消费民事公益诉讼主体资格以来,截至2020年4月,全国消协组织共提起消费民事公益诉讼17起[①],其中请求惩罚性赔偿的案件7起[②],惩罚性赔偿占案件总数近半。在检察机关提起的民事公益诉讼中,92%以上为刑事附带民事公益诉讼形式。[③] 这些案件中,由于刑事司法程序的介入,侵害消费者权益的违法行为早已停止,不作为之诉失去作用的空间。最高人民检察院基于办案效果的考虑,要求原则上不能只就赔礼道歉提起诉讼。在检察机关提起的消费公益诉讼中,惩罚性赔偿成为最重要的诉讼请求。

但在法律依据层面,公益诉讼惩罚性赔偿面临实体法与程序法的双重障碍。在实体法方面,《消费者权益保护法》《食品安全法》等规定的惩罚性赔偿请求权专属于消费者,《民法典》第179条更是明确了惩罚性赔偿法定原则,"法律规定惩罚性赔偿的,依照其规定",即民事赔偿以填补损失为原则,以法律明确规定适用惩罚性赔偿为例外。因而,在法律没有明确规定的情况下,检察机关与消费者协会并不享有惩罚性赔偿请求权。在程序法方面,现有法律和司法解释没有明确规定消费公益诉讼原告有权要求被告承担损害赔偿责任,换言之,法律没有将惩罚性赔偿的诉讼实施权授予检察机关或消费者协会。因而,检察机关与消费者协会也不能以法定诉讼担当人的身份代替受害消费者行使惩罚性赔偿请求权。在早期的司法实践中,即有法院据此驳回了消费者协会提出的惩罚性赔偿诉讼请求。[④]

2019年5月9日,中共中央、国务院发布《关于深化改革加强食品安全工作的意见》(以下简称《食品安全工作意见》),要求"探索建立食品安全民事公益诉讼惩罚性赔偿制度"。这一政策的出台,基本消解了能否在公益诉讼中请求惩罚性

① 参见中国消费者协会《关于印发〈消费者协会消费民事公益诉讼工作导则(试行)〉的通知》。

② 包括广东省消费者委员会起诉的生产销售病、死猪肉案1例,广东省消费者委员会起诉的生产销售假盐案4例,四川省保护消费者权益委员会起诉的销售假冒注册商标的商品案1例,安徽省消费者权益保护委员会起诉的销售假酒案1例。

③ 92%的比例是根据以下数据计算得来,"自2017年7月1日公益诉讼检察工作全面推开至2019年10月,起诉案件中,刑事附带民事公益诉讼占77.82%,民事公益诉讼占6.52%,行政公益诉讼占15.66%"。参见张军:《最高人民检察院关于开展公益诉讼检察工作情况的报告——2019年10月23日在第十三届全国人民代表大会常务委员会第十四次会议上》,载中国人大网,http://www.npc.gov.cn/npc/c30834/201910/936842f8649a4f088a1bf6709479580e.shtml,最后访问日期:2020年6月1日。

④ 参见深圳市中级人民法院(2017)粤03民初547号民事判决书。

赔偿的实践争议，绝大多数惩罚性赔偿获得法院支持。但作为一项探索性制度，司法实践呈现多元化样态，惩罚性赔偿金的计算和归属、是否与刑事罚金折抵，以及公益诉讼惩罚性赔偿之后消费者个人还能否请求惩罚性赔偿等，远未达成共识，并由此引发惩罚适当性和执行可能性等方面的问题。在这些实践问题的背后，是对公益诉讼惩罚性赔偿的制度功能、公益诉讼惩罚性赔偿请求权来源的认识不一，未能厘清公益诉讼惩罚性赔偿请求权与私人惩罚性赔偿请求权之间的关系。为此，本文拟在实践观察的基础上，对公益诉讼惩罚性赔偿的功能定位与权利来源进行初步探讨，以期对实践发展和制度完善有所助益。

一、公益诉讼惩罚性赔偿制度实践观察

在进行实践观察之前，有必要设定讨论的理论框架，以提供相对清晰的观察路径。理论上，公益诉讼惩罚性赔偿请求权的来源有两种可能的途径：一是源于私人惩罚性赔偿请求权，是私人惩罚性赔偿请求权的集合行使，可称为集合行使模式；二是私人惩罚性赔偿请求权之外的一项新设权利，可称为新设权利模式。惩罚性赔偿请求权的来源不同，直接影响着惩罚性赔偿金的计算规则及其分配。具体而言，在集合行使模式下，由于是对私人惩罚性赔偿请求权的集合行使，公益诉讼惩罚性赔偿金应遵循私人惩罚性赔偿金的计算规则，并向消费者分配，至于因客观原因导致的难以分配，则属于另一层面的问题。此时赔偿金具有纯民事性质，在同时判处刑事罚金的情况下，不应与刑事罚金折抵。在新设权利模式下，则可根据公益诉讼惩罚性赔偿的功能、性质等确定赔偿金及其归属，无须受制于私人惩罚性赔偿金的计算规则。需要说明的是，绝大多数案件的起诉书和判决书未阐明公益诉讼惩罚性赔偿请求权的权利来源，而是直接将《消费者权益保护法》第 55 条第 1 款、《食品安全法》第 148 条第 2 款作为实体法依据。但也有少数案件展示了对权利来源的司法认识和立场，为我们提供了宝贵的观察样本。

（一）集合行使模式的实践观察：广州市中级人民法院系列食盐案

2017 年 10 月，广东省消费者委员会（以下简称广东消委会）就贩卖假盐行为提起 4 例公益诉讼，请求 10 倍惩罚性赔偿。广州市中级人民法院于 2018 年先后作出判决，惩罚性赔偿的诉讼请求得到支持。①

---

① 参见广东省广州市中级人民法院（2017）粤 01 民初 384 号、385 号、386 号、387 号民事判决书。

1. 惩罚性赔偿金的计算方法

上述4例案件均以刑事诉讼中查明的违法销售总额为基数，乘以《食品安全法》规定的10倍来计算惩罚性赔偿金，基本遵循了个人惩罚性赔偿金的计算方法。根据《食品安全法》第148条、《消费者权益保护法》第55条，惩罚性赔偿金的计算基数有支付价款和所受损失两种，另外还规定了小额损害的最低赔偿标准。鉴于受害消费者所受损失千差万别，在公益诉讼中按照所受损失来计算惩罚性赔偿金是不现实的。而若要按照小额损害的最低赔偿标准计算的话，则需要证明哪些消费者符合这一标准，这显然也会陷入证明困境。因此，实践中多以查明的经营者违法销售总额作为基数，乘以《食品安全法》规定的10倍或者《消费者权益保护法》规定的3倍予以计算。考虑到分别计算消费者购买商品的价款不可行，且销售总额与消费者支付价款的总额在客观上是等值的，因此，以销售总额进行概括计算可视为遵循了个人惩罚性赔偿金的计算方法。

2. 惩罚性赔偿金的归属

在惩罚性赔偿金的归属上，上述4例案件体现的审判思路是：赔偿金归属于受害消费者，对于消费者放弃领取的部分，则转化为无主财产上缴国库。广东消委会请求由广州市中级人民法院托管惩罚性赔偿金并向受害消费者发放，诉讼时效届满仍没有发放完毕的惩罚性赔偿金才上缴国库。这就是认为公益诉讼惩罚性赔偿请求权来自消费者个人，是私人请求权的集合行使，赔偿金应归属于受害消费者并向消费者分配，对于消费者放弃领取的部分转化为无主财产上缴国库。广州市中级人民法院判决认为："原告虽主张追缴的民事惩罚性赔偿金应在消费者诉讼时效届满后再上缴国库，但根据生活习惯，广大善良的消费者不会因为购买一包食盐而保存购买凭证及其外包装，以备日后诉讼之用。可以想见，至今没有消费者提起民事私益诉讼，今后也不会有。且在消费者的诉讼时效均不完全相同且不确定的情形下，本院认为将民事惩罚性赔偿金直接上缴国库，更符合实际情况。"①由此可见，在公益诉讼惩罚性赔偿请求权的来源及赔偿金归属上，广东消委会和广州市中级人民法院的意见是一致的，均认为公益诉讼惩罚性赔偿请求权来源于消费者个人惩罚性赔偿请求权，赔偿金应归属于消费者，对于消费者放弃领取的部分转化为无主财产上缴国库。只不过法院基于不会有消费者提起私益诉讼的判断，认为无须等待诉讼时效届满，而判决直接上缴国库。

---

① 广东省广州市中级人民法院（2017）粤01民初384号、385号、386号、387号民事判决书。

3. 是否与刑事罚金相折抵

广州市中级人民法院认为，在惩罚性赔偿金上缴国库的情况下，其与刑事罚金、行政罚款具有同质性，相互间应予折抵。“根据《中华人民共和国行政处罚法》和其他法律、行政法规和司法解释的有关规定，性质相同的金钱罚，即行政罚款和刑事罚金竞合时，一般采用轻罚在重罚中折抵的原则处理，以体现惩罚的谦抑，避免惩罚的过度。惩罚性赔偿金与行政罚款、刑事罚金同属惩罚性债权，只不过前者是私法债权，后两者是公法债权。”在民事惩罚性赔偿金上缴国库的情况下，“民事惩罚性赔偿金的性质发生转化，将事实上与行政罚款、刑事罚金类似，应参照行政罚款与刑事罚金竞合时相同的处理原则裁断”①。

需要说明的是，在上述案例中，赔偿金的归属与性质均发生了转化。原本应归属于消费者的赔偿金，因消费者不会起诉并认领，而转化为无主财产，进而只能上缴国库。而上缴国库客观上使得赔偿金具有了与刑事罚金、行政罚款同样的惩罚功能，彼此应予以折抵。因此，尽管系列食盐案判决以消费者权利的集合行使作为逻辑主线，但在赔偿金的性质与归属上，已经与集合行使模式大相径庭，而趋同于新设权利模式。

当然，实践中也有案件较为彻底地贯彻了集合行使模式。在浙江省缙云县人民检察院办理的陈某某生产、销售不符合安全标准的食品刑事附带民事公益诉讼案中，早餐店店主陈某某非法添加“甜蜜素”制作红糖馒头并销售，销售金额达2000余元。缙云县人民检察院请求判令陈某某支付馒头销售金额10倍的赔偿金20,000元，法院支持该诉讼请求，判决陈某某向缙云县人民检察院支付赔偿金20,000元，由缙云县人民检察院纳入公益基金依法管理。刑事部分同时判决罚金5000元，不与赔偿金折抵。② 判决之后，缙云县人民检察院考虑到早餐店在壶滨初中附近，该校学生为主要消费者，遂决定将赔偿金以发放营养餐的形式补偿壶滨初中的学生，营养餐发放物品为价值4345元的牛奶和价值15,655元的苹果。③ 该案不仅遵循了个人惩罚性赔偿金的计算规则，保持了赔偿金相对于刑事罚金的独立性，而且通过替代性的方式，对赔偿金进行了实际分配。该案中的消费者具有相对的集中性，且向学生发放营养餐契合了关爱未成年人的社会主流观

---

① 广东省广州市中级人民法院(2017)粤01民初384号、385号、387号民事判决书。持相同观点的还有广东省广州市中级人民法院(2017)粤01民初343号、383号民事判决书，广州市荔湾区人民法院(2019)粤0103刑初178号、1158号刑事附带民事判决书。

② 参见浙江省缙云县人民法院(2018)浙1122刑初225号刑事附带民事判决书。

③ 参见杨维立：《吃“问题馒头”赔营养餐，是公益诉讼赔偿金分配创新》，载微信公众号“新京报评论”2019年3月1日。

念,有利于消解其他消费者(如附近居民)对分配方案的质疑,这些都为该案实际分配赔偿金提供了可能。

(二)新设权利模式的实践观察:杭州互联网法院减肥胶囊案

李某、刘某通过网络销售不合格减肥胶囊,杭州市拱墅区人民检察院经履行诉前公告程序后,向杭州互联网法院提起民事公益诉讼,请求判令两被告共同支付10倍惩罚性赔偿金610,400元,获法院支持。[①]

1. 惩罚性赔偿金的计算

在惩罚性赔偿金的计算上,上述案例“借用”了个人惩罚性赔偿金的计算方法。杭州互联网法院提炼的规则要旨认为,经营者生产、销售不符合食品安全标准的食品,既会对购买、消费该食品的特定消费者群体个人造成私益权利的侵害,也会对不特定社会主体的公共利益、公共秩序等造成损害。公益诉讼赔偿请求所涉及的损失是社会消费领域集合性、公益性的利益损失,具有抽象性和不可分性,这种公益损失与特定消费者群体的私益无关。[②] 在此理念指导下,杭州互联网法院在计算赔偿数额时将有销售记录的部分排除在外,仅以已售出但无销售记录的数量作为基数。“从理论上而言,销售对象难以确定并不必然得出侵害对象不特定性的结论,但从现实层面而言,难以确定特定身份的消费者,出于理性的漠不关心、记忆模糊、没有利益受损的认识、没有保存证据、信息不对称等种种因素,往往成为沉默的受害者,现实中此种身份不能确定的众多消费者必然转化成为不特定多数消费者。”[③]在目前法律对消费领域公共利益损失金额计算未作出明确规定的情况下,可以参照适用惩罚性赔偿的规定,以实现对违法经营者的惩戒和震慑。[④] 依此观点,公益诉讼惩罚性赔偿请求权是独立于私人请求权之外的,其所救济的是与私人利益无关的抽象的公共利益,只是因计算标准的缺失而“借用”了私人惩罚性赔偿的计算规则。

2. 惩罚性赔偿金的归属

杭州互联网法院认为,惩罚性赔偿金应纳入消费公益基金账户,但因未设立该账户,赔偿金暂上缴国库保管。判决认为,民事公益诉讼是为保护社会公共利

---

① 参见杭州互联网法院(2019)浙0192民初5464号民事判决书。

② 参见余建华、吴巍:《“微商”贩卖“三无”减肥胶囊被判赔偿61万》,载中国法院网,https://www.chinacourt.org/article/detail/2019/09/id/4443413.shtml。

③ 杭州互联网法院(2019)浙0192民初5464号民事判决书。

④ 参见余建华、吴巍:《“微商”贩卖“三无”减肥胶囊被判赔偿61万》,载中国法院网,https://www.chinacourt.org/article/detail/2019/09/id/4443413.shtml。

益而提起，诉讼利益亦归于社会公共利益，公益诉讼起诉人代表消费领域公共利益提起诉讼，诉讼所获赔偿款亦应归于消费公益领域，直接服务于消费领域公共利益，故本案赔偿款本应直接进入依法成立的特定的消费公益基金，专门用于消费者公共利益的维护等公益活动，但鉴于本案公益诉讼起诉人未能向法院就前述特定的消费公益基金是否已经成立等情况予以具体说明，赔偿款无法直接确定进入特定的消费公益基金，故本案赔偿款可由公益诉讼起诉人代领后，暂上缴国库保管。① 而在设立了消费公益基金账户的地区，惩罚性赔偿金则直接纳入该基金账户。如在苏州市虎丘区人民检察院诉陈某、陈德某生产、销售不符合安全标准的食品刑事附带民事公益诉讼中，法院判决二被告“向苏州市虎丘区消费公益金账户交付赔偿款二万一千元”②。

3. 是否与刑事罚金折抵

实践中，多数案件以刑事附带民事公益诉讼的形式提起，或者在刑事诉讼后另行提起民事公益诉讼，因此，在民事公益诉讼中需对惩罚性赔偿金是否折抵刑事罚金作出判决。但该案中，民事公益诉讼判决之时，刑事诉讼尚在进行中，故公益诉讼判决中未涉及是否折抵的问题。在后来的刑事判决中，杭州市拱墅区人民法院判决二人犯销售有毒、有害食品罪，判处有期徒刑的同时，分别并处罚金 10 万元和 2 万元，未将刑事罚金与惩罚性赔偿金折抵。③

通过以上分析可以发现，上述系列食盐案与减肥胶囊案大致分别遵循了集合行使模式与新设权利模式的逻辑主线，但又基于特定的案情有所变通。例如，新设权利模式下的减肥胶囊案，由于公益诉讼惩罚性赔偿法律依据的缺失，而借用了个人惩罚性赔偿金的计算规则。但其权利来源的独立性，决定了赔偿金的计算并不必然受到 10 倍或 3 倍的约束，而具有根据制度功能与目的、案件具体情况灵活确定惩罚性赔偿金的可能性。再如，集合行使模式下的食盐案，基于现实操作方面的困难——受害消费者缺乏积极性、受害人与受害数额难以确定，而未向消费者分配赔偿金。在英美法系国家，针对赔偿金的分配形成了灵活、简便的分配方法，包括个别性估算方法和整体性估算方法等，使得向消费者分配赔偿金成为

① 参见杭州互联网法院(2019)浙 0192 民初 5464 号民事判决书。

② 苏州市虎丘区人民检察院联合虎丘区人民法院、区市场监督管理局、区财政局出台了《苏州市虎丘区消费公益金管理暂行办法》，设立了消费公益金账户，专项用于管理食品药品安全领域公益诉讼案件中对消费者进行损害赔付的资金，并明确了使用和管理的相关制度。参见石玉英等：《充分履行公益诉讼检察职能维护舌尖上的安全》，载正义网，http://news.jcrb.com/xwjj/201907/t20190712_2023327.html。

③ 参见杭州市拱墅区人民法院(2019)浙 0105 刑初 160 号刑事判决书。

可能。[1] 而在网络购物情况下,借助第三方交易平台收集销售记录并向消费者分配赔偿金,更是完全可以实现的。此时需要讨论的便是,消费者是否可以从公益诉讼中获得惩罚性赔偿金、从公益诉讼中获得惩罚性赔偿金是否具有正当性基础的问题。实践探索为集合行使模式和新设权利模式提供了基本参考,作为理论研究,需剔除可能的变量,从更为一般性的意义上对两种模式进行考察。

集合行使模式和新设权利模式,是从权利来源上厘清公益诉讼惩罚性赔偿与私人惩罚性赔偿的关系的。与此同时,尚需要从功能定位上对二者的关系予以厘清,这反过来也将影响权利来源模式的选择。为此,下文将首先讨论公益诉讼惩罚性赔偿与私人惩罚性赔偿的功能定位,在此基础上对两种权利来源模式予以具体分析。

二、公益诉讼惩罚性赔偿与私人惩罚性赔偿的功能分化

(一)私人惩罚性赔偿的功能:发现并制止违法行为

作为借鉴自美国法的制度,我国的惩罚性赔偿通常也被认为具有惩罚与威慑的功能。通说认为,惩罚和威慑是私人惩罚性赔偿的主要功能,即"为了惩罚被告的不可容忍的行为并遏制被告及其他人在将来做出类似行为"[2]。而消费者获得超额赔偿,是实现惩罚与威慑功能的需要。但通过对比中美两国惩罚性赔偿在数额确定因素、案件类型两方面的差异,可以发现,无论从制度设计还是实际效果看,我国惩罚性赔偿制度都无从发挥惩罚与威慑的功能。

1. 确定惩罚性赔偿金数额的因素不同

美国惩罚性赔偿金的数额,是对被告行为全部整体不法性的评价。在美国传统上,惩罚性赔偿金的数额由事实判定者——陪审团来确定,原则上陪审团享有不受限制的裁量权。为防止因陪审团的裁量缺乏客观标准导致恣意或惩罚过度,联邦最高法院和部分州开始制定惩罚性赔偿金额的考量因素,作为对陪审团的指引,并以此对陪审团确定的金额进行司法审查。较具共性的考量因素包括:被告不法行为的非难程度与其获利可能性、原告受害之性质与程度、被告财务状况、被告遭受其他处罚的可能性等。其中,作为重要考量因素的被告不法行为的非难程

---

① 参见王福华:《如何向集团赔偿——以集团诉讼中的赔偿估算和分配为中心》,载《法律科学(西北政法大学学报)》2009 年第 1 期。

② 张新宝、李倩:《惩罚性赔偿的立法选择》,载《清华法学》2009 年第 4 期;王利明:《惩罚性赔偿研究》,载《中国社会科学》2000 年第 4 期。

度及获利可能性，是指整体的可非难性及其获利，也即法院在计算该案的惩罚性赔偿数额时，并非单纯地考量“损害该案原告”的不法行为，而是包括“损害他案原告在内”的不法行为，甚至是以“整体全部”的不法行为，来作为该案不法行为可非难性程度审酌上的对象与内容。① 这是因为，如果仅对损害该案原告的不法行为可非难性程度进行评价，并据此作出该案的惩罚性赔偿金额，当既存的或潜在的其他受害人未提起惩罚性赔偿金诉讼请求时，被告仍可获得不法行为的利益，不仅无法达成对不法行为的有效遏制，而且有放纵不法行为之嫌。② 因此，美国法院对系争案件的惩罚性赔偿金数额的计算，采取的是“全部整体不法性”，而非“个别报应不法性”③。

从 BMW of North America, Inc. v. Gore 案（以下简称 BMW 案）中，可以看到美国法院对“整体不法性”的遵循。该案是联邦最高法院第一次以惩罚性赔偿金额过高而发回重审的案件，但最终的赔偿金数额仍然体现了对“整体不法性”的惩罚。戈尔（Gore）医生于 1990 年以 4 万美元的价格购买了一辆宝马轿车，后发现该车在销售前因淋酸雨而被重新喷漆，遂以被欺诈为由诉至亚拉巴马州的法院。陪审团审理时了解到，该车因重新喷漆而贬值 10%，即 4000 美元，北美宝马公司在全美销售了此类汽车共计 983 辆，其中亚拉巴马州 14 辆。在确认宝马公司的欺诈行为后，陪审团裁决被告支付补偿性赔偿金 4000 美元、惩罚性赔偿金 400 万美元。初审法院确认了这一裁决。在上诉审中，亚拉巴马州最高法院将惩罚性赔偿金数额减为 200 万美元，主要原因是认为不能将该州以外的行为计入惩罚性赔偿的计算之中。该案上诉至联邦最高法院后，联邦最高法院认为惩罚性赔偿数额过于巨大而违反了《宪法第十四修正案》的正当程序条款，因此撤销并发回重审。后亚拉巴马州最高法院在重审该案时，将惩罚性赔偿从 200 万美元调整为 5 万美元。而按照该院 Cook 大法官的协同意见，应当将惩罚性赔偿金调整为 56,000 美元（事实上，联邦最高法院在判决中也曾提及这一意见），即该州 14 起此类宝马汽车欺诈销售案乘以每起 4000 美元的损失。④

---

① 参见戴志杰：《美国法上大规模瑕疵产品的多重惩罚性赔偿责任研究》，载《辅仁法学》2015 年第 50 期。

② 参见戴志杰：《美国法上大规模瑕疵产品的多重惩罚性赔偿责任研究》，载《辅仁法学》2015 年第 50 期；陈聪富：《美国法上之惩罚性赔偿金制度》，载《台大法学论丛》第 31 卷第 5 期。

③ 戴志杰：《美国法上大规模瑕疵产品的多重惩罚性赔偿责任研究》，载《辅仁法学》2015 年第 50 期。

④ 参见 BMW of North America, Inc. v. Gore, 701 So. 2d 507, 516 (Ala. 1997)。转引自李友根：《论多倍赔偿的基数确定——最高人民法院第 17 号指导案例研究》，载《南京大学学报（哲学・人文科学・社会科学）》2015 年第 1 期。

美国联邦最高法院也曾提出“数额比例性”,即惩罚性赔偿金应与补偿性赔偿金保持一定比例。但这将使得惩罚性赔偿金扮演了填补损失的功能,而与惩罚和威慑相去甚远。[①] 同时,主张惩罚性赔偿金应与补偿性赔偿金保持一定比例的观点,在惩罚性赔偿金体系的历史上具有非常浅薄的根基,也并不能形成实质性约束。[②] 联邦最高法院所谓的“数额比例性”仅是作为初审或上诉审法院审查该裁决额是否过高的一种考量因素,而非作为陪审团裁决该数额时的绝对限制。且联邦最高法院在 BMW 案以及 Compbell 案中指出并重申“被告行为的可非难性程度”乃是判断该赔偿金裁决额是否合理的最重要指标。因此,“数额比例性”仅供裁决后数额过高之司法审查所用,而不可本末倒置地将其理解为应提早利用在陪审团裁决该赔偿金数额时的审理阶段,以避免无法依据个案情状作出相称的赔偿金数额。[③]

反观我国惩罚性赔偿金数额,其反映的则是对被告行为“个别报应不法性”的评价。无论是《消费者权益保护法》抑或《食品安全法》,均以消费者支付的价款或者受到的损失作为惩罚性赔偿的基数,乘以固定的倍数。因此,我国惩罚性赔偿金仅是对特定个案中被告违法行为的惩罚,属于典型的“个别报应不法性”。当赔偿倍数低于胜诉概率的倒数时,违法者仍将有利可图。而在分散性损害中,因损害数额小,多数受害者基于诉讼成本与收益的考量会选择理性的冷漠,甚至根本不知晓受到伤害,所以希望通过多倍赔偿以达到制裁违法者的目的是不现实的。

2. 适用惩罚性赔偿的案件类型不同

在美国,适用惩罚性赔偿频率最高的是故意伤害案件(斗殴、攻击等)、诽谤和金融侵权案件(欺诈、保险、雇佣、不动产、合同和商业交易以及消费销售)。根据兰德公司的调查报告,在所有涉及殴打、蓄意攻击和非法拘禁且原告胜诉的判决中,有 31.8% 的判决适用惩罚性赔偿金,在涉及诽谤的案件中,有 29.8% 的判决适用惩罚性赔偿金,而整体民事诉讼案件只有 16.7% 的原告获得惩罚性赔偿。而因重大过失的人身伤害、产品责任或者医疗事故在适用惩罚性赔偿的频率中只

---

① 参见陈聪富:《美国法上之惩罚性赔偿金制度》,载《台大法学论丛》第 31 卷第 5 期。

② 参见[美]安东尼·J. 塞博克:《美国的惩罚性赔偿金》,载[奥]赫尔穆特·考茨欧、[奥]瓦内萨·威尔科克斯主编:《惩罚性赔偿金:普通法与大陆法的视角》,窦海阳译,中国法制出版社 2012 年版,第 244 页。

③ 参见戴志杰:《美国法上大规模瑕疵产品的多重惩罚性赔偿责任研究》,载《辅仁法学》2015 年第 50 期。

扮演很小的角色。①

与美国相反，我国惩罚性赔偿的适用范围则主要为消费者权益保护、产品责任、食品安全领域，后来拓展至知识产权、生态环境侵权等领域。如果说惩罚性赔偿是对“不可容忍的行为”的惩罚与威慑，那么人身伤害、侮辱诽谤类案件的恶性程度无疑更高、危害更大，更具有惩罚性赔偿的必要性。我国法律为何选择恶性程度相对不大的领域实行惩罚性赔偿呢？其原因大致有二：

一是消费类案件个人受损数额通常较小，提起诉讼得不偿失，只有给予额外的赔偿才能激励消费者维权，制裁违法行为。而对于人身伤害类案件，受害人通常具有自我救济的积极性，无须在制度上予以额外的激励即能达成对违法行为的处理。二是消费类案件中违法行为造成的损害呈扩散性、多发性，在行政机关资源配备不足的情况下，一方面难以应对多发的违法行为，另一方面也会将有限的执法力量向损害严重的领域倾斜。对此，发动广大消费者参与治理无疑是一个思路。参与《消费者权益保护法》制定的河山老师在一篇文章中阐明了惩罚性赔偿制度的初衷。他指出：“改革开放以来，我国市场经济得以迅猛发展，但伪劣商品、劣质服务也像霉菌一样在滋长、蔓延，任你‘微服私访’、曝光，任你查封、没收、焚毁，它却屡禁不止，愈演愈烈，严重地侵蚀着我国的市场，损害着消费者的权益……我国政府对这些市场经济中出现的丑恶现象也曾给予打击，然而多是扬汤止沸，收效未见显著，伪劣商品的霉菌难以扼杀。”“我国民间流传着‘缺一赔十’的俗语，少一两补一斤，这是人民群众对缺斤短两、克扣消费者行为做斗争的结晶。这一经验升华为理论即是惩罚性赔偿原则，可谓根治伪假商品的灵丹妙药……将‘缺一赔十’惩罚性赔偿的法律武器交给广大消费者，动员亿万群众与伪假商品做斗争，并使之得以实惠，就能对伪假商品形成‘老鼠过街，人人喊打’的局面，使其无处藏身。”②

由此可见，我国惩罚性赔偿制度的首要目的与功能是激励消费者起诉。由于公共资源的限制，公共执法难以对所有不法行为予以规制，客观需要私人执法予以补充。而且，与公共执法相比，私人执法具有及时、低成本发现违法的优势。当然，制度本身也希望通过消费者诉讼达到惩罚、威慑违法行为的目的，但遗憾的是，由于赔偿数额体现的是对“个别不法性”的评价，导致赔偿数额偏低，而

---

① 参见［美］安东尼·J. 塞博克：《美国的惩罚性赔偿金》，载［奥］赫尔穆特·考茨欧、［奥］瓦内萨·威尔科克斯主编：《惩罚性赔偿金：普通法与大陆法的视角》，窦海阳译，中国法制出版社 2012 年版，第 195～196 页。

② 河山：《论“缺一赔十”的惩罚性赔偿思想》，载《法律适用》1993 年第 8 期。

赔偿数额的限制又消减了消费者诉讼的热情。赔偿数额与起诉数量的“双低”决定了私人诉讼中的惩罚性赔偿无从承担惩罚与威慑的功能,这已为实践所证实。

私人惩罚性赔偿功能的厘清,也为消费者获得超额赔偿提供了正当性基础。在惩罚与威慑的功能之下,消费者获得超出其损失的额外赔偿被认为赋予了私人制裁违法并获利的权利。在坚守公法、私法二分的法律体系中,惩罚性力量是由国家垄断的,私人获得惩罚性力量是不被认可的,这也是大陆法系国家抵制惩罚性赔偿制度的重要原因之一,亦与我国的法治传统不符。如果从发现并制止违法行为的角度理解惩罚性赔偿制度,原告能够获得超出其损失的额外赔偿,是对其私人执法的经济激励。换言之,法律赋予消费者以惩罚性赔偿请求权,意在通过经济激励鼓励发挥私人执法的功能,以弥补公共执法的不足,消费者获得超额赔偿的正当性在于其发现并制止违法行为。

(二)公益诉讼惩罚性赔偿的功能:惩罚与威慑

如前所述,消费者个人惩罚性赔偿诉讼无从发挥惩罚与威慑的功能。职业打假人尽管具有诉讼积极性,但职业打假以能否胜诉和获利作为案件的选择标准,很多非实质性影响食品药品安全的案件成为职业打假的目标,这不仅无益于食药安全的提升,还浪费了执法与司法资源。为此,司法政策从鼓励转向了明显的限制。最高人民法院《关于审理食品药品纠纷案件适用法律若干问题的规定》明确支持“知假买假”。[①] 但随着知假买假呈商业化、规模化发展,最高人民法院开始反思对知假买假的鼓励性政策,坦承该司法解释“产生于地沟油、三聚氰胺奶粉、毒胶囊等一系列重大食品、药品安全事件频繁曝出,群众对食药安全问题反映强烈的大背景之下,是基于特殊背景下的特殊政策考量”,表示“考虑食药安全问题的特殊性及现有司法解释和司法实践的具体情况,我们认为目前可以考虑在除购买食品、药品之外的情形,逐步限制职业打假人的牟利性打假行为”。[②]

公益诉讼惩罚性赔偿正是在这种背景下产生的。该制度不仅可以通过启动追诉程序,弥补消费者诉讼动力不足的问题,而且可以避免职业打假的弊端。检

---

① 参见最高人民法院《关于审理食品药品纠纷案件适用法律若干问题的规定》第3条规定:“因食品、药品质量问题发生纠纷,购买者向生产者、销售者主张权利,生产者、销售者以购买者明知食品、药品存在质量问题而仍然购买为由进行抗辩的,人民法院不予支持。”

② 参见《最高人民法院办公厅发给国家工商行政管理总局办公厅的答复意见:将逐步限制职业打假人的牟利性打假行为》(法办函〔2017〕181号)。

察机关和消费者协会作为官方、半官方的机关和组织，受到政治负责机制的约束，会倾向于集中有限资源处理那些真正重要的问题，避免采取缺乏实质正当性的行动。而职业打假人无须向政治系统负责，其会选择更容易获得赔偿收入的对象提起诉讼，而不是根据违法行为的严重性选择“惩罚”目标。[①]

惩罚与威慑是公益诉讼惩罚性赔偿的预设功能。在《食品安全工作意见》中，“探索建立食品安全民事公益诉讼惩罚性赔偿制度”即是作为“严厉打击违法犯罪”“实行最严厉的处罚”的措施之一而提出的。这也表明，中央与国家层面已经认识到消费者个人惩罚性赔偿在惩罚与威慑方面的不足，而不得不另外探索新的制度。在最高人民检察院、最高人民法院等7部门印发的《探索建立食品安全民事公益诉讼惩罚性赔偿制度座谈会会议纪要》中，进一步明确了公益诉讼惩罚性赔偿制度“惩罚、遏制和预防严重不法行为”的功能定位。实践中，公益诉讼惩罚性赔偿金以查明的违法经营者生产、销售总额作为基数，是对侵权行为“全部整体不法性”的评价，而非个人惩罚性赔偿诉讼中的“个别报应不法性”。因而，其所具有的惩罚被告的违法行为并预防相同或类似行为再度发生的功能得以凸显，而不具有第一时间发现和制止违法行为的优势。因此，公益诉讼中的惩罚性赔偿并不是私人惩罚性赔偿的简单相加，二者在制度功能、制度优势方面发生了分化。

公益诉讼惩罚性赔偿的制度功能，以及与此相关的个人获得惩罚性赔偿金的正当性、惩罚的适当性等，在不同的权利来源模式中具有不同的面向，面临着不同的问题，同时也检验着权利来源模式的可行性。

三、集合行使模式的技术难题与逻辑悖论

在集合行使模式下，公益诉讼中的惩罚性赔偿请求权仍归属于消费者，检察机关或者消费者协会作为形式当事人参与诉讼，其诉讼实施权来自消费者权利的让渡。具体有三种方式：第一种是依消费者意愿个别性让渡请求权或诉讼实施权；第二种是“默示加入”或“选择退出”，消费者无须个别授权，公益诉讼起诉人即可概括性取得诉讼实施权，除非消费者声明退出；第三种是依法律规定直接取得诉讼实施权，即法定诉讼担当。三种方式均面临着技术难题甚至逻辑悖论。

① 职业打假人无须向政治系统负责，其会选择更容易获得赔偿收入的对象提起诉讼，而不是根据违法行为的严重性选择“惩罚”目标。参见赵鹏：《惩罚性赔偿的行政法反思》，载《法学研究》2019年第1期。

(一)依消费者意愿个别性让渡请求权或诉讼实施权

依消费者让与的是诉讼实施权还是以授予诉讼实施权为目的而转让债权请求权,在学理上区分为任意诉讼担当与诉讼信托。但无论何者,均须由消费者个别性授权。在立法例上,我国台湾地区"消费者保护法"即采取了此方式,其第50条规定,"消费者保护团体对于同一之原因事件,致使众多消费者受害时,得受让二十人以上消费者损害赔偿请求权后,以自己之名义,提起诉讼"。该做法充分尊重了当事人处分权与程序选择权,但也存在以下问题:

一是难以形成大规模诉讼,导致惩罚与威慑目的落空。对于小额分散性损害而言,消费者并无授权的积极性,甚至对于自己是否受害都不知情,再加上购物凭证等证据的缺失,能否有效授权亦是突出的问题。这必然影响诉讼规模与赔偿数额,进而无法发挥惩罚、威慑功能。我国台湾地区的实践表明,在"消费者保护法"颁布的20余年中,依第50条由消保团体起诉并获裁判的仅有10件。早期的案件均为重大损害(个人请求金额高于10万元),且受害当事人范围较小而容易特定。晚近案例类型虽有所变化,受害消费者遍及各地且人数众多,但个人请求赔偿金额亦在2万元以上。[①]

二是影响纠纷解决的效率。以我国台湾地区2013年大统油品案为例,受害消费者遍及台湾各地,台湾消保协会在"行政院消费者保护委员会"的协助下公告,有消费者先于2013年10月至11月底至各县市政府消费者服务中心受理窗口提出求偿登记,并让与损害赔偿请求权,而后有台湾消保协会于2014年4月3日向彰化地方法院提起团体诉讼。参与本案团体诉讼的消费者共3772人,由于人数庞大,起诉前的前置作业(整理名册)即长达数月。[②]

三是消费者获得超额赔偿的正当性存疑,并可能因此导致后续赔偿无法到位。前已述及,消费者获得超额赔偿是对其发现并制止违法行为的鼓励或奖励,单单将赔偿请求权或者诉讼实施权让渡给消费者团体,是否足以获得超额赔偿?我国台湾地区已有相关案例,消费团体在受让消费者请求权的情况下,提起惩罚性赔偿诉讼并获得法院支持。从加大对违法经营者的惩罚力度看,似乎并无反对的理由。但在经营者责任财产有限的情况下,在前的惩罚性赔偿可能导致后续的补偿性赔偿金难以到位,这将引发消费者之间的不公平。

---

① 参见沈冠伶:《消费者团体诉讼之再建构:以扩散型损害及集团权利为中心》,载《台大法学论丛》2015年第44卷。

② 参见沈冠伶:《消费者团体诉讼之再建构:以扩散型损害及集团权利为中心》,载《台大法学论丛》2015年第44卷。

四是能否为我国公益诉讼制度所容纳存疑。在最高人民法院《关于审理消费民事公益诉讼案件适用法律若干问题的解释》的制定过程中,最高人民法院"遵循立法本意并征求立法机关意见,将消费领域的社会公共利益界定为人数众多且不特定的消费者共同利益并予以类型化,以规范法官的自由裁量权"①。如果将消费公益诉讼的救济对象限定为不特定多数消费者利益的话,诉讼信托和任意诉讼担当均无从适用公益诉讼,因为消费者一旦授权就被特定化,不再符合"不特定多数"的要求。这一观点也被部分司法实践所遵循。在杭州互联网法院审理的减肥胶囊案件中,通过网络销售且有销售记录的被排除在外,判决被告就"已向市场进行销售但未保留销售记录且难以确定销售对象的产品销售金额承担惩罚性赔偿责任"②。

我国实践中,无论检察机关还是消费者协会提起的诉讼,均未采取消费者让渡诉讼实施权的方式,说明对该方式的局限性有着较为充分的认识。

(二)法定诉讼担当和"默示加入"

从理论上讲,法定诉讼担当和"默示加入"两种方式下,诉讼实施权的来源不同,前者源于法律的直接授权,后者源于消费者的让渡,但在实际效果上二者并无差异。由于二者均无须消费者的个别性授权,与"选择加入"方式相比,解决了诉讼效率不高与诉讼规模不大的问题。与此同时,也会引发以下问题:

一是惩罚的适当性问题。诉讼实施权无论是基于法律授权还是"默示加入"而取得,其背后的实体权利仍是消费者的惩罚性赔偿请求权。因此,在计算赔偿金数额时,仍应按照个人惩罚性赔偿金的计算规则进行。为缓解逐一计算消费者支付价款的困难,可以将查明的违法销售金额认定为支付价款总额,以此为基数乘以 10 倍或 3 倍。10 倍或 3 倍的赔偿倍数是基于消费者个人诉讼而设定的,在起诉数量有限的情况下,不会发生过度惩罚的问题。但在公益诉讼中,赔偿的基数转换为消费者支付价款的总额或者经营者的销售总额,在此前提下再予以 3 倍或 10 倍的赔偿,惩罚的适当性问题则会凸显。实践探索中,通过降低惩罚性赔偿

---

① 罗书臻:《积极稳妥推进消费民事公益诉讼 构建和谐公平诚信消费市场秩序——最高人民法院民一庭负责人就消费民事公益诉讼司法解释答记者问》,载《人民法院报》2016 年 4 月 26 日,第 3 版。

② 杭州互联网法院(2019)浙 0192 民初 5464 号民事判决书。该判决认为,对众多难以确定具体身份的消费者权益造成的损害,可视为已转化为对不特定公共利益的损害,应承担相应公共利益损害的赔偿责任。虽然从理论上而言,销售对象难以确定并不必然得出侵害对象不特定性的结论,但从现实层面而言,此种身份不能确定的众多消费者必然转化成为不特定多数消费者。

金的计算基数来变相规避对个人惩罚性赔偿金计算方法的适用,即体现出对惩罚适当性的疑虑。广东省陆丰市人民检察院办理的施某富生产、销售毒豆芽公益诉讼案中,在刑事判决书认定被告人4年来连续生产、销售有毒、有害豆芽的情况下,检察机关仍仅以查获当日的豆芽价值9477元作为10倍惩罚性赔偿的基数,并获得法院支持。[①] 该案表面上适用了个人惩罚性赔偿金的计算方法,但通过极大地降低赔偿基数,实际上是对个人惩罚性赔偿金计算方法的规避。究其原因,很大程度上是基于对惩罚适当性的考虑。如果以4年的生产销售总额计算的话,惩罚性赔偿金将高达800万元。而据被告人供述,生产销售豆芽4年来共获利6万元左右。实践中就低计算销售金额的情形颇为多见,在销售单价高低不一的情形下,检察机关多以最低单价计算销售金额。这一方面可以降低证明难度,另一方面也体现出对惩罚过度的担忧。

二是高额赔偿金难以执行。与过度惩罚密切相关的是难以执行的问题。在上述系列食盐案中,其中3起案件因被告无可供执行的财产而终结执行[②],一起因惩罚性赔偿金低于刑事罚金而无须支付[③]。执行难的问题在检察公益诉讼中同样存在,在笔者的访谈中,多地检察官表示,10倍惩罚性赔偿面临难以执行的问题,希望降低赔偿倍数。

三是案件适用范围受限。在大规模损害案件中,受害人数多且每个受害人的损失数额大,受害人通常具有诉讼的积极性,而通过法定诉讼担当或"默示加入"直接剥夺受害人的诉讼实施权,程序正当性明显不足。如果区分小额分散损害与大规模损害,小额分散损害适用法定诉讼担当或"默示加入",大规模损害适用意定诉讼担当,有利于部分问题的缓解。但小额分散损害的法定诉讼担当或"默示加入",依然面临惩罚过度的问题;而大额损害的意定诉讼担当,除效率问题外,也难融于公益诉讼制度之中,更适宜通过代表人诉讼制度予以解决。

四是是否向消费者分配赔偿金成为不解难题。既然惩罚性赔偿请求权仍归属于消费者,胜诉赔偿金就应向消费者分配,尤其在越来越多的网络购物案件中,

---

① 参见广东省陆丰市人民法院(2018)粤1581刑初398号刑事附带民事判决书。

② 参见广东省广州市中级人民法院(2019)粤01执2861号执行裁定书,广东省广州市中级人民法院(2019)粤01执2862号执行裁定书,广东省广州市中级人民法院(2019)粤01执3136号执行裁定书。

③ 参见广东省广州市中级人民法院(2017)粤01民初386号民事判决书。

向消费者分配赔偿金不再不可能。① 但与此同时，消费者获得超额赔偿的正当性在于其发现并制止违法行为，仅仅受到损害而未采取任何措施的话，即不应获得惩罚性赔偿金。如果说在诉讼信托和任意诉讼担当中，消费者尚通过让渡行为对制裁违法行为作出了贡献的话，在法定诉讼担当和“默示加入”模式下，多数消费者甚至不知道自身权益受到侵害，其获得惩罚性赔偿金的正当性荡然无存。如此就产生了逻辑悖论：依请求权的来源，赔偿金应向消费者分配，但消费者获得赔偿金却缺乏正当性根据。依照权利集合模式的思路，公益诉讼惩罚性赔偿相当于多个私人惩罚性赔偿的叠加。但公益诉讼惩罚性赔偿与私人惩罚性赔偿属于不同的制度，具有不同的功能，叠加之后只能顾此失彼。如在消费者个别授权方式中，较多地遵循了个人惩罚性赔偿制度的运行机理，却制约了惩罚功能的发挥；而在依法律让渡或者“默示加入”方式中，惩罚功能得以发挥，却引发了惩罚的适当性、赔偿金的归属等操作难题和逻辑悖论。

四、新设权利模式的可行性分析

在新设权利模式下，需要法律为检察机关和消费者协会创设惩罚性赔偿请求权，或者由国家保有实体请求权，而将对应的诉讼实施权授予检察机关和消费者协会。无论哪种方式，都需要在消费者的私人惩罚性赔偿请求权之外，另外创设一个惩罚性赔偿请求权。

（一）新设权利模式的可行性

1. 不会发生重复赔偿

新设权利模式意味着针对同一违法行为，可能存在两个惩罚性赔偿请求权。由此带来的最大的质疑是，经营者面临重复支付惩罚性赔偿金的风险，有学者据此反对重复设置惩罚性赔偿请求权。②

但如前所述，消费者之所以有权获得超过其自身损失的赔偿，是对其私人执法的经济激励或奖励。换言之，在消费者对违法行为采取措施之前，其仅享有补偿性赔偿请求权，其是否现实地享有惩罚性赔偿请求权，取决于其是否发现并制

---

① 实践中已经出现向消费者实际分配惩罚性赔偿金的案例。四川省犍为县某火锅店因收集废弃油脂加料熬制火锅底油销售给顾客食用，被判10倍惩罚性赔偿。消费者可通过微信小程序上传身份信息、消费凭证（微信、支付宝消费记录截图、收银小票、发票照片等），经审核后发放赔偿金。参见《全国首例！164名消费者拿到检察机关公益诉讼惩罚性赔偿金了！》，载微信公众号“犍为县市场监督管理局”2021年7月2日。

② 参见黄忠顺：《惩罚性赔偿消费公益诉讼研究》，载《中国法学》2020年第1期。

止违法行为。如果消费者没有发现违法行为并通过诉讼等方式予以制止,其自然不应获得奖励,否则就是对不劳而获的认可,违背基本的正义分配规则。

在两项惩罚性赔偿请求权并存的情况下,如果公益诉讼惩罚性赔偿先行启动,表明违法行为已被发现并采取措施,客观上使得私人执法成为不必要。已被公益诉讼所涵盖的违法行为,消费者不能再据此请求惩罚性赔偿。之前已经向消费者支付的惩罚性赔偿金,或者消费者在公益诉讼之前已经启动的惩罚性赔偿,可从公益诉讼惩罚性赔偿金中扣除。通常而言,公益诉讼较之个人诉讼具有滞后性,私人惩罚性赔偿仍得发挥其及时、低成本发现违法行为的功能,而公益诉讼惩罚性赔偿发挥惩罚、威慑功能。如此,两项惩罚性赔偿请求权并存,不仅不会发生经营者重复支付的问题,而且各自优势得以互补。

在杭州互联网法院减肥胶囊案中,判决将有销售记录的部分排除在外,仅以已售出但无销售记录的数量作为基数计算惩罚性赔偿金,并无必要。随着公益诉讼的提起,违法行为已经被发现和制止,消费者发现和制止违法行为的必要性已经不存在,也就丧失了获得超额赔偿的正当性。当然,这并不影响消费者获得补偿性赔偿。

2. 有利于实现过罚相当

当前实践中,同类案件不同处理的情况较为突出,有的案件被提起刑事附带民事公益诉讼并请求惩罚性赔偿,而类似案件则仅被提起刑事诉讼,呈现要么不罚要么10倍罚的畸轻畸重现象。其中很重要的原因在于检察官对10倍赔偿可能导致过度惩罚的担忧,而法律又未授权对赔偿倍数或赔偿数额进行自由裁量。另行设权使公益诉讼惩罚性赔偿脱离私人惩罚性赔偿的拘束,能够根据案件具体情况确定赔偿数额,从而可以更为灵活地发挥惩罚与威慑的功能。实践中已有法院进行了有益的探索。在吴某琴销售未经国家药监部门批准"云南特产祖传苗药"案中,检察机关请求被告人吴某琴支付惩罚性赔偿金82,800元(按销售额的3倍计算)。法院认定被告的行为构成欺诈,但"综合考虑其行为方式、欺诈情节、销售金额等因素",酌定赔偿款以35,000元为宜。[①] 该案中法官完全摆脱了个人惩罚性赔偿金计算方法的束缚,转而综合多种因素酌情确定赔偿数额。

惩罚性赔偿金的裁量因素大致可包括两类:一是违法情形,包括销售数额、获

---

① 参见江苏省无锡市惠山区人民法院(2018)苏0206刑初590号刑事附带民事判决书。

益数额、造成损失的大小;二是执行可能性,即综合考虑侵权者的财产状况。[①] 最高人民法院在《关于适用财产刑若干问题的规定》中,即规定了刑事罚金的考量因素,“人民法院应当根据犯罪情节,如违法所得数额、造成损失的大小等,并综合考虑犯罪分子缴纳罚金的能力,依法判处罚金”。日后,公益诉讼惩罚性赔偿可在借鉴刑事罚金的基础上,总结实践经验,逐步明确惩罚性赔偿金额的考量因素,为司法实践提供指引。

(二)新设权利模式的具体运作

1. 惩罚性赔偿金的归属

目前,惩罚性赔偿金的管理模式大概有三种:上缴国库、检察院或法院托管、设立基金。[②] 相比较而言,设立基金一方面可以实现惩罚与威慑的功能,同时可以专项用于消费者保护工作,与公益诉讼制度最为契合。目前部分地区设立了专用财政账户或基金,但在基金的用途方面规定不一。有的规定用于公益诉讼办案和公益修复,如《佛山市公益诉讼专项资金使用管理办法(试行)》规定,公益诉讼专项资金主要用于提起环境保护、食药安全等领域公益诉讼所需支出的调查取证、鉴定评估等费用,但已由办案经费予以保障的除外,同时还可用于修复受到损害的国家利益和公共利益。有的则规定消费者可从中支取赔偿金,如《江苏省消费民事公益诉讼赔偿金管理暂行办法》规定,公益诉讼惩罚性赔偿金纳入民事公益诉讼赔偿金代管账户,消费者提交相应材料即可申领赔偿金。[③] 类似的还有《晋江市消费者权益保护公益赔偿资金管理规定(试行)》《温州市洞头区食药安全领域公益损害赔偿资金管理暂行办法》。在新设权利模式下,公益诉讼惩罚性赔偿金并非来自消费者的个人惩罚性赔偿请求权,因而,消费者不得从中支取惩罚性赔偿金。但对于被告再无财产承担补偿性赔偿责任的,消费者可申请从基金中支取补偿性赔偿金。

---

① 参见徐全兵:《稳妥推进民事公益诉讼惩罚性赔偿实践探索》,载《检察日报》2020年11月9日,第3版。

② 参见时磊:《检察公益诉讼办案中存在的主要问题和解决路径》,载《中国检察官》2020年第15期。

③ 根据《江苏省消费民事公益诉讼赔偿金管理暂行办法》的规定,公益诉讼惩罚性赔偿金除向消费者支付外,还可用于消费民事公益诉讼案件所需的专家论证咨询费、检验费、鉴定费、律师费、证人出庭作证的合理费用,负责赔偿金申领、审核、发放等具体事项的独立第三方的运作费用以及其他合理支出,保护消费者公共利益产生的其他合理支出。

2. 与行政罚款、刑事罚金相抵扣

一方面,从功能性质上看,惩罚性赔偿金应与刑事罚金或行政罚款相抵扣。在惩罚与威慑的功能之下,公益诉讼惩罚性赔偿金与刑事罚金、行政罚款一样,都具有惩罚贪利性违法行为的属性,客观上具有同质性。《行政处罚法》第35条明确了行政罚款和刑事罚金竞合时的处理规则,即"违法行为构成犯罪,人民法院判处罚金时,行政机关已经给予当事人罚款的,应当折抵相应罚金"。对于性质相同的金钱罚,采用轻罚在重罚中折抵的原则处理,体现了惩罚的谦抑,避免惩罚的过度。这一原则也应适用于惩罚性赔偿金,即当惩罚性赔偿金与刑事罚金或行政罚款并存时,采用轻罚在重罚中折抵的原则。

另一方面,从惩罚的充分性上看,三者亦应抵扣。有学者提出不同观点,认为对于食品安全违法行为这类逐利型的违法犯罪行为,对其加重财产性处罚,加重其违法成本,能够有效遏制此类违法犯罪行为的发生,进而认为行政罚款不宜折抵罚金。[①] 照此观点,惩罚性赔偿金亦不应与行政罚款或刑事罚金折抵。该观点的担忧在于,单处罚款或者罚金不足以对食品违法行为形成有效遏制。但从法律规定看,无论行政罚款还是刑事罚金,都为遏制食品安全违法行为提供了较为充足的制度保障。2015年修订后的《食品安全法》大幅提高了行政处罚力度,其中罚款以违法生产经营的食品货值为标准,区分不同违法行为,最低为违法生产经营的食品货值的5倍,最高可达30倍,且罚款与没收违法所得并处。[②]《刑法修正案(八)》将食品安全犯罪的罚金由"销售金额50%以上2倍以下罚金"修改为无限额罚金。随后,最高人民法院和最高人民检察院发布《关于办理危害食品安全刑事案件适用法律若干问题的解释》,其第21条进一步明确了罚金的最低数额标准,"一般应当依法判处生产、销售金额二倍以上的罚金"。因此,无论行政罚款还是刑事罚金,都足以从经济上制裁被告人,相互抵扣不会发生惩罚不足的问题。此时可能会有公益诉讼惩罚性赔偿制度空间的疑问,这个问题涉及食品安全的形势与政策,也与当前不同法律责任的层次模糊相关,笔者将另行撰文讨论。

五、结语

公益诉讼作为一项新制度,惩罚性赔偿作为有异于大陆法传统的外来制度,二者叠加所引发的理论问题和实践问题均已显现。作为理论研究,其中较为根本

---

① 参见舒洪水:《论我国食品安全犯罪行刑衔接制度之建构》,载《华东政法大学学报》2016年第3期。

② 参见《食品安全法》第123条、第125条。

的是要厘清公益诉讼惩罚性赔偿与既有责任体系的关系，包括公益诉讼惩罚性赔偿与私人惩罚性赔偿的关系，公益诉讼惩罚性赔偿与刑事罚金、行政罚款的关系。本文认为，一方面，将公益诉讼惩罚性赔偿的功能定位于惩罚与威慑，目的在于弥补特定领域刑事罚金和行政罚款的不足。另一方面，在私人惩罚性赔偿请求权之外，另行设立公益诉讼惩罚性赔偿请求权，使公益诉讼惩罚性赔偿摆脱个人惩罚性赔偿的束缚，有利于在"过罚相当"的基础上发挥惩罚与威慑功能。

专题十二

拓展公益诉讼案件范围的检察实践

邱景辉*　最高人民检察院

目　次

* 邱景辉，最高人民检察院第八检察厅二级高级检察官。

2019年10月，党的十九届四中全会通过中共中央《关于坚持和完善中国特色社会主义制度　推进国家治理体系和治理能力现代化若干重大问题的决定》，在“坚持和完善中国特色社会主义法治体系，提高党依法治国、依法执政能力”之“加强对法律实施的监督”中部署了“拓展公益诉讼案件范围”。这是检察机关的一项重大政治要务、重点改革任务、重要检察业务。继党的十八届四中全会决定探索建立检察机关提起公益诉讼制度5年后再次作出改革部署，充分说明检察公益诉讼制度构建与司法实践，交上了让党和人民满意的答卷，并被寄予更高的期望。

在建党百年和人民检察制度创立90周年的历史性时刻，中共中央《关于加强新时代检察机关法律监督工作的意见》于2021年6月重磅出台。首次明确“人民检察院是国家的法律监督机关，是保障国家法律统一正确实施的司法机关，是保护国家利益和社会公共利益的重要力量，是国家监督体系的重要组成部分，在推进全面依法治国、建设社会主义法治国家中发挥着重要作用”。同时要求，“积极稳妥拓展公益诉讼案件范围，探索办理安全生产、公共卫生、妇女及残疾人权益保护、个人信息保护、文物和文化遗产保护等领域公益损害案件，总结实践经验，完善相关立法”。从中，我们可以进一步解读出检察公益诉讼的制度优势、职能定位、目标任务、价值取向和重大意义。特别是，对进一步发挥党内法规在法治体系中的重要作用提出了新的更高要求。

拓展公益诉讼案件范围，是检察公益诉讼制度高质量发展的重要内容和有效路径。检察机关正立足于加强对法律实施的监督，通过办案推动解决有法不依、执法不严、司法不公、违法不究等阻碍法律统一正确实施的突出问题，并注意发现现行法律存在的供给不足，推动相关立法完善，促进实现科学立法、严格执法、公正司法、全民守法的良法善治，为推进国家治理体系和治理能力现代化贡献检察智慧和检察力量。

一、形势：新阶段、新理念、新格局

检察公益诉讼作为国家治理体系和治理能力现代化进程中应运而生的一项制度改革，经过初期规模化、粗放式发展，到了提质增效、加速扩容、完善立法的新阶段，需要更新理念，构建新格局，实现高质量发展。

（一）新阶段

2020年的检察公益诉讼的关键词是“拓展”。最高人民检察院和省级检察院全面自办案件,检察长带头办案,是办案主体拓展。在安全生产、文物和文化遗产保护、个人信息保护、特定群体权益保护等新领域“亮剑”,是案件范围拓展。强化类案监督,深化专项监督,促进社会治理,推动地方立法,是办案效果拓展。普及公众参与,升级科技应用,是支持体系拓展。拓展,是为了更好地守护人民群众的美好生活。

2021 年的检察公益诉讼的关键词还是“拓展”。未成年人保护法、安全生产法、军人地位和权益保障法、个人信息保护法等单行法增设检察公益诉讼条款,进一步拓展了法定领域的“版图”。以办理有关检察公益诉讼立法的议案、建议、提案为契机,加强专门立法研究,从惩罚性赔偿和预防性诉讼入手,加强国际合作交流,加强与行政机关的协同协作,加强与社会组织的良性互动,进一步拓展了检察公益诉讼的“朋友圈”。出台《人民检察院公益诉讼办案规则》(以下简称《办案规则》),细化分类指导意见,立足传统领域拓展新领域,加强风险防控,确保精准监督,进一步拓展了办案规范体系。检察技术分组参与“南四湖”专案并发挥“压舱石”作用,“益心为公”检察云平台上线运行,加强与空天信息创新研究院、安全生产科学研究院等的战略合作,进一步拓展了借力借智的路径和方式。拓展,有利于更好地实现高水平的自立自强,加快高质量发展。

2022 年的主线是提质增效,在此基础上加速扩容。拓展公益诉讼案件范围,不局限于法定领域以外的拓展,更要向着传统领域的提质增效不断深化。其中,惩罚性赔偿和预防性诉讼将成为新的拓展方向和重要内容。省级人大常委会关于加强检察公益诉讼的专项决定,将朝着全覆盖的方向继续前进。反垄断法、妇女权益保障法、文物保护法、金融稳定法、网络犯罪防治法、无障碍环境建设法等单行法的修订或制定,有望增设检察公益诉讼条款以强化法律保障措施。检察公益诉讼专门立法,也有望纳入全国人大常委会立法规划。

(二)新理念

拓展公益诉讼案件范围,应当坚持积极稳妥的指导思想,认真践行双赢多赢共赢、诉前实现维护公益目的作为最佳司法状态、以诉的形式履行法律监督本职、持续跟进监督等检察理念。在此基础上,还应当直面法律供给不足、理论研究滞后、办案经验欠缺、调查核实困难、评价标准不明等问题导向,贯彻落实好创新、协调、绿色、开放、共享的新发展理念。

创新发展,注重解决传统领域业务发展动力衰减、新领域探索低水平同质化等问题。新领域案件数量的高速增长以及在检察公益诉讼案件总数中的占比不断攀升态势中的一些异常数据提醒我们：一方面，要坚持按照最高人民检察院的工作部署，扎实办理好法定领域的案件，在办理生态环境和资源保护、食品药品安全、国有财产保护、国有土地使用权出让领域案件“全覆盖”的基础上，积极稳妥开展“等”外领域研究探索；另一方面，对新领域案件的立案审批应当从严，遵循司法改革先试点再总结复制推广直至立法确认的规律，避免跟风模仿、遍地开花，突出典型案例对法治进步的引领作用，把创新的重心和功夫，用在增强新领域案件的影响力、示范性上。

协调发展，注重解决区域导向不统一、核心业务不平衡、案件结构不合理、机构队伍不匹配等问题。具体到新领域案件，一些地方的办案数量、案件领域、监督重点呈现明显差异。如针对全国普遍存在的无障碍环境建设问题，有的省份办理大量公益诉讼案件，有的尚未引起重视。有的省级检察院要求做到《最高人民检察院工作报告》部署的新领域办案全覆盖，增加了基层负担。针对2020年9月最高人民检察院印发的《关于积极稳妥拓展公益诉讼案件范围的指导意见》（以下简称《指导意见》）中提出的特定情形可以向特定民事主体制发民事公益诉讼检察建议，有的地方突破适用范围，民事诉前程序结案的案件量出现异常上升。一些编制相近的基层检察院，公益诉讼检察办案团队力量配置差别显著，一定程度上影响了业务均衡发展。

绿色发展，注重解决先粗放再精细、重绩效轻质效、强竞争弱合作等问题。各地受考评压力和鼓励新领域探索的影响，存在集中力量优先办理或者多办理新领域案件的利益驱动。特别是一些地方为了追求所谓的“首例”，标新立异，争先恐后。有的“蹭热点”“博眼球”。从评选“回头看”典型案例和优秀检察建议书的情况看，高质量的新领域案例相对稀缺。在互联网检察公益诉讼管辖规则尚未明确的情况下，一些地方出现抢管辖的苗头。特别是以网络平台、电商平台等互联网头部企业为监督对象时，移送案件线索较少，出现异地监督冲突。在检察机关内部，未成年人保护领域案件范围相对灵活、宽泛，未成年人检察与公益诉讼检察部门在个人信息保护、安全生产、网络治理、特定群体权益保障等领域的分工协作有待加强和规范。知识产权检察、证券检察等机构和职能的专门化，也涉及“三检合一”与公益诉讼检察的统筹协调问题。同时，要进一步明确刑事、民事、行政检察履职中制发的社会治理检察建议与公益诉讼检察建议的定性标准和适用规则，增强检察合力，节约检察资源。

开放发展，注重解决诉前程序司法化不足、起诉前裁判后检法协同不够、司法执法衔接不畅等问题。拓展公益诉讼案件范围的一个最大实际就是起诉案件较少,因为不属于法定领域,起诉案由不在法院受案范围之列。即便起诉,适用法律也存在困难。因此,新领域案件绝大多数是诉前程序案件就不足为奇。但是,如果缺乏公众参与和监督制约,就容易出现由检察机关确认违法,又由检察机关决定不起诉的"独角戏"诟病。换句话说,新领域案件的违法性是否经得起法律的检验,动用公益诉讼检察权的必要性是否符合制度设计的初衷,需要强化公开听证、人民监督员监督程序等司法化改造。针对一些地方新领域案件检察机关起诉后法院不予受理的情形,需要用足用好省级人大常委会的专项决定,把主动与法院沟通协调的工作前移到诉前程序甚至立案环节,争取立得住、诉得出、判得了。针对在行政执法机关部署专项行动后,不等约谈整改期满就"抢跑"监督办案的情形,需要换位思考,避免代位越位。

共享发展,注重解决案例强制检索制度未建立健全、检察文书公开程度低、推进立法贡献度有待增强等问题。在检察机关与其他政法机关和行政执法机关建立信息共享平台时,用什么检察数据来交换执法数据、审判执行数据,一直是个尴尬问题。新领域探索低水平同质化的一个内在原因,是公益诉讼检察案例库尚未有效构建和便捷运行,相应的案例强制检索制度尚未制定实施。检察公益诉讼特别需要公众参与,但民事公益诉讼案件诉前公告和行政公益诉讼案件诉前检察建议公开宣告送达之外的检察文书公开,还有很多顾虑和风险。拓展公益诉讼案件范围的目标任务、路径方式、价值取向,就是在监督保障法律统一正确实施的过程中,发现需要堵塞的漏洞和增强的补丁,积极推动相关法律的完善。因此,要把新领域监督办案的成果更多更好地应用于推动建章立制、地方立法,直至为国家层面优化顶层设计、强化系统治理作出积极贡献。同时,要主动讲好检察公益诉讼的中国故事,为加强全球治理提供中国之治的检察样本。

(三)新格局

检察公益诉讼作为一系列满足人民群众对民主、法治、公平、正义、安全、环境等方面美好生活需求的公共产品,必须胸怀"国之大者",坚持以人民为中心,围绕贯彻落实党和国家重大战略决策部署,坚持需求导向,深化检察产品的供给侧结构性改革。作为创新产品的拓展公益诉讼案件范围检察实践更是如此。

通过公开听证、志愿者平台等方式鼓励和引导社会公众有序有效参与,问需于民。找准同仇敌忾的烦恼事、操心事、揪心事,增强众望所归的获得感、幸福感、安全感,为民谋利。围绕从民意上升为国家意志的立法规划、监督计划,立足法律监督职能和公共利益代表,督促协同负有监督管理职责的行政机关纠正有法不依、执法不严、违法不究情形，促进行业自律，帮助企业合规，破解治理难题，为国解忧。

一方面，要切实满足人民群众对检察公益诉讼重点领域监督办案的刚需。紧紧盯住人民群众反映强烈的生态环境和资源保护、食品药品安全等重点领域突出问题，“打持久战”“啃硬骨头”，去存量，控增量，让天更蓝，水更清，空气更清新，食品更安全，交通更顺畅，社会更和谐有序。另一方面，要有序扩大社会各界对拓展公益诉讼案件范围的内需。顺应老龄化加速、“三孩”政策出台等国情社情发展，对老年人、妇女儿童、残疾人、外卖骑手、农民工等特定群体合法权益保护提出的现实需求，满足安居乐业对个人信息保护、安全生产、反垄断和反不正当竞争、网络治理、文物和文化遗产保护、金融证券、知识产权保护、无障碍环境建设等新领域更加迫切的期待，顺势而为，量力而行，积极稳妥拓展公益诉讼案件范围。

着眼供需匹配，深化公益诉讼检察产品的供给侧结构性改革，做强优势互补的内循环，推动开放共享的外循环。

一是加强“四大检察”的融合。努力实现刑事检察、民事检察、行政检察和公益诉讼检察在检察机关内部无缝衔接，统筹协调，以同一检察品牌供给公益保护检察产品，防止多头司法、重复监督。

二是增强四级检察的联动。在优化各级检察院职能定位、各司其职的基础上，充分发挥检察一体化办案机制优势，统一指挥，统一标准，推动跨区划、跨部门协同协作，破解“九龙治水”、一江两治等难题。

三是构建四大诉讼的格局。在突出刑事诉讼惩戒功能、民事诉讼救济功能、行政诉讼监督功能的基础上，加强行政公益诉讼诉前程序司法化改造，规范民事公益诉讼检察建议的适用范围和程序，加强诉讼保全、先予执行、禁止令措施的适用，进一步彰显公益诉讼高质高效实现诉讼目的之独特独立程序价值和功能。理顺与政府生态损害赔偿诉讼和社会组织等其他民事公益诉讼主体的关系，形成以检察公益诉讼为主，与其他公益诉讼相辅相成的公益诉讼制度体系。

通过双循环，为追求全体人民共同富裕的现代化、物质文明和精神文明相协调的现代化、人与自然和谐共生的现代化，贡献更优质的公益诉讼检察产品。

二、原则：立案条件、负面清单、程序保障

实践证明，《指导意见》有利于加强和规范拓展公益诉讼案件范围的检察实践，特别是明确了有所为、有所不为，并强化审批备案程序，为保障新领域监督办案工作整体健康发展发挥了重要的指导作用。

(一)指导原则

在2019年11月召开的以“协同推进公益诉讼检察工作”为主题的全国政协双周协商座谈会上,汪洋主席对“积极”和“稳妥”开展“等”外领域探索进行了解读。最高人民检察院张军检察长在主持党组会议学习贯彻党的十九届四中全会精神时,及时将探索办理公益诉讼新领域案件的指导原则从“稳妥、积极”调整为“积极、稳妥”。并强调,“积极”就是要坚持在政治站位上对人民高度负责、勇于担当作为。“稳妥”就是要秉持法治、理性精神,立足公益诉讼检察职能定位,把握办案程序和实体的规范性,聚焦重点领域,注重办案质效;做足做实调查取证、研究论证、民意舆情研判等工作,争取各方支持。此后,积极稳妥这一指导原则的适用,从拓展公益诉讼案件范围,拓展到了整个公益诉讼检察工作。中共中央《关于加强新时代检察机关法律监督工作的意见》中,关于公益诉讼检察工作的部署,用的就是“积极稳妥推进公益诉讼检察”。

《指导意见》强调要自觉遵循改革的规律规则。一方面,做好自上而下的谋划和推进。最高人民检察院坚持统一部署、统筹协调,加强顶层设计和对下指导,充分发挥省级检察院的调度作用,提倡省级检察院指定若干条件相对成熟的地方,分类、集中开展相关新领域的理论研究和实践探索。一些省级检察院据此对所辖市级检察院开展新领域监督办案的重点任务进行了分工,有效避免了低水平同质化问题,也培育出了杭州、保定等在拓展公益诉讼案件范围检察实践中表现突出的市级优秀办案团队。湖南省人民检察院将最高人民检察院自办案件交办的电视购物节目虚假宣传案件线索,会同长沙市人民检察院上下联动一体化办理,取得显著成效,为最高人民检察院自办案件积累了成功经验,提供了重要证据和典型案例。另一方面,鼓励自下而上的成果确认、拓展深化、复制推广。充分发挥基层首创作用,通过个案办理、类案监督、专项治理,促成行政机关健全强化监管的制度机制,帮助相关行业加强自律自治。杭州检察机关率先探索的无障碍环境建设检察公益诉讼成功经验,写进了2021年《最高人民检察院工作报告》,并于2021年5月14日,在最高人民检察院与中国残疾人联合会联合召开的“有爱无碍,检察公益诉讼助推无障碍环境建设”专题新闻发布会上,向全国推广。这种拓展模式,也在不断完善和发展。

《指导意见》明确要求科学合理设置新领域案件考评体系。特别强调要突出公益诉讼办案重点,注重办好法定领域案件,在确保生态环境和资源保护、食品药品安全等领域案件全覆盖的基础上,因地制宜、量力而行办理新领域案件。对于这一导向,2022年1月17日召开的全国检察长(扩大)会议上作了进一步强调:

公益诉讼四个传统领域，始终要作为办案重点来抓。2021 年，市、县级检察院已实现生态环境和资源保护、食品药品安全领域公益诉讼办案全覆盖，要进一步聚焦这两个“必办领域”，“啃硬骨头、打持久战”。国有财产保护、国有土地使用权出让领域案件大多涉及国有资产流失问题，市级检察院要作为重点，积极发现线索，自办、督办几起典型案件，充分运用公益诉讼促进监管、挽回损失。关于英烈权益保护、安全生产、未成年人保护、军人荣誉名誉权益保障、个人信息保护领域公益诉讼，近年来相关法律制定、修改，相继纳为制度安排。公益诉讼“4 + 5”法定责任必须落实。法定领域外，要积极、稳妥重点办理网络治理、金融证券、知识产权、文物和文化遗产保护、妇女权益保障等领域案件，为相关立法完善奠定实践基础。

《指导意见》还提出，公益保护同时涉及法定领域和新领域的，原则上作为法定领域案件立案办理。实践中，涉及人文遗迹、风景名胜区、传统村落、历史风貌建筑保护的文物和文化遗产保护领域案件，在提起民事公益诉讼时均“借道”适用环境保护法，作为生态环境和资源保护领域案件办理。

《指导意见》反对专门就办理新领域案件下数量指标。这一要求要想真正落到实处，还需要鼓励高质量的案例宣传与加大案件质量评查力度双管齐下。对于能够在主流媒体上宣传报道，且没有负面舆情的新领域案件，在考评考核中应当给予鼓励。对于在案件质量评查中发现属于瑕疵案件甚至应当报批而未报批等程序违法，提出检察建议监督对象错误等质量不合格的案件，应当负面评价甚至追究办案责任。牢固树立以质量为生命线的考评导向。

（二）立案条件

新领域案件的立案环节是整个办案流程的关键，也是难点，需要做好违法性判断和必要性评估。《指导意见》特别强调，新领域案件立案应当同时满足四个条件，缺一不可。以杭州检察机关立案办理无障碍环境建设领域检察公益诉讼案件为例：

一是国家利益或者社会公共利益遭受严重侵害或者存在重大侵害危险，人民群众反映强烈。这是对公益损害严重性的要求，即损害结果严重，或者侵害危险重大。人民群众反映强烈，则说明公益损害具有普遍性，公益保护具有紧迫性。盲道被违规占用现象突出，除共享单车、电动自行车、机动车临时占用外，还包括电线杆、消防栓等固定设施的长期占用，成为视力障碍人士出行的“拦路虎”。杭州承办 2022 年亚（残）运会，对无障碍环境的需求强烈、迫切。

二是侵害行为违反法律强制性规定,具有明显的违法性。杭州检察机关对照国家和地方有关无障碍环境建设的法律法规规章、强制性标准,梳理出相关违法点和责任主体。盲道“断头”、不连续问题严重,个别长达百余米。经调取周边建筑新建、改建、扩建图纸并查阅相关建设档案后确认,相关人行道在建设过程中均铺设盲道,周边建筑在批准改建时破坏了部分盲道,主体工程完工后未重新按照盲道铺设标准恢复,仅使用水泥等建筑材料抹平了事。以上违法显而易见,检察机关的监督意见让被监督对象心服口服。

三是现有行政执法制度机制严重失灵或者存在明显短板,难以有效解决公益侵害问题。杭州检察机关认为,盲道等无障碍环境建设问题,反映建设环节主体责任落空、审核环节行政监管缺失、使用环节维护管养不力等问题。许多无障碍设施在交付使用时即不符合相关标准,引发后续不可避免的改建、扩建等工作,浪费大量的人力、物力资源。有关行政职能部门对设计建造未严格把关,改造提升未依法履职,日常管养未及时监管。特别是无障碍设施的建设与管理涵盖设计、审查、施工、监理、验收、维护等“全流程”,监管主体多元、责任主体分散,任何一个环节出现问题即可能产生障碍,而“九龙治水”、各管一段,容易出现扯皮和漏洞。

四是没有其他适格主体可以提起诉讼,难以通过普通民事、行政、刑事诉讼有效实现公益保护。对于盲道缺失、破损、不符合标准、被违法占用等问题,视力障碍人士基本选择放弃自主出行,忍气吞声,依靠个人也难以维权。健全人通常缺乏利益关切,有的反而觉得盲道可有可无,甚至碍手碍脚。残联组织代表弱势群体表达监督意见和利益诉求,但缺乏强制手段。除了盲道关联的窨井盖被盗窃等特殊情形可以通过刑事追诉来维护公益,其他诉讼手段难以启动或者见效。盲道问题司空见惯、习以为常。有需要者感觉不能用、不好用,许多盲道形同虚设,闲置浪费,建设、管理、使用、维护脱节,形成了恶性循环。

正是基于以上判断,杭州检察机关部署开展了包括整治盲道问题在内的无障碍环境建设检察公益诉讼专项监督行动。各地检察机关以盲道问题为重点、切入点、着力点,也办理了一批相关案件。无障碍环境建设检察公益诉讼得到各方面的赞扬、认同、支持、配合,并不断向更广泛空间延伸拓展。

(三)负面清单

为防止新领域探索无限无序扩张,给检察公益诉讼制度高质量发展造成负面影响甚至阻碍,最高人民检察院特别强调在检察实践中要注意把握新领域案件立案的界限。经评估新领域案件线索具有以下情形之一的，不宜立案：

一是通过私益诉讼可以有效解决权利救济的。如被拖欠工资的农民工起诉用工单位支付工资，超时加班的员工起诉企业支付加班费，被家暴的妇女起诉离婚，预付卡消费者起诉发卡企业违约，等等。这些对象特定、法律关系明确、权利义务相对的私益诉讼，检察机关可以通过诉讼监督，保障依法公正裁判、执行，必要时可以支持起诉，但不作为民事公益诉讼案件立案办理。至于这些私益诉讼个案或者类案反映的诉源治理共性问题涉及的公共利益，可以通过社会治理类检察建议推动相关职能部门履职尽责。

二是保护特定公共利益可能影响其他公共利益，容易引发或者加剧社会矛盾的。如虐待甚至虐杀猫狗并在互联网上传播的行为，在许多爱心人士特别是热爱宠物的群体看来，损害了动物福利、人与自然和谐关系、未成年人身心健康、网络生态环境等公共利益，应当惩治。但是，反对宠物饲养的群体，认为宠物传播狂犬病、棘球蚴病，危及老年人妇女儿童生命健康安全，应当更严格地监管，有的甚至主张禁止饲养、统一捕杀。在法律尚未明确虐待甚至虐杀猫狗以及在互联网上传播相关视频、照片的行为属于违法的情况下，不宜直接针对虐猫狗视频传播行为启动检察公益诉讼。

三是对于存在重大争议的新生事物或者历史遗留问题，相关行政法规缺位或者如何治理有待进一步凝聚共识的。如伴随电子支付技术应用的普及，无人超市或者商超中的自动结账经营管理模式逐渐走进日常生活。对商家来说，在节约劳动力成本、方便消费者以提升竞争力的同时，必然承担失窃现象增多的经营风险。现实中，一些高收入、受过高等教育的年轻人，因三次在商超趁自动结账不备之机"顺手牵羊"，被以盗窃罪追究刑事责任。此类案件呈现明显上升趋势。一些商家实行"偷一罚十"的潜规则，有的员工借机对违法者进行敲诈勒索。许多地方检察机关对此提出社会治理类检察建议，推动商家采取升级技术手段、加大警示力度等方式加强安全防范。但是，在国家针对此类新技术应用的经营场所、经营模式尚未出台明确规范和监管措施的情况下，不宜将其作为民事公益诉讼案件立案办理。至于存在重大争议的历史遗留问题，如集中墓葬的整治等，检察公益诉讼也不宜介入。

四是行政机关对所涉公益侵害事实正在依法履职，有明确处理意见或具体处理措施的。如针对冬奥会、冬残奥会吉祥物冰墩墩、雪容融的侵犯知识产权问题，国家有关主管部门明确要求严查，主流媒体加强了释法说理，各地行政机关加大了执法力度。在此情况下，检察机关发现相关侵权线索，应当及时向相关职能部门移送，而不是直接制发行政公益诉讼诉前检察建议。当侵权行为持续、损害结果扩大，而行政机关怠于履职时，才适合作为知识产权保护领域检察公益诉讼案件立案办理。又如，国家市场监督管理总局、国家反垄断局针对多家互联网头部企业的垄断行为作出行政处罚的，检察机关不宜“搭顺风车”，基于同一违法事实。借机立案办理反垄断领域公益诉讼案件。

检察公益诉讼的制度优势和治理效能日益显现，人民群众对检察机关充分发挥公益诉讼检察职能推动解决国家治理难题和民生热点问题的需要越来越广泛和迫切。越是高歌猛进，越要保持清醒，在拓展公益诉讼案件范围的立案环节力求规范，防止权力滥用，防范办案风险。

（四）程序保障

检察公益诉讼调查核实难，新领域调查核实更难。《指导意见》要求，坚持以起诉案件的证据标准，扎实开展新领域案件的调查核实工作。一般认为，《个人信息保护法》授权检察机关提起的是民事公益诉讼。《反垄断法》修订草案中也只限于民事公益诉讼。可以预见，新领域案件结构中，民事公益诉讼案件的占比将较传统领域有所上升。检察机关提起民事公益诉讼，证明责任和难度通常高于提起行政公益诉讼。为此，在公益诉讼专家咨询平台和专家库建设中要充分考虑办理新领域案件需要，重点加强新领域案件证据收集、固定以及评估鉴定、整改计划、修复方案、验收标准等专业知识的专家咨询和技术支持工作。特别是，对于涉及算法、证券、垄断等违法性研判的，可以探索采取司法辅助事务社会化服务外包等方式，补强检察机关在新领域办案经验、力量、技术方面的弱项。最高人民检察院在指导办理网络游戏沉迷、电视购物节目虚假宣传等案件过程中，委托专业机构进行开源网络情报调查，为调查核实和确认违法提供了重要决策依据。

基于新领域案件呈现“行民并举”甚至“先民后行”的特点，《指导意见》对加强与行政机关的磋商提出更高要求。行政公益诉讼方面，要求新领域行政公益诉讼案件立案后应当及时与被监督行政机关就法定监管职责、履职尽责标准、整改落实方案等进行磋商，争取达成共识。同时涉及若干被监督行政机关的，可以通过圆桌会议共同磋商。《办案规则》出台后，明确为“应当在七日内将《立案决定书》送达行政机关，并可以就其是否存在违法行使职权或者不作为、国家利益或者社会公共利益受到侵害的后果、整改方案等事项进行磋商。磋商可以采取召开磋商座谈会、向行政机关发送事实确认书等方式进行，并形成会议记录或者纪要等书面材料”。民事公益诉讼方面，规定新领域民事公益诉讼案件立案前可以主动与负有监管职责的行政机关进行磋商，重点磋商针对民事违法主体是否穷尽行政执法手段，获取相关执法信息，并征求相关专业领域的意见建议。这项制度细节的设计，既遵循行政监管先行、法律监督跟进的权力运行规律和权力监督规则，也体现了严格政府监管责任与企业主体责任并重的系统治理要求，有利于提升监督办案的精准度与时效性。

特别需要指出的是，《指导意见》为探索民事公益诉讼诉前检察建议作出了安排："为及时有效保护受侵害的公益或者应急处置重大侵害危险，充分发挥检察公益诉讼的预防功能，推动源头治理、系统治理，对于承担一定公共管理职能和重要社会责任的网络运营者、电子商务平台经营者，以及在防止和减少生产安全事故中承担主体责任的生产经营单位，可以探索提出民事公益诉讼诉前检察建议，督促其整改。"针对检察实践中产生的疑问，最高人民检察院第八检察厅专门对民事公益诉讼案件中制发检察建议的依据及其性质作了进一步规范：一是明确了此类检察建议的性质。既不同于行政公益诉讼诉前检察建议，也并非社会治理类检察建议，不等同于也不能替代民事公益诉讼的诉前公告，属于民事公益诉讼办案方式的新探索。提出检察建议后，如果相关主体不予整改，公益损害仍然持续，检察机关应当依法履行诉前公告程序，无适格起诉主体的，检察机关可以直接提起民事公益诉讼。二是细化了适用情形。要求坚持公益诉讼是"以诉的形式履行法律监督本职"的职权定位，针对承担一定公共管理职能和重要社会责任的民事违法主体，在不涉及或者不影响民事公益损害赔偿救济，也不直接减损或者增加当事人民事权益的前提下，对于存在重大事故隐患或者其他公益侵害危险，确实需要应急处置的，以及侵害公益的违法事实显而易见或者不存在争议，能够及时有效整改的，可以探索通过民事公益诉讼检察建议的方式，劝诫、督促停止侵权违法行为，及时采取公益保护措施。三是配套了审核程序。强调为防控办案风险，避免给公益诉讼检察制度发展造成负面影响，各地检察机关在民事公益诉讼案件中探索向违法主体制发检察建议，应当对照适用条件，认真研判，从严把握，并层报省级检察院审批。省级检察院应当就制发检察建议的必要性、合理性、精准性进行严格的审核把关，切实防止办案过程中的"避重就轻""捏软柿子"，防止在民事公益诉讼案件特别是新领域案件中滥发检察建议。

拓展公益诉讼案件范围的检察实践明显走在理论研究的前头，被称为"无人区实验"。《指导意见》将加强研究论证作为程序保障的重要内容，提出：办理重大疑难复杂的新领域案件，提倡通过专家咨询论证或者委托社会调查征集民意，辅助检察机关判断新领域案件线索反映问题是否确属严重损害公共利益，是否确有必要启动检察公益诉讼程序,征求对检察建议、诉讼请求必要性与可行性的意见建议。这是浙江宁波检察机关办理骚扰电话案积累的成功经验,现已成为研究探索新领域监督办案的通用程序。例如,上海检察机关针对某知名国际快餐连锁企业采取盲盒捆绑指定套餐的营销模式是否违反了反食品浪费法,邀请商务、市场监管、消协、餐饮协会、法学院校、立法等方面的专家进行了咨询论证。又如,最高人民检察院直接立案办理的"996"专案,其在上海、浙江、广东就"996"工作制侵害劳动者权益问题开展专题调研、问卷调查,为监督办案奠定了民意基础,提供了实证依据。

新领域探索的对象、尺度、时机、方式等把握不当,很容易遭受权力扩张和滥用职权的质疑,迫切需要自觉接受监督。《指导意见》提出,行政机关、社会组织、新闻媒体等对检察机关办理的新领域案件提出书面意见的,应当由相应的省级检察院以适当方式作出回应。必要时召开听证会或者启动人民监督员监督程序。实践中,某社会组织曾经就环境污染防治、疫情防控向检察机关提出启动公益诉讼的书面意见。在新领域探索中,认为检察机关应当立案而不立案,或者不应当立案而立案的情形,都有可能出现,并通过新闻媒体、网络舆情等公开表达。例如,某律师在接受媒体采访时披露已向最高人民检察院书面申请就某网暴致人死亡事件提起公益诉讼。依据最高人民检察院 2019 年 8 月印发的《人民检察院办案活动接受人民监督员监督的规定》,人民监督员监督范围涵盖刑事、民事、行政、公益诉讼"四大检察"等各类案件。类似情形,可以主动接受人民监督员的监督,促进新领域办案活动公开公正。

为了确保拓展公益诉讼案件范围的检察实践不跑偏、不走样、不凑数、不盲从,《指导意见》对审批备案程序进行了严格规范。明确新领域案件的立案,应当由省级检察院审批。超出全国人大及其常委会明确要求、地方性法规支持探索、中央层面改革文件等要求研究探索、已有指导性案例或者典型案例发布范围的新领域案件,以及最高人民检察院《关于重大敏感案件请示报告和指导办理工作规定》要求报批的案件,应当层报最高人民检察院审批。特别提出,经审批立案的案件,后续的相关法律文书,应当及时层报审批检察院备案,努力确保每个新领域案件都有始有终、落地落实。同时,为减轻审批工作量,避免重复操作,规定办理与最高人民检察院发布的指导性案例、典型案例,或者经省级以上检察院批复同意立案的同类新领域案件,可以备案替代审批。针对实践中出现的非属地管辖的检察院立案办理涉及互联网平台头部企业的民事公益诉讼案件的新情况,最高人民检察院及时作出补充规定,要求此类案件的立案必须报经最高人民检察院审批,并明确以属地管辖为原则，确有必要异地办理的，由最高人民检察院指定管辖。

三、重点：立法导向、地方赋能、案例指导

《指导意见》要求准确把握新领域案件的重点范围。随着实践的发展和立法的提速，这些重点也在拓展深化中与时俱进调整更新。

第十三届全国人民代表大会第三次会议《关于最高人民检察院工作报告的决议》批准的2020年工作安排中明确提出，"积极、稳妥办理安全生产、公共卫生、生物安全、妇女儿童及残疾人权益保护、网络侵害、扶贫、文物和文化遗产保护等领域公益损害案件"。第十三届全国人民代表大会第五次会议《关于最高人民检察院工作报告的决议》批准的2022年工作安排中具体部署，"积极稳妥办理网络治理、金融证券、知识产权、文物和文化遗产保护、妇女权益保障等新领域案件"。

经过两年的新领域拓展，成功将未成年人保护、安全生产、军人地位和权益保障、个人信息保护，纳入检察公益诉讼法定领域，法定领域成为"4 + 5"。基于2021年新增的4个领域需要积累办案经验、逐步完善指导意见，最高人民检察院将上述4个新增领域作为法定新领域，积极稳妥部署和推进办案工作。未成年人保护是首个以保护对象作为专门业务的特定群体权益保障领域。涉及未成年人保护的"四大检察"统一归口由未成年人检察部门承担。

最高人民检察院胸怀"国之大者"，服务保障党和国家战略部署，紧紧围绕全国人大常委会立法工作计划、监督工作计划，重点办理拟出台、修订的法律或者执法检查涉及的公益诉讼案件，主动回应、不断满足人民群众美好生活需要，监督保障相关法律统一正确实施，为相关法律完善提供实践依据。

下面以个人信息保护、妇女权益保障、知识产权保护和预防性环境公益诉讼为例，谈谈对《指导意见》关于新领域重点的把握。

（一）个人信息保护

检察机关作为个人信息保护法授权提起公益诉讼的第一主体，肩负着重要责任。最高人民检察院突出重点，切实防止过度收集、滥用、窃取、泄露、倒卖的个人信息，被用来实施电信网络诈骗、网络暴力、大数据杀熟、不正当竞争等。通过加强与公安、网信、工信、市场监管等主管部门的衔接协作，统筹发挥刑事、民事、行政、公益诉讼"四大检察"职能，打好全链条整治的组合拳，重点保护"一老一小"等特定群体和敏感信息，揪出教育、保险、通信、银行、房产、酒店、物业、物流等行业的内鬼，促进企业合规，推动社会共治。

最高人民检察院第八检察厅在《关于对甘肃省人民检察院第八检察部有关个人信息保护公益诉讼案件相关问题请示的答复意见》中解答了若干实践疑问:

一是准确把握侵权之诉与公益诉讼的界限。《个人信息保护法》第70条针对“侵害众多个人的权益”的情形设定公益诉讼程序。个人信息安全涉及信息主体的人格权和财产权,敏感信息甚至关系自然人的人身安全。《个人信息保护法》兼具私法和公法性质,针对特定少数个体个人信息权益受到侵害的情形,赋予其私益救济的权利;同时,针对侵害众多个人信息权益的情形,配置给检察机关和有关组织提起民事公益诉讼的诉讼主体资格。检察机关提起个人信息保护民事公益诉讼,应当参照刑事立案标准,并坚持以是否严重侵害社会公共利益为立案标准。例如,可以通过私益诉讼全面有效实现权利救济的,则不宜以检察公益诉讼介入。在办案中,注意围绕最高人民检察院《关于贯彻执行〈中华人民共和国个人信息保护法〉推进个人信息保护公益诉讼检察工作的通知》明确的个人信息保护重点范围,突出对涉及众多敏感个人信息、未成年人等特定群体个人信息、教育医疗等民生行业、信息数量巨大等损害国家利益或社会公共利益案件的监督办理。

二是审慎研究探索惩罚性赔偿。针对个人信息保护民事公益诉讼中能否提出惩罚性赔偿存在不同认识,且缺乏明确法律依据的问题,2020年1月出台的《法治中国建设规划(2020—2025年)》明确提出,“拓展公益诉讼案件范围,完善公益诉讼法律制度,探索建立民事公益诉讼惩罚性赔偿制度”。据此,一些地方检察机关在商法院的基础上,探索推广惩罚性制度在食品安全以外的民事公益诉讼案件中应用。建议参照《探索建立食品安全民事公益诉讼惩罚性赔偿制度座谈会会议纪要》中的相关规定,加强与法院协商,审慎研究探索个人信息保护民事公益诉讼中惩罚性赔偿制度的适用。

三是坚持过罚相当原则。个人信息侵权行为人依法承担刑事、民事、行政责任应当过罚相当。检察机关办理个人信息保护案件可以适用“一案三查”,统筹平衡相关法律责任,综合运用有效追责方式。依据《民法典》第187条之规定,承担行政责任或者刑事责任不影响承担民事责任。但如果行政处罚、刑事追诉能够追偿修复受损公益所需费用,并追缴违法犯罪所得,则不必另行提起民事公益诉讼主张民事赔偿。如行政处罚、刑事追诉不足以实现保护公益之目的,或者该违法犯罪行为造成的侵害结果及危险难以量化并可能继续扩大的,可以在人大的监督和法院的支持下,通过民事公益诉讼合理确定其公益修复责任,同时需兼顾其执行能力,保障监督效果。

在办理个人信息保护领域检察公益诉讼案件过程中需要特别注意在服务保障数字强国战略中能动履职。如人脸信息属于敏感个人信息，一旦泄露或者非法使用，容易导致人格尊严受到侵害或者人身、财产安全受到危害。近年来，国家和一些地方鼓励运用人脸识别技术加强智慧旅游景区建设。《个人信息保护法》对人脸信息从严保护，景区如何合法使用人脸识别技术成为亟待解决的治理难题。浙江省湖州市人民检察院根据"益心为公"检察云平台志愿者提供的线索，查明某景区在采集游客人脸信息时未依法履行告知义务，存在强制要求购票游客录入人脸信息、"刷脸"入园的情形，且景区未对采集到的人脸信息定期予以删除，致使游客个人信息权益被侵害，损害了社会公共利益。检察机关坚持依法办案与服务营商环境、个人信息保护与景区智能化建设趋势有机结合，探索向景区运营主体制发民事公益诉讼检察建议，在提升景区管理智能化水平的同时，推动形成个人信息保护合力，实现办案效果最优化。特别是为确保景区对违规收集储存的人脸信息数据进行删除的工作符合规范，检察机关组织技术力量会同办案人员赴现场开展技术勘验，邀请人大代表、人民监督员进行现场见证，对涉案景区前期采集、储存的游客人脸信息共计 120 万余条完全删除，并根据游客入园的需要合理设置人脸数据删除的期限。在此基础上，检察机关与网信部门就景区全链条合规建设开展磋商，双方达成协作共识，以景区数据合规体系建设为切入点，加强景区管理智能化建设，推动出台具有地方特色的个人信息保护监管标准，形成体系化的监管模式，确保个人信息处理者合规收集、使用、储存信息。

（二）妇女权益保障

2021 年 9 月 8 日，国务院印发的《中国妇女发展纲要（2021—2030 年）》提出"促进开展妇女权益保障领域的公益诉讼"。9 月 9 日，国务院新闻办公室发布的《国家人权行动计划（2021—2025 年）》提出："完善妇女权益保障制度。修改妇女权益保障法。检察机关积极探索开展相关领域公益诉讼。对通过大众传媒或者其他方式贬低损害妇女人格、侵害妇女财产权益、在就业等领域歧视妇女以及不履行预防和制止家庭暴力职责等侵害不特定多数妇女合法权益、损害社会公共利益的行为，检察机关可以发出检察建议或提起公益诉讼。"2021 年 12 月 20 日至 24 日召开的第十三届全国人大常委会第三十二次会议审议全国人大社会建设委员会关于提请审议妇女权益保障法修订草案的议案。该草案介绍的建立妇女权益保障检察公益诉讼制度，成为一大亮点。这是彰显党的主张、国家意志和人民意愿高度统一的立法进展。与之相关的检察实践，已经积极稳妥探索两年。

2019年以来,26个省级人大常委会出台了关于加强检察公益诉讼工作的决定。其中,山西、辽宁、福建、广东、甘肃、宁夏、新疆明确授权检察机关开展妇女权益保障领域公益诉讼。此外,山东将就业领域纳入检察公益诉讼案件范围,主要保障妇女平等就业权利。

广东省深圳市制定的《深圳经济特区无障碍城市建设条例》于2021年9月1日起施行,该条例第61条规定:“未按照无障碍标准规范进行建设或者损毁、侵占无障碍设施,致使社会公共利益受到损害的,残疾人联合会、妇女联合会、共青团等群团组织可以依法提起民事公益诉讼;人民检察院认为有必要的,可以依法支持起诉。前款规定的群团组织未提起民事公益诉讼的,人民检察院可以向人民法院提起民事公益诉讼。人民检察院在履行职责中发现无障碍城市建设领域负有监督管理职责的行政机关违法行使职权或者不作为,致使国家利益或者社会公共利益受到侵害的,应当向行政机关提出检察建议;行政机关不依法履行职责的,人民检察院可以向人民法院提起行政公益诉讼。”据此,深圳检察机关可以会同妇联组织,针对涉及怀孕、哺乳、育婴、伤病、残障、老年失能失智等妇女权益保障的出行无障碍、服务无障碍、信息无障碍等领域开展公益诉讼。

2021年9月30日起施行的浙江省人民代表大会常务委员会《关于网络虚假信息治理的决定》第18条第2款规定,“检察机关应当探索开展网络虚假信息治理领域公益诉讼”。这为浙江检察机关发挥公益诉讼检察职能,治理通过大众传播媒介或者其他方式贬低损害妇女人格等问题,提供了法律依据。

2022年1月1日起施行的《黑龙江省女职工劳动保护条例》第23条第3款规定:“各级检察机关对侵害女职工合法权益、损害社会公共利益的用人单位,可以运用支持起诉、诉前检察建议、提起公益诉讼等方式,依法履行法律监督职责。”黑龙江省检察机关正在摸排女职工劳动保护领域案件线索,为正式开展监督办案做好准备。

最高人民检察院牵头上海、浙江、广东检察机关成立“996”专案组,将女职工劳动保护和妇女平等就业保护作为监督办案的切入点和着力点,正在开展调研和调查工作。针对特定社会事件反映的侵害不特定多数妇女合法权益、损害社会公共利益突出问题,指导相关地方检察机关开展个案探索并推动类案监督、系统治理。

特别是,针对《妇女权益保障法》修订草案尚未纳入的反家暴检察公益诉讼,最高人民检察院结合办理全国人大代表提出的相关建议,积极稳妥探索实践。

习近平总书记强调“要努力消除一切形式针对妇女的暴力,包括家庭暴力”。

家暴行为在对家庭成员构成侵权的同时，也损害了公序良俗、社会主义核心价值观。清官难断家务事。常规的刑事诉讼与民事诉讼在惩治与预防家庭暴力方面存在短板和盲区，这正是探索公益诉讼的价值所在。最高人民检察院指导地方检察机关从对家暴成瘾者实施强制医疗，对公职人员实施家暴者给予政务处分，残障人士被家暴时实行强制报告，以及公共场所实施家暴或者通过网络公开传播家暴视频等突出问题和重点环节切入和着力，加大反家暴检察公益诉讼研究探索力度，监督保障反家庭暴力法统一正确实施。

2021 年 10 月，最高人民检察院第八检察厅将网络舆情《瞠目结舌！丈夫强奸岳母未遂，妻子 5 次起诉离婚，法院：夫妻感情没破裂》反映的潘某以家暴、长期分居、殴打骚扰其母亲导致感情破裂等原因起诉离婚 5 次，但均被法院以夫妻感情没有破裂为由判决不准离婚问题线索，转江苏检察机关关注，指导在扬州市宝应县开展试点。

宝应县人民检察院与县妇联联合开展"消除对妇女暴力维护妇女权益"检察公益诉讼专项行动。通过调查研究 2019 年至 2021 年相关职能单位受理和处理的妇女受家暴案（事）件，针对信息沟通不畅、处置不及时、惩戒力度不足，以及证明家暴难、离婚判决难等问题，发函提出检察工作建议，督促公安机关依法出具告诫书，建议法院依法作出人身安全保护令裁定，既加强对施暴者的教育警示，及时保护受害妇女，也为受害妇女提起离婚诉讼提供关键证据。2022 年 2 月，江苏省宝应县政法委、监察委、法院、检察院、公安局、司法局、民政局、卫健委出台《关于在消除对妇女家暴维护妇女权益中加强协作的实施意见》，完善家暴预警、矛盾纠纷应急处置、适时干预调解、持续跟踪回访、严重家暴案件求助、预防和制止家暴普法宣传等多元一体化协同治理制度，细化了各成员单位的职责分工，初步建立起消除对妇女暴力的社会支持体系。特别是明确了检察机关可以向有关部门、单位提出预防家庭暴力的检察建议，可以建议法院及时根据受害妇女申请发出人身安全保护令，可以建议公安机关对施暴者发出告诫书等，具有首创精神和示范意义。

2022 年 3 月 3 日，最高人民法院、全国妇联、教育部、公安部、民政部、司法部、国家卫生健康委联合出台《关于加强人身安全保护令制度贯彻实施的意见》。其中规定，民政部门、医疗机构在工作、诊疗过程中发现无民事行为能力人、限制民事行为能力人遭受或者疑似遭受家庭暴力的情况，应当及时向公安机关报案；学校、幼儿园发现未成年人遭受或者疑似遭受家庭暴力的情况，应当及时向公安、民政、教育等有关部门报告；要求司法行政机关加大对家庭暴力受害人的法律援助力度;等等。该意见为检察机关开展反家暴检察公益诉讼进一步突出了重点,补强了依据。下一步,检察机关可以通过检察建议激活现有的反家暴治理机制,特别是重点监督纠正相关反家暴责任主体应当报告未报告、应当告诫未告诫、应当救助未救助、应当援助未援助、应当保护未保护等情形。

(三)知识产权保护

2021 年 10 月 31 日,习近平主席在视频出席二十国集团领导人第十六次峰会时指出,深化全球发展伙伴关系,构建全球发展命运共同体。在中美经贸磋商的议题中,知识产权保护始终是重中之重。这也是深化全球发展伙伴关系,构建全球发展命运共同体必须保护和平衡的国家利益和社会公共利益。中共中央、国务院印发《知识产权强国建设纲要(2021—2035 年)》(以下简称《纲要》)。《国家人权行动计划(2021—2025 年)》也提出,“实行严格的知识产权保护制度。完善知识产权案件诉讼制度。健全知识产权侵权惩罚性赔偿制度,加大损害赔偿力度”。

2022 年 3 月 1 日,最高人民检察院召开主题为“加强新时代知识产权检察服务保障创新驱动发展”的新闻发布会,发布最高人民检察院《关于全面加强新时代知识产权检察工作的意见》。其中明确提出:稳步开展知识产权领域公益诉讼。加强对知识产权领域公益诉讼的理论研究和实证分析,把握知识产权公益诉讼特点和规律。梳理知识产权领域公益诉讼案件线索,依托公益诉讼法定领域积极稳妥拓展知识产权领域公益保护。重点加强国家地理标志产品相关生态环境和资源保护,统筹保护涉及的食品药品安全;从维护粮食安全出发,加强种业知识产权的公益保护;从维护英烈权益出发,加大相关商标权、著作权公益损害案件办理力度;聚焦传统文化、民间文艺、传统知识保护,积极稳妥办理文物和文化遗产公益损害案件。通过办理典型案件回应社会关切、维护社会公共利益。加强与相关执法部门的沟通协作,堵塞管理漏洞,促进社会治理创新。

关于商标权,类似最高人民检察院发布的第 26 批指导性案例中的邓某城、双善食品(厦门)有限公司等销售假冒注册商标的商品案(检例第 98 号),检察机关在食品药品安全领域办理了一批涉及商标权保护的公益诉讼案件。而最高人民检察院近期在英烈保护领域直接立案办理的某企业注册商标侵害革命名人陈望道肖像、名字案,成功督促有关职能部门作出涉案注册商标无效的决定,责令涉案企业回收、销毁违法商品及包装盒,并从国家层面推动对红色资源被抢注商标等公益损害问题的系统治理,依托英烈保护给出商标权保护的负面清单,诠释了知识产权公益保护的法治思维和法治方式。

关于专利权，在呼和浩特市人民检察院诉内蒙古阜丰生物科技有限公司大气污染民事公益诉讼案中，检察机关针对生物发酵类行业普遍存在的恶臭气体排放治理难题，在督促污染企业承担环境污染治理主体责任的同时，促进企业进行环保技术改造升级，改进的生产工艺获得国家专利，实现了生态效益与经济效益的共赢。该案的启示，不仅在于办理生态环境和资源保护领域公益诉讼案件应当同步保护专利，更加注重借助科技创新有效修复生态、防控风险，而且对于安全生产和个人信息保护等新领域同样适用，更鼓励检察信息技术的支撑产品也成为专利。

关于著作权，在2019年度检察机关保护知识产权典型案例之江苏中国音像著作权集体管理协会与常熟市虞山镇鑫龙娱乐会所侵害作品放映权纠纷支持起诉系列案中，常熟市人民法院采纳了检察机关的支持起诉意见，判令被告会所立即停止侵害《白月光》等282部涉案音乐电视作品放映权的行为，并从曲库中删除该作品；赔偿原告经济损失人民币98,700元。此类监督办案符合《纲要》“完善著作权集体管理制度，加强对著作权集体管理组织的支持和监管”的要求，下一步需要针对网络侵权产品以线上为主的新趋势，积极应对文艺表演、体育赛事直播、网络游戏、数据产权保护等新课题，不断拓展公益保护范围。

关于加强地理标志产品。《纲要》针对加强算法、商业方法、人工智能产出物知识产权保护，非物质文化遗产保护，中医药知识产权保护，地理标志产品保护，种业知识产权保护等明确了政策措施。这为检察机关拓展传统领域知识产权公益诉讼，积极稳妥探索反垄断、文物和文化遗产保护、产品质量保护等新领域公益诉讼提出了新的更高要求。2018年以来，北京、江苏等地检察机关在开展“阳澄湖大闸蟹”地理标志产品公益诉讼专项监督活动过程中积累了宝贵的经验。河南检察机关在汝瓷保护、云南检察机关在普洱茶保护、福建检察机关在福鼎白茶保护、浙江检察机关在龙井茶保护等国家地理标志产品保护方面也进行了有益探索。检察机关可以将地理标志产品保护作为拓展知识产权检察公益诉讼案件范围的重点，“推动地理标志与特色产业发展、生态文明建设、历史文化传承以及乡村振兴有机融合，提升地理标志品牌影响力和产品附加值”。以推动农产品溯源体系建设，“实施地理标志农产品保护工程”作为重中之重，为“探索制定地理标志等专门法律法规，健全专门保护与商标保护相互协调的统一地理标志保护制度”，“塑造中国商标品牌良好形象，推动地理标志互认互保，加强中国商标品牌和地理标志产品全球推介”作出应有的检察贡献。

关于非物质文化遗产。2021年3月6日，习近平总书记在看望参加全国政协十三届四次会议的医药卫生界、教育界委员,并参加联组会听取意见和建议时强调,要做好中医药守正创新、传承发展工作,建立符合中医药特点的服务体系、服务模式、管理模式、人才培养模式,使传统中医药发扬光大。要科学总结和评估中西药在治疗新冠肺炎方面的效果,用科学的方法说明中药在治疗新冠肺炎中的疗效。2020 年以来,中医药防治新冠肺炎的经验做法在国内外得到验证,发挥中医药优势、弘扬中华优秀传统文化,对于增强民族文化自信、推动构建人类命运共同体具有重要意义。看到成绩的同时,党和国家也正在针对中医药传承不足、创新不够、作用发挥不充分、资源的发掘和保护工作仍待推进等问题对症下药,大力推进中医药资源的发掘和保护工作。2020 年 7 月 25 日,中国非物质文化遗产保护协会中医药委员会成立大会在北京召开,中国非物质文化遗产保护协会中医药协调委员会、中医药委员会正式宣告成立。这充分说明,通过非遗保护推动中医药传承发展,已经引起高度重视。最高人民检察院在积极稳妥拓展公益诉讼案件范围过程中,将中医药非遗传承保护纳入文物和文化遗产保护领域的办案重点。在继续加强药品安全领域检察公益诉讼的同时,通过探索非遗保护检察公益诉讼,完善对中医药传承人、药方、药材等的系统保护,规范中医药行业、产业源头治理,并重视解决所涉及的中医药知识产权保护问题,特别是加强涉外知识产权保护,确保中医药姓“中”。

(四)预防性环境公益诉讼

预防性环境公益诉讼,是指以预防损害结果发生或者扩大为目的,针对具有损害社会公共利益重大风险的污染环境、破坏生态的行为,由法律规定的机关或者有关组织提起公益诉讼,申请或者建议法院裁定禁止令保全措施,诉请法院判决责令被告停止侵害、排除妨碍、消除危险,实现预防为主的司法保护功能。检察公益诉讼制度确立后,预防性环境公益诉讼,既包括环境民事公益诉讼,也适用于检察机关在生态环境和资源保护领域提出诉前检察建议和提起行政公益诉讼。

在 2019 年全国两会上,全国人大代表、重庆市人民检察院检察长贺恒扬建议建立环境检察公益诉讼禁止令制度,即检察机关在办理生态环境公益诉讼案件过程中,发现正在发生的、不立即制止将产生不可逆的严重后果,损害社会公共利益的环境违法行为,可向法院申请环境保护禁止令,法院审查后作出裁定,责令违法行为人立即停止违法行为。违法行为人不履行裁定的,法院可给予司法拘留或罚款。

2019 年 5 月 9 日,最高人民检察院张军检察长在广西壮族自治区检察院调研座谈期间，广西代表团全国人大代表黄超在发言中，建议检察机关针对生态保护类环境影响评价存在的突出问题探索开展预防性公益诉讼。黄超代表指出，现阶段，我国的环评制度还比较缺乏广泛有效的公众参与。建议检察机关在开展生态环境公益诉讼工作时，一旦调查核实环境评价报告内容有重大缺陷或者严重失实的情况，要依法依职权督促审批机关及时撤销环评批复，并根据实际情况作出是否对该单位重新环评的决定。在行政机关不积极作为、有可能造成公共利益严重受损的情况下，探索提起预防性环境公益诉讼。

2019 年 10 月，党的十九届四中全会决定部署“拓展公益诉讼案件范围”“完善生态环境公益诉讼制度”改革举措。“两高”作为落实改革任务的责任部门，将预防性公益诉讼纳入拓展公益诉讼案件范围的重要内容，将预防性环境公益诉讼作为完善生态环境公益诉讼制度的重点任务。

这是贯彻落实习近平生态文明思想的必然要求。习近平总书记深刻指出：“生态文明建设正处于压力叠加、负重前行的关键期，已进入提供更多优质生态产品以满足人民日益增长的优美生态环境需要的攻坚期，也到了有条件有能力解决生态环境突出问题的窗口期。”“建设生态文明的时代责任已经落在了我们这代人的肩上。”

可以说，预防性环境公益诉讼的提出，首先，彰显“最严”。贯彻落实习近平总书记强调的“用最严格制度最严密法治保护生态环境”，将监管重点前移到环境污染、生态破坏的损害结果尚未发生或者扩大的环节，严防重大风险。其次，杜绝“再干”。吸取我们在高速发展过程中，习近平总书记深刻指出的“也积累了大量生态环境问题，成为明显的短板，成为人民群众反映强烈的突出问题”的历史教训，落实总书记强调的“对突破三条红线、仍然沿用粗放增长模式、吃祖宗饭砸子孙碗的事，绝对不能再干，绝对不允许再干”。最后，习惯“算账”。说到生态，习近平总书记多次强调“国之大者”，要求我们“一定要算大账、算长远账、算整体账、算综合账”。坚持预防为主，并且通过公益诉讼的方式，把生态文明建设支持什么、鼓励什么、反对什么、批评什么，态度鲜明地传递给亿万人民，也传递给全世界。

“绿孔雀”案和“五小叶槭”案，分别是全国首例涉濒危野生动物、涉珍稀植物的预防性环境民事公益诉讼。最高人民法院作为典型案例发布，得到国际社会高度评价。这表明，环境民事公益诉讼除适用于生态环境已经受到损害的案件外，还正在适用于针对具有损害生态环境重大风险的行为所提起的预防性诉讼。特别是告诫世人，生态环境损害具有不可逆性、累积性、长期性等特点，一旦损害已经发生再进行救济需要很大成本甚至无法修复。预防性环境公益诉讼突破了有损害才有救济的传统理念,将生态环保阶段提升至事中甚至事前,有助于缓解环境执法取证耗时、污染损害既成事实等困境,能够有效防止污染破坏,避免生态环境损害进一步扩大。而严格落实环境影响评价法律制度,是关键保障,也是薄弱环节,既要严格政府监管责任,也要落实企业主体责任,加强行政执法与司法监督的衔接协作,防患于未然。

就生态环境和资源保护领域而言,2022 年 1 月 1 日施行的最高人民法院《关于生态环境侵权案件适用禁止令保全措施的若干规定》,明确了预防的门槛。只有污染环境、破坏生态行为具有现实而紧迫的重大风险,如不及时制止将对他人合法权益或者生态环境造成难以弥补损害的,才能适用禁止令保护措施。要综合考量以下因素,包括:该污染环境、破坏生态行为被行政主管机关依法处理后仍继续实施;该行为对他人合法权益或者生态环境造成的损害超过禁止行为人一定行为对其合法权益造成的损害;禁止行为人一定行为对国家利益、社会公共利益或者他人合法权益产生的不利影响;以及其他应当考量的因素。

由此,预防性环境公益诉讼,仍然坚持行政优先,尊重行政机关在生态环境和资源保护中的第一顺位。同时,要进行利益平衡,以法律为准绳,比较私益与公益哪个需要优先保护,或者在经济发展与环境保护两方面的公共利益中,按照"最严"的要求,比较类似的教训,算好账,依法作出取舍。总书记强调,"我们一定要取舍,到底要什么?从老百姓满意不满意、答应不答应出发,生态环境非常重要;从改善民生的着力点看,也是这点最重要"。

最高人民检察院正在指导各地检察机关充分利用《刑法修正案(十一)》关于环境影响评价的刑事规制,依托生态环境和资源保护领域,着眼加强高耗能、高排放建设项目生态环境源头防控,从环境影响评价环节入手,针对待建高碳排放项目环境影响评价弄虚作假及相关行政许可违法等开展预防性公益诉讼,通过信息公开、信息共享,及时掌握环境影响评价的行政监管情况,发现违法情形,依法开展行政公益诉讼或者提起民事公益诉讼包括刑事附带民事公益诉讼,防止项目因不符合国家实现碳中和政策要求,建设、投产后被停建、拆除,造成环境污染和财产损失。同时,在涉及森林、海洋等公益诉讼案件中,积极探索将碳汇损失纳入生态环境损害和资源损害一并提出赔偿请求和修复方案,保障自然生态系统积极发挥对"碳中和"的贡献,以实际监督办案成效,兑现中国承诺。

新领域公益诉讼检察典型案例解析

赵昊宏[*] 河北省保定市人民检察院
周晓霞[**] 国家检察官学院

目 次

---

* 赵昊宏，河北省保定市人民检察院第八检察部主任。
** 周晓霞，国家检察官学院副教授，法学博士。

一、河北保定检察机关办理新领域案件情况综述

从河北省保定市检察机关的公益诉讼办案实践看,新领域案件的总体数量占比偏低,其中,2019 年新领域案件占比为 3%,2020 年占比为 10%,2021 年占比为 12%。尽管近三年保定检察机关办理的新领域案件数量逐年攀升,但三年来的新领域办案总数仅占总办案量的 8%。从保定检察机关办理的新领域案件的具体领域看,距离老百姓生活最近的安全生产领域的办案数量最多,文物和文化遗产保护、个人信息保护、互联网侵害公益领域的办案数量较少。究其原因,一方面是立法供给严重不足导致办案数量不多;另一方面也是积极落实最高人民检察院提出的"积极、稳妥"办案原则的具体反映。根据最高人民检察院的要求,新领域案件的立案需要层报省级检察院审批,对此,省级检察院高度重视、严格把关,最终审批立案的均是社会关注度高、群众反映强烈的重大疑难复杂案件。其他未予审批立案的新领域案件,检察机关在线索初核阶段就督促行政机关纠正或者整改,未计入新领域办案的总数。

(一)新领域案件的办理依据

公益诉讼检察工作具有高度的政治性、政策性、法律性,检察机关不仅要敢于监督、善于监督,更要依法监督、规范监督。公益诉讼作为检察机关的法定职责之一,从制度推行之初,就特别强调依法办案。检察机关办理公益诉讼新领域案件的依据包括:

1. 法律依据。在最高人民检察院的努力推动下,在全国检察机关积极探索实践中,未成年人保护、军人地位和权益保障、安全生产、个人信息保护领域案件的办理正式纳入法定领域。《未成年人保护法》第 106 条规定:未成年人合法权益受到侵犯,相关组织和个人未代为提起诉讼的,人民检察院可以督促、支持其提起诉讼;涉及公共利益的,人民检察院有权提起公益诉讼。《军人地位和权益保障法》第 62 条规定:侵害军人荣誉、名誉和其他相关合法权益,严重影响军人有效履行职责使命,致使社会公共利益受到损害的,人民检察院可以根据民事诉讼法、行政诉讼法的相关规定提起公益诉讼。《安全生产法》第 74 条第 2 款规定:因安全生产违法行为造成重大事故隐患或者导致重大事故,致使国家利益或者社会公共利益受到侵害的,人民检察院可以根据民事诉讼法、行政诉讼法的相关规定提起公益诉讼。《个人信息保护法》第 70 条规定:个人信息处理者违反本法规定处理个人信息,侵害众多个人的权益的,人民检察院、法律规定的消费者组织和由国家网信部门确定的组织可以依法向人民法院提起诉讼。

2. 下发全国的中央(部委)文件、行政法规、党内规章制度等。具体包括:第十三届全国人民代表大会第三次会议《关于最高人民检察院工作报告的决议》明确提出,积极、稳妥办理安全生产、公共卫生、生物安全、妇女儿童及残疾人权益保护、网络侵害、扶贫、文物和文化遗产保护等领域公益损害案件。中共中央、国务院《关于推进安全生产领域改革发展的意见》提出,研究建立安全生产民事和行政公益诉讼制度。国务院《关于完善进出口商品质量安全风险预警和快速反映监管体系切实保护消费者权益的意见》提出,加强重点领域质量安全公益诉讼工作。最高人民法院《关于为设立科创板并试点注册制改革提供司法保障的若干意见》提出,研究探索建立证券民事、行政公益诉讼制度。最高人民检察院、全国妇联《关于建立共同推动保护妇女儿童权益工作合作机制的通知》提出,针对国家机关、事业单位招聘工作中涉嫌就业性别歧视,相关组织、个人通过大众传播媒介或者其他方式贬低损害妇女人格等问题,检察机关可以发出检察建议,或者提起公益诉讼。最高人民检察院、中央军委政法委员会《关于加强军地检察机关公益诉讼协作工作的意见》提出,积极稳妥探索办理在国防动员、国防教育、国防资产、军事行动、军队形象声誉、军人地位和权益保护等方面的公益诉讼案件。《2020 年推动长江经济带发展工作要点》提出,探索开展危化、尾矿、交通等安全生产领域公益诉讼检察工作。最高人民检察院《关于积极稳妥拓展公益诉讼案件范围的指导意见》更是指导我们办理新领域案件的规范性文件。

国务院扶贫办、中央组织部、中央宣传部等《关于开展扶贫扶志行动的意见》规定,将有故意隐瞒个人和家庭重要信息申请建档立卡贫困户和社会救助、具有赡养能力却不履行赡养义务、虚报冒领扶贫资金、严重违反公序良俗等行为的,列入失信人员名单,情节严重、影响恶劣的,通过公益诉讼等手段依法严厉惩治。国务院《关于印发中国妇女发展纲要和中国儿童发展纲要的通知》(2021 年)规定,促进开展妇女权益保障领域的公益诉讼。对食品药品安全、产品质量、烟酒销售、文化宣传、网络传播等领域侵害儿童合法权益的行为,开展公益诉讼工作。国务院《国家人权行动计划(2021—2025 年)》有关妇女权益的规定,也是检察机关开展新领域案件探索的重要依据。比如,完善妇女权益保障制度。修改妇女权益保障法。检察机关积极探索开展相关领域公益诉讼。对通过大众传媒或者其他方式贬低损害妇女人格、侵害妇女财产权益、在就业等领域歧视妇女以及不履行预防和制止家庭暴力职责等侵害不特定多数妇女合法权益、损害社会公共利益的行为,检察机关可以发出检察建议或提起公益诉讼。

中共中央办公厅、国务院办公厅印发《关于在城乡建设中加强历史文化保护传承的意见》规定,加大城乡历史文化保护传承的公益诉讼力度。中共中央《关于加强新时代检察机关法律监督工作的意见》规定,积极稳妥拓展公益诉讼案件范围,探索办理安全生产、公共卫生、妇女及残疾人权益保护、个人信息保护、文物和文化遗产保护等领域公益损害案件,总结实践经验,完善相关立法。中共中央印发《法治中国建设规划(2020—2025 年)》规定,拓展公益诉讼案件范围,完善公益诉讼法律制度,探索建立民事公益诉讼惩罚性赔偿制度。

3. 地方性法规也是检察机关办案的依据。比如,河北省人民代表大会常务委员会《关于加强检察公益诉讼工作的决定》明确规定,检察机关有权办理安全生产、防灾减灾、应急救援、文物和文化遗产保护、个人信息保护、大数据安全、互联网侵害公益、弘扬社会主义核心价值观等领域公益诉讼案件;办理法律规定的其他公益诉讼案件;会同军事检察机关开展涉军公益诉讼工作。根据《河北省长城保护条例》的规定,符合法律规定的国家机关和社会组织对破坏长城、造成损害的,可以依法提起公益诉讼。根据河北省人民代表大会常务委员会《关于加强革命文物保护利用的决定》的规定,对破坏或者损害革命文物的,符合法律规定的国家机关可以依法提起公益诉讼。

(二)新领域案件办理的专项工作

对于公益诉讼检察新领域案件办理的专项工作,保定检察机关遵循的工作原则包括:坚持政治站位,坚持解决影响百姓生活的突出问题,坚持防患于未然。

1. 取水井(含农村枯水井、城市窨井)安全专项(2019 年 11 月)。2019 年 11 月,保定市容城县发生幼童坠入农村枯水井死亡事件,引发网络舆情。检察机关经初核发现,取水井安全隐患较为突出,触电、幼童坠井悲剧时有发生,媒体舆论高度关注,保定市检察院迅速部署开展全市取水井(含农村枯水井、城市窨井)安全专项监督工作。以保定市的一个县为例,检察机关从水利部门调取《取水井情况统计表》,发现该县共有工业、生活、农业用井 14,517 眼,水利局没有按照《河北省地下水管理条例》《河北省取水井安全管理及报废处置办法》规定履行相关职责,没有建立取水井信息管理系统,没有进行定期巡查,没有履行对报废井的审批和验收职责。该县检察院选取传统果树种植大村房家庄村、农田整理示范村久安庄村、普通农作物种植村西城村三村为代表,进行了初步调查,在村干部的带领下对农业灌溉取水井的安全管理进行全面排查,发现存在以下问题:取水井的防护设施不全,井盖、井房门丢失,电线裸露、未设置警示标识等;取水井的数量与水利局登记数量有误差;对报废井没有按相关程序履行职责,存在安全隐患;等等。为实现集中整治与长效管理、治标与治本同步推进，统筹乡镇、村干部的监管力量，促进取水井安全防控工作持久有效，检察机关集中利用两个月的时间，对全县17个乡镇各随机抽取2个村进行实地走访调查，全面开展农业灌溉井的安全隐患大排查，并对发现问题进行汇总梳理，与水利局协调彻底解决存在问题的措施和整改标准。县检察院与县水利局联合召开了“县地下水超采综合治理取水井排查、信息采集暨取水井安全隐患治理工作会议”，检察机关公开送达检察建议，要求各乡镇结合河北省取水井清理排查和电子标识认证工作，做好取水井信息报送，同时督促取水井责任人落实取水井的安全防护设施和警示标志。建立健全取水井隐患排查整治的长效工作机制，县水利局发挥牵头抓总的职能作用，乡镇严格落实农村取水井属地安全管理责任，形成工作合力，切实保障辖区取水井安全。检察建议发出后，县水利局和各乡镇各方力量顺利对接，协调联动，委托第三方开展取水井信息采集，同时向取水井安全责任人发放了相关法律法规的“明白纸”，为每眼井喷涂了警示标识，对安全隐患能立即整改的马上整改，不能即时整改的记入台账，后期陆续完善。对报废井进行了全面排查，确保填埋、封闭到位，消除安全隐患。县水利局还出台了相关管理制度，明确了各自职责分工。保定市的另外一个县检察院对辖区县城的窨井盖破损情况排查后，向行政监管机关行政综合执法局发出检察建议，行政机关简单回复无职责，该县检察院依法提起行政公益诉讼后，行政机关在开庭审理前主动联系井盖权属单位履行监管职责，对490余个井盖全部进行了维修更换。

2. 长城保护专项(2020年5月)。保定市境内长城遗存丰富，辖区内现存早期长城和明长城，分布于8个县(区)。保定共有8个点段被公布为全国重点文物保护单位，其余长城点段均为河北省文物保护单位。保定市检察院长城保护工作公益诉讼活动开展以来，对长城保护工作起到积极的推动作用，效果明显，解决了一些文物保护工作中存在的难点问题，成为文物保护工作的助推器，为文物保护工作提供了有力保障。

3. 小区物业服务管理专项(2021年2月)。高空抛物坠物、消防安全、窨井盖、私搭乱建以及二次供水五大安全隐患问题，影响人民群众的幸福感和安全感。解决上述安全隐患问题的关键在于加强物业服务的监督管理。“多头管理、互相推诿”是造成物业服务监管不到位的重要因素。2021年2月初，保定市徐水区检察院依托公益诉讼监督职责，开展了物业管理监督小专项，“一揽子”解决了辖区内49个物业小区的公益民生问题。因效果明显，保定市检察院在全市两级检察机关推广了这个专项。

二、河北保定检察机关办理新领域典型案例情况

(一)保定市检察院诉张某东等65人利用互联网侵犯隐私权民事公益诉讼案

近年来,不法分子利用黑客技术破解并控制家用及公共场所摄像头,将智能手机、运动手环等改装成偷拍设备,出售破解软件,传授偷拍技术,供客户"偷窥"隐私画面并借此牟利,已形成黑产链条,严重侵害公民个人隐私,人民群众反映强烈。2020年8月28日,保定市检察院依法对利用互联网侵害隐私权的张某东等65人提起民事公益诉讼。12月3日,保定市中级人民法院对此案进行不公开开庭审理并当庭宣判,支持了检察机关的全部诉讼请求。该案系全国首例由检察机关提起的利用互联网侵害隐私权民事公益诉讼案件。

1. 基本案情。2016年9月至10月,被告廖某星利用E语言程序编写制成"天巡"软件。该软件具有破解、侵入监控设备进行偷窥等功能,即通过网络扫描端口、登录监控设备并调用监控设备图片。廖某星使用该软件破解、侵入他人摄像头并将软件挂在网上供他人下载使用。2017年4月至5月,廖某星将"天巡"软件出售给被告陈某进,陈某进使用该软件破解、侵入他人摄像头,后将软件更名为"拾荒者"。2018年,陈某进将软件出售给被告张某东,张某东组建"云视通有看头交流群"QQ群售卖经刘某祥包装升级的"拾荒者"软件使用权,并组建"拾荒者售后"QQ群为购买者提供售后服务。经鉴定,"拾荒者"软件具有扫描IP摄像头,利用漏洞获取IP摄像头用户名和密码并登陆预览摄像头画面的功能;具有对"安格华""云视通""有看头"三款摄像头进行弱口令猜解,并调用对应程序进行画面预览的功能。被告林某翔等61人先后从张某东处购买"拾荒者"软件卡密并使用软件对他人摄像头进行破解、侵入、偷窥。

2. 调查和诉讼。该案线索由刑事检察部门移交至公益诉讼检察部门,因属于新领域案件,保定市检察院专门邀请了专家学者进行研究。经论证,专家学者认为本案严重损害了社会公共利益,确有必要启动检察公益诉讼程序。保定市检察院经报请河北省检察院批准,对该案进行立案调查。因涉案人员众多且遍布全国各地,保定市检察院及时启动一体化办案机制,成立11个调证工作组,抽调市县两级检察院30名业务骨干分赴22个省份对廖某星、陈某进、张某东、刘某祥及售后群中涉案人员开展调查核实,在20天内查清全部案件事实。

调查核实的重点是迅速摸清底数,核实制作者、购买者及使用者身份信息。具体包括:一是调查"拾荒者"售后QQ群及群成员基本情况;二是调查"拾荒者"售后QQ群成员虚拟号码关联的身份特征信息;三是调查关联身份信息的70个

"人名"所处区域,将72人列入被调查对象;四是分析整理被调查对象交易软件及售后群交流等证据,为调查核实提供参考。为了防止购买者使用卡密登录软件继续侵权,保定市检察院在对涉案人员调查取证的同时,书面函告郑州某网站停止与刘某祥的服务合同,目前该公司已经停止了相关服务。

在提起诉讼前,保定市检察院就本案证据情况、侵权事实和侵权行为认定、侵权责任承担等多次征询专家学者意见,对本案进行了充分的研究论证。保定市检察院经依法履行公告程序,于2020年8月28日向保定市中级人民法院提起民事公益诉讼,请求判令全部被告立即卸载并终止使用涉案侵权软件;判令廖某星、陈某进、张某东、刘某祥四人立即停止一切售卖涉案侵权软件的行为,并消除售卖行为造成的影响;判令全部被告清除、删除利用涉案侵权软件获取的视频、图片等信息、数据,停止一切使用上述信息、数据的行为,并消除保存、使用行为造成的影响;判令全部被告在国家级媒体上公开赔礼道歉。

2020年12月3日,保定市中级人民法院不公开开庭审理本案。本案全部被告在检察机关提起民事公益诉讼后均向法院递交了赔礼道歉信,并对侵权信息、数据进行了删除,对软件进行了卸载。庭审中,检察机关申请鉴定人出庭质证,聘请专家辅助人从电子数据专业角度对鉴定意见进行说明。

法院经审理认为,本案各被告明知软件具备破解、侵入他人监控设备并进行偷窥等功能而制作、买卖并使用该软件,侵入他人私密空间、偷窥他人私密活动、获取他人私密信息,其行为已经侵害他人隐私权,损害了社会公共利益,均构成对隐私权的侵害。公益诉讼起诉人的诉求具有事实和法律依据,被告张某东等65人依法应承担民事侵权责任。经庭审举证质证,法院当庭公开宣判,支持了检察机关全部诉讼请求。

3. 典型意义。该案的办理过程严格遵照最高人民检察院《关于积极稳妥拓展公益诉讼案件范围的指导意见》,依托公益诉讼研究基地,邀请专家学者充分论证,层报上级检察机关批准立案调查、提起诉讼,申请鉴定人出庭质证,聘请专家辅助人协助案件办理,做好舆情研判分析等,把积极、稳妥的指导思想贯穿于新领域案件办案始终。因涉案人员众多、分布全国各地,根据河北省检察机关《公益诉讼一体化办案工作暂行规定》,统一调配辖区检察人员,集中力量办理案件,独立开展调查核实,对检察机关公益诉讼调查核实具有实践指导意义。互联网侵害公益(隐私权)与传统侵权案件不同,其侵害对象具有分布范围广、极不确定、涉众等特征,侵权行为隐秘、难以被察觉,网络传播速度快、侵害程度难以评估,单凭刑事、行政手段无法有效预防和治理,检察机关对张某东等65人依法提起民事公益诉讼,对保护自然人合法权益、维护社会公共利益、警示同类行为具有指导意义,对同类案件的办理具有示范作用。最为重要的是,通过检察公益诉讼,针对不法侵权软件,检察机关独立调查核实,查清了从制作者、中间商、升级改造者、销售者到终端使用者整个链条,为整治黑灰产业链奠定了基础。

4. 回答学员提问。第一,在本案中,检察机关提出的停止侵害、消除危险诉讼请求能否被支持?本案当事人被刑事拘留后,不可能再继续售卖违法软件,公益诉讼检察官如何证明侵害行为仍在持续过程中以及有实际的风险存在?有关停止侵害、消除危险的诉讼请求,被告具体是怎样履行的?

停止侵害、排除妨碍、消除危险等诉讼请求可使未来不特定者免受侵害,具有明显的公益保护属性。停止侵害的前提是检察机关要证明侵害行为仍然在持续过程中;消除危险的前提是检察机关要证明有实际的风险存在。经办案组初核,软件制作人廖某星除了将软件连同源代码卖给张某东外,还将软件挂在多个网站上供人下载,张某东也将软件试用版挂在多个网站上供人下载,这些都是侵害行为仍在持续过程中以及存在实际风险的力证。对于 61 个软件购买使用人,尽管检察机关在调查取证时已经监督其进行卸载删除,但由于技术手段受限,检察机关仍需在公益诉讼中提出停止侵害、消除危险等诉讼请求,要求侵权人对违法行为负责。此外,该软件的特点之一是使用人浏览后的图片、视频可自动保存在电脑中,有必要提出消除危险的诉讼请求,避免这些图片、视频再次传播。

关于停止侵害、消除危险的诉讼请求,检察机关提出,请求判令全部被告立即卸载并终止使用涉案侵权软件;判令廖某星、陈某进、张某东、刘某祥四人立即停止一切售卖涉案侵权软件的行为,并消除售卖行为造成的影响;判令全部被告清除、删除利用涉案侵权软件获取的视频、图片等信息、数据,停止一切使用上述信息、数据的行为,并消除保存、使用行为造成的影响。为确保执行效果,本案全部被告出具了履行保证书,检察机关在取证时也都监督他们进行了卸载。

第二,本案是否可以提出惩罚性赔偿诉讼请求?

经办案组研究,根据《民法典》第 179 条的规定,赔偿损失是承担民事责任的方式之一。但主张惩罚性赔偿责任,必须要有法律的明确规定。为此,办案组咨询了专家学者的意见,有学者提出可以参考知识产权保护的相关做法,在个人信息保护公益诉讼领域探索提出酌定赔偿的诉求。基于严格依法办案的要求,检察机关未在本案中进行相关探索尝试。

第三,在本案中,检察机关仅提出停止侵害、消除危险、赔礼道歉等诉讼请求,未主张损害赔偿,这与检察机关奔赴 22 个省份调查取证的办案成本相比,是否符合成本效益原则？

新领域公益诉讼检察案件的立案应同时满足以下条件：(1)国家利益或者社会公共利益遭受严重侵害或者存在重大侵害危险，人民群众反映强烈；(2)侵害行为违反法律强制性规定，具有明显的违法性；(3)现有行政执法制度机制严重失灵或者存在明显短板，难以有效解决公益侵害问题；(4)没有其他适格主体可以提起诉讼，难以通过普通民事、行政、刑事诉讼有效实现公益保护。本案的立案及成功办理，其意义在于针对不法侵权软件，通过检察公益诉讼制度，检察机关独立调查核实，查清从制作者、中间商、升级改造者、销售者到终端使用者整个链条，为整治黑灰产业链奠定了基础。相较于破解老百姓深恶痛绝的偷窥黑产问题，揭开这个产业从源头到尽头的面纱，检察机关奔赴22个省份调查取证的办案成本支出意义重大。

第四，本案中邀请专家进行论证的作用、意义是什么？

检察机关在新领域案件办理过程中，积极邀请专家进行研究论证，体现了办案的稳妥原则。最高人民检察院提倡加强研究论证，特别是在重大疑难复杂的新领域案件办理中，提倡通过专家咨询论证或者委托社会调查征集民意，辅助检察机关判断新领域案件线索反映问题是否确属严重损害公共利益，是否确有必要启动检察公益诉讼程序，以及征求对检察建议、诉讼请求必要性与可行性的意见建议。

(二)保定市检察院诉李某侵害消费者个人信息和权益民事公益诉讼案

1. 基本案情。2017年以来，李某非法获取包含姓名、电话、住址等的公民个人信息共计1290万余条，并伙同他人将其中1.9万余条个人信息非法出售获利。2018年1月至2019年4月，李某利用非法获取的公民个人信息，雇佣电话客服批量、随机拨打营销骚扰电话，并以收藏品公司名义，采用夸大收藏品价值和升值空间等方式，诱骗消费者购买肾宝片、纪念册、纪念币等商品，销售价款共计人民币55.4605万元。

2. 调查和诉讼。保定市检察院在审查郭某某侵犯公民个人信息刑事附带民事公益诉讼请示案件时发现，李某犯侵犯公民个人信息罪的同时，存在利用非法获取的公民个人信息进行消费欺诈的行为。经河北省检察院批准，保定市检察院于2019年11月8日立案调查。调查期间，保定市检察院通过调取刑事侦查卷宗、审查电子数据、询问被调查人和证人，查清李某非法获取、出售个人信息事实；通过委托公安机关依托异地协查平台调取46名消费者陈述，审查电话客服证言、话术音频、商品检测报告,证实李某利用个人信息批量、随机进行电话滋扰和欺诈的事实;通过调取快递公司快递收发记录、资金结算书证和李某银行账户流水资料,并委托出具会计专业分析报告,查清李某消费欺诈金额。同时,保定市检察院邀请专家学者对该案进行论证并开展问卷调查,专家论证和调查结果均支持检察机关对李某的侵权行为提起民事公益诉讼并提出惩罚性赔偿诉讼请求。保定市检察院经公告,并函询河北省消费者权益保护委员会意见,确认没有法律规定的机关和有关组织提起诉讼。2020 年 7 月 20 日,保定市检察院向保定市中级人民法院提起民事公益诉讼,请求依法判令被告李某支付 3 倍惩罚性赔偿金共计人民币 166.3815 万元;采取有效措施删除所有非法持有的公民个人信息数据;在国家级媒体上公开赔礼道歉。11 月 4 日,保定市中级人民法院公开开庭审理本案。庭审中,公益诉讼起诉人出示、宣读了上述调取的证据,证明李某非法获取、出售公民个人信息,并利用非法获取的公民个人信息进行消费欺诈,侵害公民个人信息安全和消费者合法权益,损害了社会公共利益。12 月 30 日,保定市中级人民法院作出判决,支持检察机关全部诉讼请求。

3. 典型意义。个人信息泄露、电话营销欺诈严重侵害公民个人信息安全和消费者合法权益,是民生痛点。本案中,检察机关通过专家论证和问卷调查,对非法获取、出售公民个人信息,并利用个人信息进行消费欺诈的行为提起惩罚性赔偿公益诉讼,充分运用公益诉讼职能惩治和预防个人信息保护领域的损害公益行为,真正实现“让违法者痛到不敢再犯”的目的,具有积极的引领、示范和指导作用。

4. 检察机关在办案中考虑的重点问题。(1)有关被告的行为是否侵犯众多不特定个体的利益。在本案中,李某及其代理人辩解认为,李某行为所针对的是 1200 余万条信息中的消费者,属于确定的范围,故而不属于不特定公民的范畴。检察机关经审查认为,李某非法获取的公民个人信息即针对社会公众不特定个体;李某通过计算机软件在其非法获取的公民个人信息中通过随机筛选,寻找潜在消费个体亦具有不特定性;本案的受害人从年龄、性别、所处地域等因素角度分析均具有不特定性。李某及其代理人的辩解意见与查明的事实不符。

此外,公益与私益相比较,最突出的特点就是权益归属主体的不特定性,并由此衍生出影响范围广、存续时期长、保护难度大等特点。公益诉讼归根结底是为了保护广大人民群众的利益。本案被告通过软件侵入他人监控设备并进行偷窥,致使他人隐私在权利人不知晓的情形下被侵犯,不仅造成权利人个体人格利益受到损害,亦对社会公众利益造成严重威胁。并且被告通过涉案软件对互联网上众多不特定IP地址进行搜索扫描,远程侵入他人网络系统,导致权利人隐私被侵害,且被侵权人范围广、数量多且不特定,严重损害了社会公共利益。

(2)发现案件线索后,办案人员在选择刑事附带民事公益诉讼、行政公益诉讼还是民事公益诉讼上进行了利弊权衡,最终决定通过民事公益诉讼办案维护社会公共利益。

首先,案件不宜提起刑事附带民事公益诉讼。办案人员发现案件线索时,李某已经因为涉嫌侵犯公民个人信息罪被提起公诉,且对于李某利用非法获取的公民个人信息推销商品的行为是否涉嫌电信网络诈骗犯罪,司法办案单位之间存在认识分歧,最终检察机关以非法占有目的的证据和获利数额的证据不足、事实不清对该部分案件事实未提起公诉。如果附带提起民事公益诉讼,会出现刑事案件和民事公益诉讼案件范围不一致的情况;如果仅就李某侵犯公民个人信息附带提起民事公益诉讼,而对李某民事欺诈行为另行提起民事公益诉讼,不仅会增加诉累、拖延诉讼进程,更难以保证诉讼取得良好的效果。相较于李某侵犯公民个人信息行为而言,其更为严重的侵权在于对信息数据的非法商业化利用和欺诈众多不特定消费者获利的行为,这种严重的民事侵权行为具有可诉性和诉讼的必要性。

其次,提起行政公益诉讼条件欠缺。行政公益诉讼的前提条件是行政机关违法行使职权或者不作为,致使国家利益或者社会公共利益受到侵害。本案中受到侵害的社会公共利益包括众多不特定公民的个人信息权益、隐私权和消费者合法权益。尚无证据证实负有监管职责的市场监督管理部门、网信部门、电信部门等违法行使职权或者不作为。

最后,消费者难以通过私益诉讼进行有效维权,消费者权益保护委员会也很难主动发现案件线索并提出维权诉讼。办案人员调取的发货清单以及快递公司到付货运单等证据显示,李某获取的个人信息系从网络上兜售流转取得,李某发货时所使用的姓名均为化名,发货地址也非李某实际住址,个人信息权益人(消费者)无法获知个人信息如何泄露以及如何被他人非法进行商业化利用,同时也难以自行取证并查清侵权人、侵权事实。此外,因涉案消费者遍及全国各地且货品单价都在几千元以内,消费者单独维权的诉讼成本、时间成本太高。检察机关在本案诉前程序已函告河北省消费者权益保护委员会,其明确复函不起诉,建议由检察机关起诉,同时检察机关也进行了诉前公告。

(3)检察民事公益诉讼调查核实权的行使。实践中,调查核实权法律保障不足以制约取证工作的开展,成为困扰检察公益诉讼发展最现实的问题。比如,要向有关单位或者个人调取物证、书证,向金融机构调取查询当事人账户信息或者银行流水,所需的法律文书包括《调取证据通知书》《协助查询金融财产通知书》等,而文书中所引用的法律依据均为最高人民法院、最高人民检察院《关于检察公益诉讼案件适用法律若干问题的解释》。该依据系司法解释,其效力远低于《民事诉讼法》《刑事诉讼法》,办案中,个别金融机构以适用依据为司法解释而非法律为由拒绝提供协助查询。此外,有关检察公益诉讼调查核实权的规定散见于检察机关制定的办案指南或者各地方人大常委会的决定或决议中,对外效力不足、保障不力。

(4)李某行为是否属于消费欺诈的争议。在本案中,李某及其代理人辩解其推销商品的行为属于正常的商业活动,不是欺诈,消费者验货后再付款,属于自愿选择,其并非陷入错误认识后交付的财产。检察机关经审查认为,李某推销商品时虽然采取消费者先验货后付款的方式,但消费者同意验货是基于李某事先虚构或者冒用收藏品公司名义,隐瞒商品的真实来源,使用虚假话术夸大收藏品价值和升值空间,其虚构、隐瞒行为使得消费者陷入错误认识后自愿交付财产最终遭受财产损失,消费者本身虽具有较强的选择性,但其购买行为系受到错误诱导所致,并非基于其真实意思表示和主观判断,消费者所购买的商品与其预期明显不符。换言之,一方当事人故意告知对方虚假情况,或者故意隐瞒真实情况,诱使对方当事人作出错误意思表示的,可以认定为欺诈行为。

(5)有关李某已承担刑事责任,是否还应再承担民事责任的争议。李某因侵犯公民个人信息犯罪已受到刑事追究,但不影响其承担民事责任。《民法典》第187条规定,侵权人因同一行为应当承担民事责任、行政责任和刑事责任的,承担行政责任或者刑事责任不影响承担民事责任;民事主体的财产不足以支付的,优先用于承担民事责任。

针对同一违法行为,当惩罚性赔偿金与行政罚款或者刑事罚金并存时,是否应予以折抵,因法律未明确规定,实践中做法不一。如在广州市检察院诉刘某亮生产、销售假冒伪劣食盐的民事公益诉讼案中,广州市中级人民法院认为,惩罚性赔偿金与行政罚款、刑事罚金同属惩罚性债权,只不过前者是私法债权,后两者是公法债权。在公益诉讼惩罚性赔偿金上缴国库的情况下,惩罚性赔偿金的性质发生转化,将事实上与行政罚款、刑事罚金类似,应参照行政罚款与刑事罚金竞合时相同的处理原则裁断,将刘某亮被判处的8万元罚金在120万元的民事惩罚性赔偿金中抵扣。也有法院认为,公益诉讼惩罚性赔偿属于民事责任,行为人因同一行为应当承担行政责任或者刑事责任的,不影响民事责任的承担,因此不应折抵。

(6)个人信息领域检察民事公益诉讼能否提出惩罚性赔偿诉求。中共中央、国务院《关于深化改革加强食品安全工作的意见》明确要求,探索建立食品安全民事公益诉讼惩罚性赔偿制度。河北省人民代表大会常务委员会《关于加强检察公益诉讼工作的决定》明确授权检察机关办理个人信息保护等领域公益诉讼案件;同时规定,审判机关、检察机关应当对食品药品安全民事公益诉讼案件实施惩罚性赔偿,落实食品药品安全监督工作制度。由此,地方人大已授权检察机关以公益诉讼起诉人的身份在食品药品民事公益诉讼案件中适用惩罚性赔偿制度。此外,针对个人信息泄露、电话营销欺诈等严重侵害个人信息安全和消费者合法权益的行为,检察机关探索提出惩罚性赔偿诉求,是根据《消费者权益保护法》进行的有益尝试,也是落实党的十九届四中全会精神及《法治中国建设规划(2020—2025 年)》要求。

检察机关应准确把握惩罚性赔偿的适用条件,结合侵权人主观过错程度、违法次数和持续时间、受害人数、损害类型、经营状况、获利情况、财产状况、行政处罚和刑事处罚等因素,综合考虑是否提出惩罚性赔偿诉讼请求。在本案中,李某的违法行为不仅损害个人信息权益,还侵犯个人隐私权以及消费者合法权益,且违法次数多、持续时间长、受害人众多,尽管李某因侵犯公民个人信息犯罪被处罚金 3 万元,但显然责罚不相当,应对其追究惩罚性的赔偿责任。

5. 回答学员提问。第一,个人信息保护(网络侵害)领域公益诉讼案件如何调查取证?

一是借力外脑提供技术支持。互联网领域侵害公民个人信息行为具有极强的专业性和隐秘性,检察机关依靠自身力量难以及时有效地发现、查明侵害个人信息违法行为以及收集、固定相关证据,需要公安、工信等部门的支持、协作与配合,也需要相关专业组织和专业人员的技术支持。二是充分依靠检察系统内的专家库和技术部门力量。检察机关应以起诉案件的证据标准,扎实开展调查核实工作。要在公益诉讼专家咨询平台和专家库建设中充分考虑办理该领域案件的需要,重点加强该领域案件证据收集、固定,争取具备专业知识的专家咨询和技术支持工作。三是探索采取司法辅助事务社会化服务外包等方式,补强检察机关在这一领域办案经验、力量、技术方面的弱项。在江西省乐安县检察院督促乐安县农村农业局保护个人信息行政公益诉讼案中,检察机关借助第三方检测机构的专业力量,调查收集 App 违法违规收集使用个人信息的相关证据,确定侵害社会公共利益的违法事实。同时,邀请人民监督员、高校教授、律师作为听证员进行听证监督,就检察机关开展监督的合法性、职能部门履职不到位情形以及后续督促整改工作等达成共识。

第二,本案惩罚性赔偿金的计算基数如何确定?

食品药品惩罚性赔偿制度主要规定在《食品安全法》第 148 条、《药品管理法》第 144 条以及《消费者权益保护法》第 55 条。其中,《食品安全法》和《药品管理法》规定的惩罚性赔偿金均为价款 10 倍或损失 3 倍,《消费者权益保护法》规定的惩罚性赔偿金为商品价款或者接受服务的费用的 3 倍。实践中,公益诉讼惩罚性赔偿金的数额计算,均依据上述法律规定予以确定。比如,有的地方以流入市场的食品药品价款金额为基数,乘以《食品安全法》或《药品管理法》规定的 10 倍予以计算,有的地方不严格依照上述法律规定,而是综合考虑被告的行为方式、欺诈情节、销售金额等因素对公益诉讼惩罚性赔偿金予以裁量判决。

在本案中,检察机关提出的惩罚性赔偿金是以销售伪劣商品价款的 3 倍,也就是消费者购买商品价款的 3 倍计算而来的。办案组不仅调取了涉案 3395 位消费者的购买交易记录,还与李某非法获取的个人信息一一比对,对于确属被侵权人的消费者购买交易价款才计入惩罚性赔偿金基准价中。如果销售价款无法查清,也可按照非法获利数额计算,实践中已有很多成功的判例。同时,检察机关在确定惩罚性赔偿诉讼请求的具体数额时,在遵循比例原则的前提下,以销售数额、损失数额或者获益数额为基数,统筹考虑侵权人的财产状况来确定。

第三,本案的惩罚性赔偿金如何管理使用?

民事公益诉讼惩罚性赔偿金的管理使用应坚持用于公益的原则。在实践中,有的地方将公益诉讼惩罚性赔偿金上缴国库,这是目前较为普遍的一种做法;也有的地方设立了专门基金,将公益诉讼惩罚性赔偿金纳入基金管理和使用。如 2018 年江苏省无锡市中级人民法院和市检察院联合发布的《关于办理食品药品安全领域刑事附带民事公益诉讼案件的指导意见》提出,“惩罚性赔偿金应作为公益基金进行管理,由人民法院和人民检察院共同进行监管,公益基金使用办法另行由有关部门制定”。河北保定的实际做法是,待判决生效赔偿金执行到位后,先发出公告,一定期限如 3 个月后,如没有当事人申请领取,则缴存国库。建议参考最高人民检察院与最高人民法院、农业农村部、海关总署、国家市场监督管理总局、国家粮食和物资储备局、中国消费者协会等部门于 2021 年 3 月 30 日发布的《探索建立食品安全民事公益诉讼惩罚性赔偿制度座谈会会议纪要》的规定,各地可以探索把惩罚性赔偿金纳入专门公益基金账户统一管理,依法统筹用于消费者合法权益保护。

(三)保定市莲池区检察院督促维护“七六”殉难烈士纪念碑行政公益诉讼诉前程序案

1. 基本案情。河北省立第二师范学校纪念馆(以下简称二师纪念馆)是河北省青少年爱国主义教育基地、河北省爱国主义教育基地、河北省关心下一代爱党爱国教育基地,由于维护管理不到位,馆内的“七六”殉难烈士纪念碑(以下简称“七六”烈士碑)存在碑文污损、镌刻的英烈事迹模糊不清、浮雕五角星掉色缺损、碑面裂纹、人为刻划等问题。

2. 调查和督促履职。2019 年 4 月,河北省保定市莲池区检察院在开展英烈纪念设施保护公益诉讼专项监督活动中发现本案线索,经向保定市检察院申请指定管辖,于 2019 年 4 月 17 日立案。经调查核实,二师纪念馆既是英烈纪念场所也是市级文物保护单位,“七六”烈士碑具有文物和英烈纪念设施双重属性,其管理和维护依法应由保定市教育局、保定市文化广电和旅游局(以下简称市文广旅局)共同负责。

莲池区检察院多次与市文广旅局磋商二师纪念馆修复事项,初步拟定了修缮方案,但修复实施工作存在资金保障短期内无法解决的问题。2019 年 9 月 24 日,保定市检察院向市人大申请对“七六”烈士纪念设施保护行政公益诉讼案予以监督,市人大组织保定市检察院、市教育局、市文广旅局、莲池区检察院召开二师纪念馆英烈纪念设施修复工作现场调度会,听取检察机关的建议及市文广旅局的修复意见。

在市人大的监督下,检察机关向市教育局、市文广旅局现场送达诉前检察建议,建议上述两个行政机关对“七六”烈士纪念设施受损问题及时进行修复;对纪念设施及红色文物保护区域周边环境进行有效治理,采取有效措施确保英烈纪念设施庄严、肃穆、清净的环境和氛围。

2019 年 12 月 19 日,市教育局、市文广旅局回复检察机关:市文广旅局通过了修缮方案,57 万元修复专项资金已陆续到位。市教育局从北京聘请了具备专业文物修缮资质的施工单位准备进行修复。2020 年 6 月 10 日,“七六”烈士纪念设施修缮工作竣工,纪念设施整体面貌焕然一新,周边整体环境得到有效改善,达到了整洁、优美、庄严、肃穆的要求。同年 10 月 20 日,二师纪念馆正式开馆,以崭新面貌向公众重新开放,供公众瞻仰、悼念英雄烈士,开展爱国主义教育活动。

3. 典型意义。“红二师”是保定重要的革命策源地、革命堡垒和革命干部的摇篮。“七六”护校斗争是二师光荣革命传统中最重要的历史事件,也是中国共产党人带领中华民族救亡图存的真实写照。检察机关在办案中善于争取人大监督和支持，推动将重点案件纳入人大监督，并主动与行政机关开展磋商沟通，凝聚共识，良性互动，持续跟进，推动问题有效整改落实，实现双赢多赢共赢的办案效果。

4. 回答学员提问。第一，保定市检察院向市人大申请对"七六"烈士纪念设施保护行政公益诉讼案予以监督。请问申请人大监督的方法以及人大监督和支持的具体内容是什么？

人大及其常委会授权检察机关办理公益诉讼案件，并且对检察公益诉讼工作进行专项监督，是人大及其常委会对检察机关的信任和支持。检察机关有义务就具体办案中的重大问题或者重要事项向人大及其常委会报告。具体而言，申请备案、汇报、请示等都可以作为检察机关向人大申请监督的方法，可以根据案件的具体情况运用。

本案属于口头申请，争取人大监督和支持的具体情况包括：一是邀请人大调研视察时进行实地走访，即邀请人大常委会相关领导亲自视察纪念碑现场，了解纪念碑受损的真实情况。二是由人大机关牵头召集联席会议，人大下设的监司委、教科文卫委等相关部门参加，教育局、纪念馆、文物局、退役军人事务局、检察机关同时参加联席会议。在联席会议上，人大机关现场监督并要求检察机关向相关的行政机关送达检察建议，对检察机关公益诉讼监督职能及相关工作进行解释和说明，要求行政机关高度重视检察机关的法律监督，配合检察机关的有关工作。三是在人大的协调下，行政机关及时解决了修复费用难题，完成修复方案的审定，及时开展了修复工作。四是人大对纪念碑修复工作进行了跟踪监督，确保修复工作按照修复方案的要求进行。五是在纪念馆再次开馆时，市人大常委会主任、市政协副主席莅临开馆现场，再一次调研视察，确保了整改效果。

第二，当纪念设施同时具有双重身份时，如何在实现英烈设施维护的同时兼顾文物属性？

英雄烈士纪念设施是国家为了纪念、缅怀英雄烈士，传承和弘扬英雄烈士精神、爱国主义精神，专门修建的烈士陵园、纪念堂馆、纪念碑亭、纪念塔祠、纪念塑像、烈士骨灰堂、烈士墓等设施。英雄烈士纪念设施承载着国家和人民对英雄烈士在不同时期为中华民族伟大复兴而作出牺牲和贡献的集体记忆，是重要的红色文化教育资源，是激发爱国热情、振奋民族精神的深厚滋养。许多英雄烈士纪念设施已被列入革命文物或不可移动文物范畴，有些虽然没有被列入文物范畴，但设施本体随着时间的流逝，也已具备一定的历史或岁月价值，反映着设施修建时期的社会文化发展。对于列入文物保护单位的英雄烈士纪念设施，应按照文物保护法规要求，制定专业文物保护整修或迁移工程方案，经专家评审和文物部门审批后，在文物部门指导下，由具有文物保护工程施工资质的单位实施。在本案中，所有的修复工作包括修复方案的审定、专家论证、专门人员的修复等都是在文物部门的监督下、按照文物保护标准展开的修复工作。

（四）保定市检察院诉某石料加工有限公司侵害全国重点文物保护单位“明长城——紫荆关段”历史风貌、环境风貌及生态环境民事公益诉讼案

1. 基本案情。保定市易县某石料加工有限公司未依法办理审批手续将石料加工厂建筑及道路建设于全国重点文物保护单位“明长城——紫荆关段”文物保护范围及建设控制地带内，且非法占用林地，对古长城遗迹的历史风貌、环境风貌以及周边生态环境造成严重损害。

2. 调查和诉讼。保定市易县某石料加工有限公司非法占用长城保护范围及建设控制地带案件线索，系河北省检察机关开展长城保护公益诉讼专项监督实地踏勘中发现。经初核，保定市检察院于 2021 年 4 月 2 日立案调查。检察机关借助无人机进行现场勘查，针对目标物（石料加工厂、古长城等）的方位、概貌、重点部位等航拍取证，及时固定损害现状。为了确定石料加工厂建设前后长城风貌及周边生态环境状况，检察机关通过卫星遥感技术对涉案区域监测取证，在确定区域坐标后，调取勘测点 2008 年至 2017 年卫星遥感数据，呈现了涉案区域受损过程。

通过行政执法与刑事司法衔接平台查询获取该公司违法占用林地的行政处罚卷宗；从林业、文物、环保部门调取了相关书证和证人证言；邀请河北地质大学长城研究院专家、学者进行充分的咨询论证；委托江西求实司法鉴定中心对损害后果进行鉴定。

2021 年 4 月 29 日，保定市检察院在正义网发布诉前公告，6 月 23 日依法向保定市中级人民法院提起诉讼，请求判令被告停止侵害、修复环境或承担修复费用 717，876. 13 元、赔偿生态功能损失费用 528，397. 81 元、公开赔礼道歉、承担鉴定费用。同时，因被告公司侵权行为造成的危害后果处于持续状态并延续至今，对社会公共利益造成严重损害，依照《民法典》相关规定，请求判令被告支付与生态功能损失费用等额的惩罚性赔偿金。9 月 29 日，保定市中级人民法院公开开庭审理并当庭宣判，支持了检察机关的全部诉讼请求，被告当庭表示不上诉。

3. 典型意义。长城，是中华文明的象征。“明长城——紫荆关段”是全国重点文物保护单位，首批国家级长城重要点段，是我国九大名关之一，被誉为“畿南

第一雄关”。检察机关以公益诉讼方式通过法律手段依法追究破坏文物和文化遗产的不法侵害人的法律责任,缓解“公地悲剧”,激活有效的司法资源,以法律监督的力量切实承担起守护好中华民族精神根脉的时代责任。通过诉讼提出惩罚性赔偿,加大对不法侵害人处罚使其以后不敢再犯,对社会主体起到警示作用,从根本上消除破坏文物的念头和知悉漠视毁损文物应当承担的法律后果。

4. 回答学员提问。第一,本案究竟是一个生态环境领域的案件,还是新领域案件?

法院认为,本案属于生态环境保护领域的公益诉讼案件,判决主文也进行了相关阐述。检察机关将本案列入文物和文化遗产保护公益诉讼案件领域,希冀借助司法办案推动妨害文物和历史文化遗产公益保护相关的理论研究和立法完善。

结合本案,根据文物保护的相关法律规定,任何个人和单位不允许在保护范围之内,或者未经审批在建设控制地带之内实施建设行为。本案被告的厂房建设在全国重点文物长城的保护范围和建设控制地带之内,且存在非法占用林地的违法行为,致使林地大面积空化,造成生态环境的损害。根据《文物保护法》的相关规定,涉案企业应当对保护范围之内和非法建设在控制地带上的违法建筑进行拆除,停止侵害。同时,根据《环境保护法》等相关规定,涉案企业还应就非法占用林地造成生态环境损害的违法行为,承担环境修复、赔偿损失、消除影响、赔礼道歉等法律责任。

第二,检察机关请求判令被告支付与生态功能损失费用等额的惩罚性赔偿金,该惩罚性赔偿金的数额是如何确定的?相应的法律依据是什么?

根据《民法典》第1232条的规定,侵权人违反法律规定故意污染环境、破坏生态,造成严重后果的,被侵权人有权请求相应的惩罚性赔偿。检察机关经审查认为,被告先后两次故意非法占用林地,并在第一次行政处罚后再次违法,持续非法占用林地,且在文物部门向其发出停止侵害通知书后,仍然拒不执行,直至厂区建成,造成严重的文物受损和生态破坏,符合《民法典》规定的惩罚性赔偿条件,应当依法承担惩罚性赔偿责任。对于惩罚性赔偿的金额和倍数,法律尚无明确规定。检察机关根据惩罚性赔偿制度具有的惩罚、遏制和预防严重不法行为的功能定位,结合案件本身的危害性、生态功能受损情况,以及充分考虑被告的承受能力,提出与生态功能损失费用等额的惩罚性赔偿金数额。

第三,本案的判决生效以后,如何执行?

本案的判决主文包括判决被告停止侵害、修复环境或承担修复费用、赔偿生态功能损失费用、公开赔礼道歉、承担鉴定费用、承担惩罚性赔偿金。在判决前,本案被告已在积极履行修复义务，拆除了大部分厂房；判决生效后，被告按照修复方案进行环境修复。当然，后续对环境修复的验收还需相关行政机关牵头组织。

三、公益诉讼检察新领域案件办理中的其他疑难问题

第一，如何探索拓展检察公益诉讼的新案件领域？

检察机关应坚持积极、稳妥的原则探索拓展公益诉讼的案件领域、类型和范围，要明确办案重点。“积极”就是要坚持在政治站位上对人民高度负责、勇于担当作为。“稳妥”就是要秉持法治、理性精神，立足公益诉讼检察职能定位，把握办案程序和实体规范性，聚焦重点领域，注重办案质效；要做足做实调查取证、研究论证、民意舆情研判等工作，争取各方支持。要突出办理全国人大及其常委会明确要求的新领域案件。要认真贯彻落实第十三届全国人民代表大会第三次会议《关于最高人民检察院工作报告的决议》批准的下一阶段工作安排中明确提出的“积极、稳妥办理安全生产、公共卫生、生物安全、妇女儿童及残疾人权益保护、网络侵害、扶贫、文物和文化遗产保护等领域公益损害案件”。要办好地方性法规支持探索的新领域案件。要主动加强与同级法院的沟通协调，争取就人大支持的相关新领域案件的审判管辖、起诉标准、举证责任、诉讼请求、裁判执行等达成共识，推动诉前与诉讼程序有效衔接。将新领域案件办理进展和成效适时向同级人大常委会报告。要参照指导性案例、借鉴典型案例办理同类新领域案件。

第二，如何认定个人信息，如没有姓名的手机号、微信号是否属于个人信息？经过受害人同意但隐瞒真实用途，直接从受害人处低价购买其身份证、银行卡等信息，用于转移网络诈骗、网上赌博等非法行为收入的，是否属于侵犯公民个人信息的违法情形？

就没有姓名的手机号、微信号而言，如果可以直接或者间接识别自然人身份的，就属于个人信息的范畴。《民法典》第 1034 条规定，自然人的个人信息受法律保护。个人信息是以电子或者其他方式记录的能够单独或者与其他信息结合识别特定自然人的各种信息，包括自然人的姓名、出生日期、身份证件号码、生物识别信息、住址、电话号码、电子邮箱、健康信息、行踪信息等。《个人信息保护法》第 4 条规定，个人信息是以电子或者其他方式记录的与已识别或者可识别的自然人有关的各种信息，不包括匿名化处理后的信息。

隐瞒真实用途，直接从受害人手里低价购买其身份证、银行卡信息，用于转移网络诈骗、网上赌博等非法行为收入的，属于非法处理个人信息的违法情形。《民法典》第 1035 条规定，处理个人信息的，应当遵循合法、正当、必要原则，不得过度

处理,并符合下列条件:(1)征得该自然人或者其监护人同意,但是法律、行政法规另有规定的除外;(2)公开处理信息的规则;(3)明示处理信息的目的、方式和范围;(4)不违反法律、行政法规的规定和双方的约定。个人信息的处理包括个人信息的收集、存储、使用、加工、传输、提供、公开等。《个人信息保护法》第5条规定,处理个人信息应当遵循合法、正当、必要和诚信原则,不得通过误导、欺诈、胁迫等方式处理个人信息。

第三,在侵犯公民个人信息的刑事附带民事公益诉讼案件中,对私自出售公民个人信息的情形,检察机关应如何确定诉讼请求?

建议结合案件具体事实区别对待:如果侵害公民个人信息的违法情形存在下游的违法行为,需结合下游的侵权行为研究确定具体的诉讼请求;如果不存在下游的侵权行为,针对非法出售公民个人信息的行为,从现有判例看,诉讼请求包括消除危险、停止侵害、获利赔偿、赔礼道歉。

四、结语

最后,与大家分享保定检察公益诉讼办案的四个硬核,即为民情怀、精品意识、工匠精神、绣花功夫。其中,为民情怀是根本。为民情怀是公益诉讼办案最为根本的保障,也是检察机关办理公益诉讼案件的出发点和落脚点,是衡量办案监督成效的标准和尺子。精品意识是一种检察产品理念,是对检察机关办案标准的指引。工匠精神是一种品质,要求公益诉讼检察官具备精益求精的专业精神,这也是一种需要培养的素质和品格。绣花功夫是一种工作态度,要求检察机关把办案做到尽善尽美,以求极致的态度去办理每一个案件。

专题十四

推进安全生产领域公益诉讼实践

——基于对新《安全生产法》的梳理

崔俊杰[*] 首都师范大学

目　次

---

* 崔俊杰，首都师范大学副教授，硕士研究生导师。

(二)监督基层履职的情况

(三)监督事故调查处理

(四)监督市场和社会共治机制的实施

五、关于开展安全生产公益诉讼工作的其他建议

(一)进一步拓展案件来源

(二)进一步加强与应急管理部门的工作协作

修正后的《安全生产法》第74条第2款规定:“因安全生产违法行为造成重大事故隐患或者导致重大事故,致使国家利益或者社会公共利益受到侵害的,人民检察院可以根据民事诉讼法、行政诉讼法的相关规定提起公益诉讼。”这是在安全生产的专门立法层面对民事和行政公益诉讼范围的实质扩充。事实上,2016年出台的中共中央、国务院《关于推进安全生产领域改革发展的意见》明确提出,研究建立安全生产民事和行政公益诉讼制度。2019年党的十九届四中全会指出要“拓宽公益诉讼案件范围”。《2020年推动长江经济带发展工作要点》也明确要探索开展危化品、尾矿库、交通运输等安全生产领域公益诉讼检察工作。据统计,截至新《安全生产法》实施,全国已有24个省级人大常委会出台关于加强检察公益诉讼工作的专项决定,其中有20个对安全生产领域公益诉讼探索予以明确。

2020年12月,最高人民检察院(以下简称最高检)和国铁集团联合发布了10起铁路安全生产领域公益诉讼典型案例,如广西壮族自治区永福县公路上跨铁路立交桥危害铁路运行安全行政公益诉讼案、湖北省孝感市违规建设工程规划许可危害高铁运行安全行政公益诉讼案、宁夏回族自治区中宁县禁牧区违规放养马匹危害沙漠铁路运行安全行政公益诉讼案等。此外,针对危险化学品、易燃易爆物品、矿山和尾矿库治理、违法建设、违法施工等安全生产公益保护问题,各地检察机关也在积极稳妥进行探索。如陕西省略阳县检察院办理嘉陵江王家沟尾矿库危害安全生产行政公益诉讼案、湖北省赤壁市检察院办理制毒危化品危害安全生产行政公益诉讼案等,起诉后均得到法院判决支持。

经过立法环节的努力,《安全生产法》虽然最终开放了检察公益诉讼的制度之门,但与其他领域检察公益诉讼相比,安全生产是一个覆盖面极宽又十分专业的领域,就目前而言,安全生产领域的公益诉讼还存在很多困境,笔者将以介绍和解读新《安全生产法》为主线,关注立法的地位、理念,法律修订的主要要点和具体制度,结合检察工作实际,谈一点自己的体会,希望能对本领域的检察公益诉讼有所裨益。

一、《安全生产法》的法律地位和基础理念

2002 年 6 月 29 日，第九届全国人大常委会第二十八次会议通过《安全生产法》。2009 年 8 月 27 日，第十一届全国人大常委会第十次会议《关于修改部分法律的决定》，涉及《安全生产法》的部分内容。2014 年 8 月 31 日，第十二届全国人大常委会第十次会议通过《关于修改〈中华人民共和国安全生产法〉的决定》，对《安全生产法》进行了一次较大规模的修正。2021 年 6 月 10 日，第十三届全国人大常委会第二十九次会议通过《关于修改〈中华人民共和国安全生产法〉的决定》，自 2021 年 9 月 1 日起施行。

如果我们把《安全生产法》的修订过程进行梳理，会发现一个比较有意思的现象——这部法每隔 7 年左右就会或大或小地修订一次。特别是最近 15 年间，该法进行了两次规模不小的修订，部分修订还涉及监管体制的转变。熟悉立法的同志知道，全国人大的立法资源是相对紧张的，我们一向坚持突出重点和问题导向的立法思路，修法的频率在一定程度上折射出法律的地位和现实中的问题。各位都知道，作为一部行政管理领域的基础法，《行政处罚法》于 2021 年完成了立法 25 年以来的第一次大修，相比较而言，《安全生产法》如此高频地修改，向我们传达了一个重要的态度：我们不要"带血的 GDP"。习近平总书记指出："法治是国家治理体系和治理能力的重要依托。只有全面依法治国才能有效保障国家治理体系的系统性、规范性、协调性，才能最大限度凝聚社会共识。"法治的作用在于为解决发展中的各类风险和问题提供制度化的方案，《安全生产法》就是要为发展中的安全风险和问题提供制度化的解决方案。

如何理解《安全生产法》的规范地位？笔者认为可以概括为三个维度的转变：

（一）从经济性的立法转变为综合性的立法

如果综观世界各国法律，会发现很少有国家制定了和我们类似的《安全生产法》。"安全生产"是一个极具中国特色的词汇，在各国的立法体系中，安全生产应属于职业安全和健康立法的范畴。20 世纪 80 年代，经国务院批准，劳动部（1982 年机构改革后为劳动人事部）同时组织起草《劳动保护法》（在立法中，该法名称曾先后被更改为《劳动保护条例》《劳动安全卫生条例》，立法位阶层级降为行政法规）和《安全生产法》的草案。几乎也是在同一时期，卫生部开始着手起草《职业病防治条例》，以扭转经济转轨和国有企业改制之后职业病防控工作面临"回头"的局面。国务院在审议《安全生产法》、《劳动安全卫生条例》和《职业

病防治条例》三个法律、法规草案时认为,这三个草案之间存在大量的重复现象,如果继续按此思路立法,不仅不利于三个法案的最终实施,而且将导致严重的立法资源浪费,于是决定将三个法律、法规草案合并为《劳动安全卫生法(草案)》。

然而,1998 年国务院机构改革以后,为了打造"统一的社会保障行政机构",在劳动部基础上组建了劳动和社会保障部。这样一来,原由劳动部承担的安全生产监督管理职能就划转给了国家经贸委承担。由于国家经贸委在性质上只是一个经济管理部门,按照其职权无法就普遍性的职业卫生风险和经济领域以外的其他职业危害问题开展规制。

2001 年,国家安全生产监督管理局成立后,在国家经贸委原来的立法基础上制定了《安全生产法》,并最终获得通过。由于立法主体的局限,当时的立法把"加强安全生产监督管理,防止和减少生产安全事故,保障人民群众生命和财产安全,促进经济发展"作为立法目的固化下来。而如果仔细分析上述四大立法目的就会发现,四大目的之间并非并列平行的关系,而是逐层递进的关系。即加强安全生产监督管理服务于防止和减少生产安全事故。防止和减少生产安全事故服务于保障人民群众的生命安全和财产安全。而保障人民群众的生命安全和财产安全又最终服务于促进经济发展这个根本目的。很显然,在"安全和生产"这对矛盾中,生产在当时被作为矛盾的主要方面,这也是广为诟病的。一直到 2014 年《安全生产法》修正以后,才将立法目的调整为"加强安全生产工作,防止和减少生产安全事故,保障人民群众生命和财产安全,促进经济社会持续健康发展"。就此而言,其已经实现了从经济性立法向经济社会综合性立法转变。

《安全生产法》是一部保障国民安全的法,同时也是一部促进经济社会高质量发展的法。由于人民生命财产安全和经济社会高质量发展同时关乎政治安全,我们可以说《安全生产法》以人民安全为宗旨,以政治安全为根本,以经济安全为基础。提示检察机关在办理安全生产公益诉讼案件时,必须跳出单纯的经济思维,避免简单以经济损失考量事故。

(二)从专门监管法转变为综合监管与行业监管相结合的法

《安全生产法》在起草的时候已经明确了"必须从国家的整体利益出发,从保障广大劳动者生命和国家财产安全的角度考虑问题,要跳出部门利益的圈子",并倾向于打造一部指导全国安全生产工作的"基本法",使我国各行业安全生产工作都纳入统一的法律体系。

在最初的管理体制方面,也成立了专门的安全生产监督管理部门来执行这部法。这种专门化监管的思路在世界上同领域是有借鉴的。比如美国的职业安全健康署就是一个专司职业安全健康监管的部门。这种体制看上去的确可以发挥专门机关管理专门事务的专业优势,但由于安全生产工作横跨各行各业,在我国这样条块结合的体制下,同为政府部门的安全生产监管部门实际上很难监管其他行业和领域的安全生产工作。2013 年 11 月 22 日,青岛黄岛发生中石化输油管道爆炸特别重大事故,造成重大人员伤亡。两天后,习近平总书记在青岛黄岛经济开发区考察输油管线泄漏引发爆燃事故抢险工作时强调,“各级党委和政府、各级领导干部要牢固树立安全发展理念,始终把人民群众生命安全放在第一位。各地区各部门、各类企业都要坚持安全生产高标准、严要求,招商引资、上项目要严把安全生产关,加大安全生产指标考核权重,实行安全生产和重大安全生产事故风险‘一票否决’。责任重于泰山。要抓紧建立健全安全生产责任体系,党政一把手必须亲力亲为、亲自动手抓。要把安全责任落实到岗位、落实到人头,坚持管行业必须管安全、管业务必须管安全,加强督促检查、严格考核奖惩,全面推进安全生产工作”。这一重要讲话指出了管行业与管安全、管业务与管安全的关系,对后来的立法有着非常重要的意义。

2014 年修正《安全生产法》时,就在安全生产监督管理部门以外,进一步明确国务院有关部门依照本法和其他有关法律、行政法规的规定,在各自的职责范围内对有关行业、领域的安全生产工作实施监督管理;县级以上地方各级人民政府有关部门依照本法和其他有关法律、法规的规定,在各自的职责范围内对有关行业、领域的安全生产工作实施监督管理。安全生产监督管理部门和对有关行业、领域的安全生产工作实施监督管理的部门,统称负有安全生产监督管理职责的部门。本次《安全生产法》修正以后,在总则部分进一步明确了“管行业必须管安全、管业务必须管安全、管生产经营必须管安全”的“三管三必须”要求。形成了应急管理部门实施综合监管,应急管理部门和其他负有安全生产监管职责的部门实施行业监管的综合性监管体制。即便在一些特殊领域已经制定了有关安全生产的法律法规,如《核安全法》《放射性污染防治法》《特种设备安全法》等,但对于一些安全方面的问题,如果上述法律、行政法规中未作规定的,仍然适用《安全生产法》的规定。提示检察机关在选择检察监督对象时,避免遗漏应急管理部门以外的其他负有安全生产监督管理职责的部门,推动形成安全生产各部门齐抓共管的局面。

(三)从危险防卫型的法转变为风险预防型的法

危险是指损害发生的盖然性。依照可执行和可经证实的方法而认为有足够的盖然性。

风险是指损害发生的盖然性未知的情况下，损害发生的可能性。与风险相比，风险具有极大的不确定性。习近平总书记指出："我们面对的改革发展稳定任务之重前所未有，矛盾风险挑战之多前所未有""既要高度警惕'黑天鹅'事件，也要防范'灰犀牛'事件"。因此，政府的职责需要从关心现状、保护和建立一个不受干扰的状态，发展到以未来为目标，对可能给社会造成的危险进行预防。因此，国家的安全任务由消极的危险防卫，转变为更为积极的风险预防。

《安全生产法》在历经20年的发展中，就真切地体现出这种危险防卫向风险预防转变的趋势。由于安全事故的危害性极大，"事后诸葛亮"于事无补，因此，需要将监管的重心前移，着眼于采取各种规制手段，预防事故发生。在本次《安全生产法》修正后，总则部分就明确了"坚持人民至上、生命至上，把保护人民生命安全摆在首位，树牢安全发展理念，坚持安全第一、预防为主、综合治理的方针，从源头上防范化解重大安全风险"的总要求（第3条），提出了"构建安全风险分级管控和隐患排查治理双重预防机制"的方略。在《刑法修正案（十一）》中，也相应地将"具有发生重大伤亡事故或者其他严重后果的现实危险"增补为重大责任事故罪的构成要件，使之从单纯的结果犯变为了危险犯，目的也是防患于未然，把重大安全事故制止在危险状态刚刚萌芽之时，使公民的人身财产安全得到及时有效的保护。提示检察机关在办理安全生产相关公益诉讼时，也要端口前移，统筹安全与发展，增强忧患意识，做到居安思危，增强机遇意识和风险意识，树立底线思维，把风险思考得更深入一些，下好先手棋，打好主动仗，有效防范和化解各类风险挑战，发挥预防式监督的作用。当然，由于风险不可能完全消除，安全也不是无成本或者零代价的，其所支付的成本与所获得的安全收益一般遵循边际产出不变或下降的规律，努力实现相对安全、均衡安全。无论是行政执法还是检察监督都要认识到这个事实，既要避免规制不足，又要防止规制过度。为此，督促有关单位合理配置安全能力冗余和适当加强系统安全投入，是应对不确定安全威胁的重要方式。

关于风险、危险及法条中的相关概念，需要予以进一步理顺。从理论上区分风险和危险相对不难，但是《安全生产法》是一个在动态的立法过程中形成和完善的法。特别是叠加一些比较专业的术语，容易在执法实践中产生困惑。例如，《安全生产法》中有"重大危险源"这个概念，尽管使用了"危险"一词，但结合有关规范，重大危险源是指长期地或临时地生产、使用、存储或经营危险物质，且危险物质的数量等于或超过临界量的单元。目前，对重大危险源管控最好的是危险化学品领域,也相应地建立了一些制度规范。但很显然,重大危险源并不必然发生危险,更不必然导致事故,因此,这是一个风险的因素。如果对重大危险源不采取预防性控制措施,就会增加事故发生的盖然性,也就是产生危险。《安全生产法》中将这类危险界定为隐患,并按照严重程度区分为一般隐患和重大隐患。如果对隐患仍不予以排查治理,那么发生事故就是一个必然的事情,只是时间长短不同而已。因此,正确的逻辑应当是“有重大危险源(应当采取风险分级治理)——隐患(应当进行隐患排查治理)——事故发生”。

实践中,由于应急管理部门内部分别由不同的处室管理风险治理和隐患排查,二者的联系不够,一定程度上增加了生产经营单位的治理负担。人民检察院应当充分了解几组概念的联系,避免监督的不专业化。此外,《安全生产法》中还有一个安全生产标准化的概念(第 4 条),但此处的标准化绝不是《标准化法》意义上的标准化,而是一种“贯标”意义上的“标准化”。2014 年《安全生产法》修正时,提出推进安全生产标准化建设。经过多年推动实施,安全生产标准化建设已成为规范生产经营单位安全生产工作、提升生产经营单位安全管理水平和保障能力的重要抓手,应当把加强安全生产标准化作为生产经营单位落实主体责任的重要手段之一进行全面推广。安全生产标准化包含安全目标、组织机构和人员、安全责任体系、安全生产投入、法律法规与安全管理制度、队伍建设、生产设备设施、科技创新与信息化、作业管理、隐患排查和治理、危险源辨识与风险控制、安全文化、应急救援、事故的报告和调查处理、绩效评定和持续改进等方面,目的是提高安全生产水平,确保安全生产。因此,标准化是隐患排查和治理、危险源辨识与风险控制的上位概念且与之发生联系。按照标准化方式操作,可以降低风险、减少隐患、预防事故。对于这类概念,检察机关也应当正确理解。

二、本次修法的要点

这次修正《安全生产法》,是贯彻落实党中央有关重大决策部署的立法实践,也是始终坚持问题导向、总结实践经验、回应社会关切的立法实践。其要点可以概括为以下几个方面:

(一)聚焦安全生产形势的新变化、新需要

《安全生产法》公布实施于 2002 年,那一年是迄今为止我国安全生产形势最为恶劣的一年。据统计,当年全国共发生各类生产安全事故 1,073,434 起,死亡 139,393 人。《安全生产法》实施 20 年来,对依法加强安全生产工作,预防和减少

生产安全事故,保障人民群众生命财产安全,发挥了重要的法治保障作用。2020年全年事故死亡人数已经降至2.71万人,下降80.6%,实现事故总量、重特大事故数量、主要相对指标“三个连续下降”,以及安全生产形势和多个指标“两个进一步好转”。但是,安全生产的形势依然严峻,从某种程度上讲,监管进入了一个平台期、“瓶颈”期。一方面,经济结构调整、动能转换、技术更新日益加快,各种隐性风险逐渐显性化,不仅传统行业领域存在的安全生产隐患尚未根本遏制,而且新兴行业领域的安全生产风险不断出现。另一方面,“放管服”改革等政府管理自身变革持续推进,新旧管理方式切换也可能形成一些新的监管盲区。为此,需要聚焦安全生产形势的新变化、新需要,用法治来推进改革,积极吸纳和借鉴安全生产领域的有益经验和做法(如对安全生产责任保险的引入),着力加强制度薄弱环节填补空白领域,从根本上织密安全生产法治防护网,切实打牢安全生产法治根基,不断提升安全生产法治效能,依法促进实现安全生产治理体系和治理能力现代化。

(二)落实党中央的重大改革举措,体现改革中的重大成果

党的十八大以来,习近平总书记多次作出重要指示批示,强调各级党委政府务必把安全生产摆在首要位置,统筹发展和安全,坚持人民至上、生命至上,牢固树立安全发展理念,严格落实安全生产责任制,强化风险防控,从根本上消除事故隐患,切实把确保人民生命安全放在第一位落到实处。2016年12月,中共中央、国务院印发《关于推进安全生产领域改革发展的意见》(以下简称《改革意见》),对安全生产工作作出重大系统性部署,着重解决安全生产体制机制等深层次问题。2021年3月,第十三届全国人大第四次会议通过的《国民经济和社会发展第十四个五年规划和2035年远景目标纲要》明确要求完善和落实安全生产责任制,建立公共安全隐患排查和安全预防控制体系;建立企业全员安全生产责任制,压实企业安全生产主体责任等。法律的修订就是要将上述要求法律化、制度化,以发挥法治固根本、稳预期、利长远的作用。这次修法中,一些重要的文件精神乃至总书记的指示批示直接入法,我们不能直接理解为这是一种政治要求,而是要赋予这些重要精神以法的强制力,通过分配权力责任、权利义务,强化其制度约束。

(三)健全安全生产责任体系和完善政府监管体制机制双轮驱动

一方面,强化生产经营单位的主体责任,包括压实单位安全生产者责任、完善相关负责人职责、加强安全生产预防措施,加大对从业人员的关怀,健全安全生产

责任保险制度等。另一方面，强化政府职能作用，完善监督管理体制。检察机关需要认识到，强化生产经营单位的主体责任及其诸多要求，反过来就构成安全生产民事公益诉讼的监督重点；而政府是否履行好了监管职责，各负有安全生产监督管理职责的部门是否做到协同监管，是否存在履职不能、履职不当甚至怠于履职的情形，反过来就构成安全生产行政公益诉讼的监督重点。市场和政府两个方面共同努力，才能确保《安全生产法》立法目标的实现，才能将有效市场和有为政府相结合。

（四）坚持问题导向、适应实践需要

这次《安全生产法》修改，始终坚持问题导向，紧紧围绕安全生产突出难题，立足安全生产一线实际需求，注重倾听各方面意见建议，认真总结实践经验、吸取事故教训，补齐制度短板弱项，规定了很多相当具体的制度。例如，第 36 条第 3 款和第 4 款分别规定："生产经营单位不得关闭、破坏直接关系生产安全的监控、报警、防护、救生设备、设施，或者篡改、隐瞒、销毁其相关数据、信息"；"餐饮等行业的生产经营单位使用燃气的，应当安装可燃气体报警装置，并保障其正常使用"。第 42 条第 2 款规定："生产经营场所和员工宿舍应当设有符合紧急疏散要求、标志明显、保持畅通的出口、疏散通道。禁止占用、锁闭、封堵生产经营场所或者员工宿舍的出口、疏散通道"，以及第 4 条第 2 款规定的对于新业态、新模式产生的新风险，强化从业人员安全生产教育和培训等。检察机关需要认识到，这些细致的规定虽然看上去比较碎片化，但都是实践经验的总结，是血的教训。补充规定的这些制度反过来说明这个领域存在亟待解决的安全生产问题，为此，相关检察监督措施也要坚持问题导向、突出重点。

（五）从严从密、承上启下

在从严方面，最突出的表现就是加大了法律责任，增加了违法成本，主要体现为以下几种方式：一是直接调整处罚数额，或者增加倍数罚的倍数。其中增加倍数罚的倍数会大幅度提升违法成本。二是增加按日连续处罚的手段。《安全生产法》第 112 条规定，生产经营单位违反本法规定，被责令改正且受到罚款处罚，拒不改正的，负有安全生产监督管理职责的部门可以自作出责令改正之日的次日起，按照原处罚数额按日连续处罚。结合按日连续处罚在环保领域的监管适用来看，这一制裁惩戒手段的威慑力极大，如果适用得当，会强化监管效能。三是新增了几种关闭的情形，以严格的措施、可量化的规则提升执法威慑、强化守法预期。

例如,《安全生产法》第113条规定,生产经营单位存在下列情形之一的,负有安全生产监督管理职责的部门应当提请地方人民政府予以关闭,有关部门应当依法吊销其有关证照。生产经营单位主要负责人5年内不得担任任何生产经营单位的主要负责人;情节严重的,终身不得担任本行业生产经营单位的主要负责人:(1)存在重大事故隐患,180日内3次或者1年内4次受到本法规定的行政处罚的;(2)经停产停业整顿,仍不具备法律、行政法规和国家标准或者行业标准规定的安全生产条件的;(3)不具备法律、行政法规和国家标准或者行业标准规定的安全生产条件,导致发生重大、特别重大生产安全事故的;(4)拒不执行负有安全生产监督管理职责的部门作出的停产停业整顿决定的。四是在处罚对象上规定了双罚制。《安全生产法》第16条规定:"国家实行生产安全事故责任追究制度,依照本法和有关法律、法规的规定,追究生产安全事故责任单位和责任人员的法律责任",既处罚生产经营单位,又处罚责任人,既落实责任到人,避免责任推诿,又堵塞了"换个马甲继续干"的制度漏洞。五是明确了实施联合惩戒。《安全生产法》第78条第1款规定:"负有安全生产监督管理职责的部门应当建立安全生产违法行为信息库,如实记录生产经营单位及其有关从业人员的安全生产违法行为信息;对违法行为情节严重的生产经营单位及其有关从业人员,应当及时向社会公告,并通报行业主管部门、投资主管部门、自然资源主管部门、生态环境主管部门、证券监督管理机构以及有关金融机构。有关部门和机构应当对存在失信行为的生产经营单位及其有关从业人员采取加大执法检查频次、暂停项目审批、上调有关保险费率、行业或者职业禁入等联合惩戒措施,并向社会公示"。

在从密方面,前面其实已经提到,本次修法写入了很多十分细致且直接具备可操作性的制度,使法律不仅仅满足于立法初期的搭建框架,而是要提供具体且明确的指引。这对未来各省市依据法律修改地方性法规提出了比较高的要求。在法律已经十分细致的前提下,地方如何避免立法叠床架屋,如何真正找准问题规定一些富有地方特色的有效的制度、管用的制度、好办的制度,这可能也需要检察机关在办理案件的过程中注意发现问题、总结提炼。

在承上启下方面,大家千万不要就《安全生产法》谈安全生产法。2018年党和国家机构改革中,原国家安监总局的职责划入应急管理部,其他有关部门和职责也作了调整。应急管理部成立之后面临的一个重大法治课题就是完善应急管理相关立法,使之体系化。经过几年的研讨,已于近期研究形成了"1+5"的应急管理法律体系骨干框架,这个"1",就是应急管理方面综合性法律,"5"就是5个方面的单行法律,包括《安全生产法》《消防法》,以及自然灾害防治、应急救援组织、国家消防救援人员方面的法律。在这个大框架下，又划分了安全生产、消防、自然灾害防治共三个子体系。基于这个框架，我们就可以理解为什么安全生产是应急管理的"基本盘"，可以理解事故灾害、火灾（可统称为人为灾害）预防和自然灾害防治在总体国家安全观下的重要地位。《安全生产法》有关事故救援等的规定也需要与未来统一制定的应急救援组织法等进行衔接。

三、安全生产民事公益诉讼的监督重点

如前已述，强化生产经营单位的主体责任及其诸多要求，反过来就构成安全生产民事公益诉讼的监督重点。为此，可以结合法条的有关规定，具体梳理如下：

（一）监督生产经营单位是否落实了全员安全生产责任制

生产经营单位的安全生产责任制在原《安全生产法》中就进行了规定。本次修法，增加了两个字，即"全员"。新《安全生产法》第 4 条规定，生产经营单位必须遵守本法和其他有关安全生产的法律、法规，加强安全生产管理，建立健全全员安全生产责任制和安全生产规章制度。相应地，第 22 条规定，生产经营单位的全员安全生产责任制应当明确各岗位的责任人员、责任范围和考核标准等内容。生产经营单位应当建立相应的机制，加强对全员安全生产责任制落实情况的监督考核，保证全员安全生产责任制的落实。全员安全生产责任制具有重大意义，直观地讲，就是"安全生产，人人都要唱主角"。

监督生产经营单位是否落实全员安全生产责任制，首先是要明确全员的内涵。全员当然是指生产经营单位的全体员工，但法律在强化责任的时候一定不会是一盘散沙、缺乏逻辑，而是遵循分级分岗和责任到人的思路。结合有关条文，可以具体细分为"主要负责人——分管负责人、专职安全生产分管负责人——职工"等不同岗位。

法律对不同岗位职责进行了细化。针对主要负责人，《安全生产法》第 5 条明确，"生产经营单位的主要负责人是本单位安全生产第一责任人，对本单位的安全生产工作全面负责。其他负责人对职责范围内的安全生产工作负责"。并在第 21 条具体细化了主要负责人的职责。与旧法相比，此次改动主要体现在两个方面：一是按照总则要求写入了风险分级管控和隐患排查治理双重预防工作机制以及组织实施安全生产标准化工作的内容；二是不仅强调建立相关责任制、规章制度和操作章程，而且要落实、实施相关制度。换句话说，徒有具文是不行的，检察机关在监督时要注意研判相关制度是否落实，有制度而未落实的，也叫未履行主

要负责人的职责。

关于分管负责人,《安全生产法》第5条规定,其他负责人对职责范围内的安全生产工作负责。这里的其他负责人,应该是指各分管负责人。安全生产不是专门分管安全的负责人的事情。按照“三管三必须”的要求,管业务也必须管安全,分管负责人要对分管事项的安全生产工作负责,否则也要追究责任。第25条规定了生产经营单位的安全生产管理机构以及安全生产管理人员的职责。安全生产管理机构作为本单位具体负责安全生产管理事务的部门,是贯彻落实有关安全生产方针、政策、法律、法规、标准以及规章制度等事项的具体执行者,从某种意义上讲,也是主要负责人在安全生产方面的重要助手。安全生产管理机构对本单位的安全生产状况最了解、最熟悉。因此,本条规定,安全生产管理机构有职责和义务,根据主要负责人的安排,负责组织或者参与拟订本单位安全生产规章制度和操作规程、生产安全事故应急救援预案,以确保相关制度、规程和预案符合本单位安全生产的实际,起到应有的作用。本条还规定了专职安全生产分管负责人制度:“生产经营单位可以设置专职安全生产分管负责人,协助本单位主要负责人履行安全生产管理职责”。需要指出的是,专职安全生产负责人对于绝大多数企业来说不是一个必选项。有些生产经营单位规模较大、专业性较强,为便于主要负责人更好地履行安全生产管理职责,需要具备安全生产专业知识人员的协助,有关单位的范畴由各地方立法具体规定。各地积极探索生产经营单位设置专职安全生产分管负责人的经验,如北京规定的安全总监等岗位,协助本单位主要负责人履行安全生产管理职责。这次《安全生产法》修改,认真总结吸纳安全生产实践有益经验和做法,在法律中予以体现,授权生产经营单位根据自身实际情况,设置专职安全生产分管负责人。不过,安全生产专职负责人具体叫什么,应居于什么级别,法律并没有具体规定,这是基于尊重企业经营主体地位的考虑。检察机关实施监督的时候也要避免僵化理解,造成规制过度。

针对从业人员的岗位安全责任,《安全生产法》第57条延续了过去的立法规定:“从业人员在作业过程中,应当严格落实岗位安全责任,遵守本单位的安全生产规章制度和操作规程,服从管理,正确佩戴和使用劳动防护用品”。值得一提的是,这次修法增加了对从业人员的人文关怀。第44条第2款规定:“生产经营单位应当关注从业人员的身体、心理状况和行为习惯,加强对从业人员的心理疏导、精神慰藉,严格落实岗位安全生产责任,防范从业人员行为异常导致事故发生”。可以说,安全生产,既要关注人,也要关注心。这是一个相当人性化的制度安排,也体现了以人民为中心的发展理念,值得高度关注。

（二）监督生产经营单位是否落实了双重预防工作机制

关于风险、危险的关系，以及条文中重大风险源、隐患和标准化等词语的关系，在前面已经作了详细的介绍。法律对于生产经营单位落实风险分级管控和隐患排查治理双重预防工作机制有很多具体的规定。比较值得一提的是《安全生产法》第 41 条。该条规定："生产经营单位应当建立安全风险分级管控制度，按照安全风险分级采取相应的管控措施。生产经营单位应当建立健全并落实生产安全事故隐患排查治理制度，采取技术、管理措施，及时发现并消除事故隐患。事故隐患排查治理情况应当如实记录，并通过职工大会或者职工代表大会、信息公示栏等方式向从业人员通报。其中，重大事故隐患排查治理情况应当及时向负有安全生产监督管理职责的部门和职工大会或者职工代表大会报告。县级以上地方各级人民政府负有安全生产监督管理职责的部门应当将重大事故隐患纳入相关信息系统，建立健全重大事故隐患治理督办制度，督促生产经营单位消除重大事故隐患"。简单地说，在生产经营单位方面，可以概括为两个词："职工参与"和"信息化"。从业人员最在乎自己的生命财产安全，缺乏职工参与，就缺乏了第一双眼睛。之所以要让职工知悉生产经营单位的事故隐患，是为了发动职工的力量督促整改，对拒不整改或者整改不到位的，也可以发展相应的信息揭露机制。信息化是相关机制的一种具体表现，利用信息化，可以把企业的隐患排查治理与政府监管有效结合，也可以便利职工的信息揭露。

（三）监督危险行业生产经营单位是否履行了特殊安全保障义务

本次修法扩大了危险行业的范畴，主要是增加危险物品的装卸单位，并改道路交通单位为运输单位。之所以有这样表述上的改变，一方面是顾及社会分工更加精细化的现状；另一方面也是避免实践中推诿责任。危险行业的生产经营单位有一些特殊的安全保障义务，需要在实施检察监督时予以重点关注。比如，《安全生产法》第 24 条规定，危险行业的生产经营单位应当设置安全生产管理机构。第 27 条规定，主要负责人和安全生产管理人员，应当由主管的负有安全生产监督管理职责的部门对其安全生产知识和管理能力考核合格。与此同时，扩大了注册安全工程师范围，将危险物品的装卸单位纳入其中。第 34 条将装卸危险物品的建设项目纳入高危项目的竣工验收进行管理，由建设单位组织对安全设施进行验收。第 49 条完善了高危行业建设工程施工项目管理，规定："矿山、金属冶炼建设项目和用于生产、储存、装卸危险物品的建设项目的施工单位应当加强对施工项目的安全管理，不得倒卖、出租、出借、挂靠或者以其他形式非法转让施工资质，不得将其承包的全部建设工程转包给第三人或者将其承包的全部建设工程肢解以后以分包的名义分别转包给第三人,不得将工程分包给不具备相应资质条件的单位”。

(四)监督生产经营单位实施危险作业时是否履行了相应的安全保障义务

《安全生产法》第43条在原有立法的基础上,将临时用电与爆破、吊装、动火一道,纳入危险作业进行管理。其基本要求是要安排专门人员进行现场安全管理,确保操作规程的遵守和安全措施的落实。

需要注意的是,《安全生产法》规定,危险作业的范畴由国务院应急管理部门会同国务院有关部门确定,言下之意,未将危险作业的确定权交给地方。实践中,地方针对一些事故高发的特殊作业,如悬吊、挖掘、油罐清洗、建设工程拆除、高处作业、临近高压输电线路作业、有限空间作业等,往往设置一些与危险作业相似的特殊安全保障义务。这些作业虽然不是危险作业,但地方性法规可以补充设定一些与上位法不相抵触的规则并补充设定罚则,这同样需要在实施检察监督时予以完整把握。

(五)监督新兴行业、领域落实主体责任的情况

近年来,我国经济产业结构转型升级加快,以平台经济为代表的新兴行业领域快速发展,新兴产业大量涌现,经济活动日益多元化,新兴行业领域在经济社会发展全局中的地位和作用日益凸显,在提高资源配置效率、促进社会充分就业等方面发挥了积极作用。新兴行业领域的生产经营活动涉及多专业、多领域交叉,部分行业领域涉及新工艺、新技术、新材料、新模式。随着新情况、新问题、新业态大量出现,“认不清、想不到、管不到”的问题突出,一些新兴行业领域相关法律法规及专业技术标准还不健全,特别是部分平台企业主体责任落实和从业人员安全权益保障不到位,从业人员安全意识和能力薄弱等问题也较为突出,一些重点领域、关键环节存在监管盲区,存在大量安全风险和事故隐患。本次《安全生产法》修改,在第4条增加“平台经济等新兴行业、领域的生产经营单位应当根据本行业、领域的特点,建立健全并落实全员安全生产责任制,加强从业人员安全生产教育和培训,履行本法和其他法律、法规规定的有关安全生产义务”的规定,就是要督促平台企业等生产经营单位统筹发展与安全,履行安全生产法定义务,从全员安全生产责任制、规章制度、安全培训、安全投入等方面进行规范,牢固树立安全“红线”意识,始终把从业人员生命安全放在首位。

实践中，新兴行业和领域的情况很复杂。一方面，一些领域具有明显的跨部门特征，很难对应传统的行业监管部门，往往需要多个部门齐抓共管。例如，民宿行业在经营业态上很像传统的酒店业，也不排除有些地方倾向于纳入“特行”，由公安机关进行管理；在一些旅游热点城市，比如安徽省的黄山市，民宿又与旅游业关系密切，是被纳入文化和旅游部门进行管理的；此外，民宿的载体是住房，所以像北京等城市又明确了住建部门负主责。《安全生产法》尊重这些特殊情况，其第 10 条只要求有关人民政府按照业务相近的原则确定监督管理部门。另一方面，平台经济与传统行业相比，很多法律关系不一样。例如，平台企业与网约车司机、外卖骑手之间并不构成传统的劳动关系，上述人群也被划入灵活就业人员进行管理。因此，这些平台企业的安全生产主体责任是什么，还不能简单地套用传统业态。但有一点是明确的，那就是加强从业人员安全生产教育和培训。至于其他安全生产义务，由本法和其他法律、法规另行规定。可见，法律既强化了监管，又避免监管过度伤及经济活力，这也需要检察机关予以高度重视。

四、安全生产行政公益诉讼的监督重点

如前已述，强化政府监管职责的诸多要求，反过来就构成安全生产行政公益诉讼的监督重点。为此，可以结合法条的有关规定，具体梳理如下：

（一）选择适格的负有安全生产监督管理职责的部门

《安全生产法》确立了以应急管理部门综合监管和其他负有安全生产监管职责的部门行业监管相结合的体制，落实“三管三必须”的原则。第 10 条第 1 款、第 2 款规定，“国务院应急管理部门依照本法，对全国安全生产工作实施综合监督管理；县级以上地方各级人民政府应急管理部门依照本法，对本行政区域内安全生产工作实施综合监督管理。国务院交通运输、住房和城乡建设、水利、民航等有关部门依照本法和其他有关法律、行政法规的规定，在各自的职责范围内对有关行业、领域的安全生产工作实施监督管理；县级以上地方各级人民政府有关部门依照本法和其他有关法律、法规的规定，在各自的职责范围内对有关行业、领域的安全生产工作实施监督管理”。法条中虽然只列举了交通运输、住房和城乡建设、水利、民航等几个部门，但这是不完全列举，后面的“等”也是等外等。换句话说，各行业主管部门都是负有安全生产监督管理职责的部门。

这一监管体制给行政检察监督带来很多实际困难。实践中，选择确立一个适格的负有安全生产监督管理职责的部门就是一大难题。有的事项看上去属于某

个部门在管理,但这个部门未必是这一事项的负有监管职责的部门。例如,企业登记都是在市场监管部门,但我们不能认为登记是一个行业管理,因此所有企业的安全生产监管都归市场监管部门。有的事项存在相对集中执法权的问题,如有些城市将商业领域的执法统一交给市场监管执法机构进行相对集中执法,这就产生了监督权和执法权的分离,究竟是商业主管部门还是市场监管部门应作为负有安全生产监管职责的部门,行政机关之间分歧很大,给行政检察监督也带来了困难。行政检察不能抓住问题就找应急管理部门,但同样也不能忽视了应急管理部门的综合监管职责,要充分利用好与应急管理部门的合作,与之充分沟通,了解可能存在的其他负有安全生产监管职责的部门。根据具体情况,确立适格的监督对象。

此外,法律本身就对加强部门间协调配合作出了很多具体的规定。例如,《安全生产法》第 10 条第 3 款规定:“负有安全生产监督管理职责的部门应当相互配合、齐抓共管、信息共享、资源共用,依法加强安全生产监督管理工作”。第 115 条规定,“本法规定的行政处罚,由应急管理部门和其他负有安全生产监督管理职责的部门按照职责分工决定;其中,根据本法第九十五条、第一百一十条、第一百一十四条的规定应当给予民航、铁路、电力行业的生产经营单位及其主要负责人行政处罚的,也可以由主管的负有安全生产监督管理职责的部门进行处罚”。第 8 条第 3 款规定,“县级以上地方各级人民政府应当组织有关部门建立完善安全风险评估与论证机制,按照安全风险管控要求,进行产业规划和空间布局,并对位置相邻、行业相近、业态相似的生产经营单位实施重大安全风险联防联控”。第 12 条规定,“国务院有关部门按照职责分工负责安全生产强制性国家标准的项目提出、组织起草、征求意见、技术审查。国务院应急管理部门统筹提出安全生产强制性国家标准的立项计划。国务院标准化行政主管部门负责安全生产强制性国家标准的立项、编号、对外通报和授权批准发布工作。国务院标准化行政主管部门、有关部门依据法定职责对安全生产强制性国家标准的实施进行监督检查”。第 40 条第 2 款和第 41 条第 3 款规定,“生产经营单位应当按照国家有关规定将本单位重大危险源及有关安全措施、应急措施报有关地方人民政府应急管理部门和有关部门备案。有关地方人民政府应急管理部门和有关部门应当通过相关信息系统实现信息共享”,“县级以上地方各级人民政府负有安全生产监督管理职责的部门应当将重大事故隐患纳入相关信息系统,建立健全重大事故隐患治理督办制度,督促生产经营单位消除重大事故隐患”。检察监督也应该重视这类协调事项的落实情况。

此外,《安全生产法》第 17 条规定了权力清单和责任清单的相关要求,“县级以上各级人民政府应当组织负有安全生产监督管理职责的部门依法编制安全生产权力和责任清单,公开并接受社会监督”。权责清单制度本身并不新鲜,清单制度肇始于 2005 年国务院办公厅发布的《关于推行行政执法责任制的若干意见》(以下简称《行政执法责任制意见》),其中明确从“梳理执法依据”“分解执法职权”“确定执法责任”三个方面界定了执法职责,并要求具有行政执法主体资格的部门(包括法律法规授予行政执法权的组织)在梳理完毕执法依据后,除下发相关执法部门外,要以适当方式向社会公布。《行政执法责任制意见》中虽未直接提及,但“责任清单”的实质内容已然成形。“权力清单”一词在全国范围内正式提出始于党的十八届三中全会通过的中共中央《关于全面深化改革若干重大问题的决定》,文件中提道:“推行地方各级政府及其工作部门权力清单制度,依法公开权力运行流程。”在十八届四中全会通过的中共中央《关于全面推进依法治国若干重大问题的决定》中进一步明确提出:“依法全面履行政府职能。完善行政组织和行政程序法律制度……推行政府权力清单制度,坚决消除权力设租寻租空间。”而 2015 年中共中央办公厅、国务院办公厅印发的《关于推行地方各级政府工作部门权力清单制度的指导意见》则是对地方权力清单制度如何实践的具体指导。而对于“权责清单”一词,实际上在 2013 年中共中央、国务院发布的《关于地方政府职能转变和机构改革的意见》中已经被提出,其提出“梳理各级政府部门的行政职权,公布权责清单”,将“权责清单”作为“权力清单”和“责任清单”的简称的清单式治理模式,开始逐步被行政机关所重视。十九届三中全会进一步提出:“依法管理各类组织机构,加快推进机构、职能、权限、程序、责任法定化,全面推行政府部门权责清单制度,规范和约束履职行为,让权力在阳光下运行……”十九届四中全会提出,要优化政府职责体系、优化政府组织结构、健全充分发挥中央和地方两个积极性体制机制,构建从中央到地方权责清晰、运行顺畅、充满活力的工作体系;十九届五中全会再次强调,要加快转变政府职能,深化“放管服”改革,全面实行政府权责清单制度。之所以要在《安全生产法》中专门强调权责清单,是因为法律正式确立了“三管三必须”,但前期很多部门并未将安全生产职责在清单中进行梳理,为此,行政检察监督也需要在这方面重点予以关注。

(二)监督基层履职的情况

《安全生产法》第 9 条第 2 款规定:“乡镇人民政府和街道办事处,以及开发区、工业园区、港区、风景区等应当明确负责安全生产监督管理的有关工作机构及其职责,加强安全生产监管力量建设,按照职责对本行政区域或者管理区域内生产经营单位安全生产状况进行监督检查,协助人民政府有关部门或者按照授权依法履行安全生产监督管理职责”。

就乡镇人民政府而言,随着我国社会经济的高速发展和乡村振兴战略的有力实施,在县乡基层广泛分布着大量中小企业,其中不乏从事高危行业领域生产经营活动的企业。部分企业规模较小、安全基础薄弱、人员素质参差不齐、安全管理水平低下,极易发生生产安全事故。乡镇人民政府、街道办事处熟悉本地情况,通过加强其安全监管能力,积极探索优化基层监管执法模式,能够直接发挥属地管理优势。目前,许多省市都通过地方立法的形式,明确了乡镇人民政府、街道办事处在安全生产方面的职责,并在工作机构、人员等方面摸索了一些有效的做法,取得了良好效果。

就开发区等功能区而言,近年来,我国开发区、工业园区、港区、风景区等功能区发展迅速,聚集了大量企业,形成了专业化、集群化产业发展结构,推动了经济快速发展。但是部分功能区在安全生产监督管理方面仍存在监管体制不健全、条块交叉、职责不清、责任不落实等问题,一些开发区、工业园区受到投资结构管理模式等方面影响,政企不分、监管力量薄弱甚至缺位等问题突出,导致这些功能区成为隐患集中区、政府监管盲区和事故多发区,发生了一些生产安全特别重大事故。例如,2014 年 8 月发生的江苏苏州昆山市中荣金属制品有限公司特别重大爆炸事故,事故当日造成 75 人死亡、185 人受伤;2015 年 8 月 12 日发生的天津滨海新区天津港瑞海公司危险品仓库火灾爆炸事故,造成 165 人遇难、8 人失踪、798 人受伤。这些事故对人民群众生命安全造成了无法挽回的巨大损失。为了解决安全生产地方监管和部门监管责任不清的问题,《改革意见》要求,完善各类开发区、工业园区、港区、风景区等功能区安全生产监管体制,明确负责安全生产监督管理的机构,以及港区安全生产地方监管和部门监管责任。适应我国各类功能区发展的实际情况,进一步明确开发区、工业园区、港区、风景区等功能区职责,有利于解决功能区行业、属地监管责任不清晰、不明确等安全监管问题。

法律规定了乡镇人民政府和街道办事处,以及开发区、工业园区、港区、风景区落实监管责任的一些具体要求,但同时保持了相当程度的开放性。如并未要求其一定要设立负责安全生产监督管理的有关工作机构及其职责,但一定要明确相应的工作机构;不一定是接受授权实施执法,也可以是受委托实施监管。需要注意的是,行政检察监督时,需要进一步结合和联系相关法律的要求。例如,《行政处罚法》第 24 条规定:“省、自治区、直辖市根据当地实际情况,可以决定将基层管理迫切需要的县级人民政府部门的行政处罚权交由能够有效承接的乡镇人民政府、街道办事处行使，并定期组织评估。决定应当公布。承接行政处罚权的乡镇人民政府、街道办事处应当加强执法能力建设，按照规定范围、依照法定程序实施行政处罚。有关地方人民政府及其部门应当加强组织协调、业务指导、执法监督，建立健全行政处罚协调配合机制，完善评议、考核制度”。

（三）监督事故调查处理

关于事故调查处理，法律本身有一些具体的规定。比如在事故举报和调查方面，《安全生产法》第 73 条规定：“负有安全生产监督管理职责的部门应当建立举报制度，公开举报电话、信箱或者电子邮件地址等网络举报平台，受理有关安全生产的举报；受理的举报事项经调查核实后，应当形成书面材料；需要落实整改措施的，报经有关负责人签字并督促落实。对不属于本部门职责，需要由其他有关部门进行调查处理的，转交其他有关部门处理。涉及人员死亡的举报事项，应当由县级以上人民政府组织核查处理”。关于事故调查，《安全生产法》第 86 条第 1 款和第 3 款规定：“事故调查处理应当按照科学严谨、依法依规、实事求是、注重实效的原则，及时、准确地查清事故原因，查明事故性质和责任，评估应急处置工作，总结事故教训，提出整改措施，并对事故责任单位和人员提出处理建议。事故调查报告应当依法及时向社会公布。事故调查和处理的具体办法由国务院制定”，“负责事故调查处理的国务院有关部门和地方人民政府应当在批复事故调查报告后一年内，组织有关部门对事故整改和防范措施落实情况进行评估，并及时向社会公开评估结果；对不履行职责导致事故整改和防范措施没有落实的有关单位和人员，应当按照有关规定追究责任”。其中，有些规定是新增加的，有些规定是提级了《生产安全事故报告和调查处理条例》的有关内容，具体要求可以在行政检察公益诉讼中予以关注。此外，本次修法在原立法第 53 条的基础上，于第 56 条增加规定了一款：“生产经营单位发生生产安全事故后，应当及时采取措施救治有关人员”。毫无疑问，该条也是坚持了以人民为中心的发展理念，实践中，也是民事公益诉讼需要关注的。

（四）监督市场和社会共治机制的实施

《安全生产法》规定了一些市场和社会共治的机制。安全生产责任保险就是其一。《安全生产法》第 51 条第 2 款规定，“国家鼓励生产经营单位投保安全生产责任保险；属于国家规定的高危行业、领域的生产经营单位，应当投保安全生产责任保险。具体范围和实施办法由国务院应急管理部门会同国务院财政部门、国务院保险监督管理机构和相关行业主管部门制定”。安全生产责任保险是保险机构对投保单位发生生产安全事故造成的人员伤亡和有关经济损失等予以赔偿,并且为投保单位提供生产安全事故预防服务的商业保险。《改革意见》提出,取消安全生产风险抵押金制度,建立健全安全生产责任保险制度,在矿山、危险化学品、烟花爆竹、交通运输、建筑施工、民用爆炸物品、金属冶炼、渔业生产等高危行业领域强制实施,切实发挥保险机构参与风险评估管控和事故预防功能。安全生产责任保险的首要功能是事故预防,保险机构要充分发挥帮助投保单位防控安全风险的作用,实现安保互动,有效防范和减少生产安全事故,这是实施安全生产责任保险制度的根本目的。在强制实施安全生产责任保险制度之前,很多生产经营单位都投保了工伤保险、雇主责任险、公众责任险、承运人责任险、意外伤害险等险种,这些险种与安全生产责任保险的保障范围有重复和交叉,但安全生产责任保险与它们是明显不同的险种。在政策上,安全生产责任保险是一种带有公益性质的强制性商业保险,国家规定的高危行业领域的生产经营单位必须投保,同时在保险费率、保险条款、预防服务等方面必须加以严格规范。在功能上,安全生产责任保险的保障范围不仅包括企业从业人员,还包括第三者的人员伤亡和财产损失,以及相关救援救护、事故鉴定和法律诉讼等费用。最重要的是安全生产责任保险具有事故预防功能,保险机构必须为投保单位提供事故预防服务,帮助企业查找风险隐患,提高安全管理水平,从而有效防止生产安全事故的发生。总之,安全生产责任保险与工伤保险及其他相关险种相比,覆盖群体范围更广、保障更加充分、赔偿更加及时、预防服务更加到位。根据法律规定,属于国家规定的高危行业、领域的生产经营单位,应当投保安全生产责任保险,结合《改革意见》和原国家安全生产监督管理总局、原保监会、财政部 2017 年联合印发的《安全生产责任保险实施办法》,高危行业主要包括矿山、危险化学品、烟花爆竹、交通运输、建筑施工、民用爆炸物品、金属冶炼、渔业生产等 8 大行业。

安全生产责任保险的制度价值是毋庸置疑的,但实践中却产生了一些乱象。国务院第八次大督查第十六督查组就曾发现宁夏石嘴山市企业只能通过一家名为江泰的保险经纪机构购买安全生产责任保险,否则无法在应急管理部门办理安全生产许可证。根据调查情况,石嘴山市应急管理局的行为违反了《反垄断法》的规定,构成滥用行政权力排除、限制竞争行为,破坏了当地营商环境,同时划转事故预防费到政府部门指定账户的做法也违反了财经纪律。为此,应急管理部专门下发紧急通知,要求各地自查自纠。此类问题虽然不是安全生产职责落实的问题,但也是行政检察监督的重点问题。

中介服务机构也应该作为检察监督的重点。承担安全评价、认证、检测、检验职责的机构对于生产经营单位的安全生产,以及监督管理部门的监督管理,具有相当重要的作用。实践中,很多中介机构不能依法履职,甚至租借资质、挂靠、出具虚假报告,造成了很大的安全风险。为此,《安全生产法》第 72 条增加了三个方面内容:一是明确制定安全评价、认证、检测、检验机构资质条件的政府职能部门;二是要求安全评价、认证、检测、检验机构实施服务公开和报告公开制度;三是禁止安全评价、认证、检测、检验机构租借资质、挂靠、出具虚假报告。相应地,本法于第 92 条设置了法律责任。检察监督应深入有关领域,必要时,可提起公益诉讼。

五、关于开展安全生产公益诉讼工作的其他建议

(一)进一步拓展案件来源

安全生产领域的问题很多,但是分布极不均衡。特别是如前所述,《安全生产法》是一部风险防范法,检察机关的监督必须端口前移,注重预防和化解风险,而不是事故发生之后的责任追究。如何才能找准、找对问题,进而采取适当的监督,直至提起公益诉讼,这需要改进方式。除了检察机关自行发现寻找以及与应急管理部门合作外,一些地方的经验值得借鉴。例如,北京市就充分发挥"12345"市民服务热线的功能。"12345"接到涉及安全生产的相关案件线索时,就不仅仅是将线索转给应急管理部门及其他负有安全生产监督管理职责的部门,同时还将案件线索转交有管辖权的检察机关,十分有利于检察机关精准发现案源。

(二)进一步加强与应急管理部门的工作协作

由于安全生产监管的高度复杂性和专业性,有必要进一步健全和完善检察机关与应急管理部门在安全生产领域关于公益诉讼工作的衔接机制,充分发挥检察机关公益保护监督职能和应急管理部门的监管职能,有效预防安全生产事故的发生。有关衔接机制应该是制度化、规范化的。例如,吉林市人民检察院与吉林市应急管理局就曾经签署《关于在安全生产监管工作中加强协作配合的若干意见》,浙江省人民检察院和浙江省安委会曾经联合下发《关于加强安全生产领域公益诉讼工作协作的意见(试行)》,就信息共享、线索移送、风险预警、能力培训、宣传联动等工作进行了规定,上述经验均值得学习。特别需要指出的是,结合前

述“三管三必须”的要求,应急管理部门本身也在探索有效的综合监管方式,以监督其他负有安全生产职责的部门依法履职。检察机关要高度重视应急管理部门的综合监管职责,要充分利用好与应急管理部门的合作,并与之充分沟通,从而强化综合监管的合力。

“四大检察”融合发展视域下的个人信息保护

邵世星* 国家检察官学院

目 次

* 邵世星,国家检察官学院教授。

前言:“四大检察”融合发展的提出

检察机关职务犯罪侦查职能转隶之后,最高人民检察院党组对于新时期检察机关内设机构设置和工作布局进行了深刻的谋划,开展了重塑性改革。这里,首先梳理一下从最高人民检察院提出“四大检察”到要求“四大检察”融合发展的脉络。

在 2019 年第十三届全国人民代表大会第二次会议上,最高人民检察院在工作报告中指出,“去年 12 月,最高人民检察院内设机构改革落地,地方检察机关同步部署。刑事、民事、行政、公益诉讼‘四大检察’法律监督总体布局有力推进”。

在 2019 年 10 月由最高人民检察院检察日报社组织召开的“融合与发展:四大检察与新时代法治构建”研讨会上,最高人民检察院检察委员会专职委员万春指出,“‘四大检察’都是检察机关法律监督职能的重要组成部分,都是为满足新时代人民群众对法治和公平正义新需求而开展的重要工作,因此必须整体部署,统筹安排,相互融合,协调共进,而不应顾此失彼,厚此薄彼,壁垒分割,影响法律监督的整体效能”。

在 2020 年第十三届全国人民代表大会第二次会议上,最高人民检察院在工作报告中进一步指出检察机关在“四大检察”职能之下有“十大业务”,并提出“推动刑事、民事、行政、公益诉讼检察工作全面协调充分发展”。

2020 年 12 月,在“全国检察机关贯彻实施民法典工作会议”上,最高人民检察院张军检察长指出,民法典不仅是保障民事权利的“宝典”,也为行政权力行使划定了界限,为刑事司法和公益诉讼保护民事权利提供了翔实规范,对各项检察职能融合发展创造了难得契机。

2021 年 1 月,在第十五次全国检察工作会议上,最高人民检察院张军检察长明确要求,“检察履职必须坚持系统思维,统筹考虑刑事、民事、行政法律相关规定,综合运用检察职能,切防机械办案、‘自扫门前雪’”,并指出“检察职能一体发展,是检察履职的重要组织优势”。

梳理发现,关于“四大检察”融合发展的提出,是一个认识不断深化的过程。融合发展是实现“四大检察”全面、协调、充分发展的重要抓手。《民法典》的生效是“四大检察”融合发展的契机，因此要用好《民法典》等基本法律。同时，“四大检察”融合发展要从具体办案出发，通过办案实现。

从立法角度看，规定个人信息保护的针对性法律是《个人信息保护法》，但该法实质上又是《民法典》的配套或者延展性法律，因此这和“四大检察”融合发展要用好《民法典》的提法并不矛盾。另外，保护个人信息还会用到其他相关法律、法规及司法解释等，这也是融合保护的一种体现。

通过办案来实现“四大检察”融合发展，就需要选择适宜的案件领域。这类案件应当多触及民事、行政、刑事等多部法律，需要复合的法律规范调整，从而也就需要多种检察职能的发挥，而个人信息保护案件就属于这一类型的案件。本文将从个人信息内容的多样性、个人信息权益的复合性、个人信息保护法律规制的系统性和法律责任的竞合性等逐层分析，说明对个人信息予以“四大检察”融合保护的正当性，并同时对“四大检察”融合发展提出建议。

一、个人信息的内涵

（一）个人信息含义

《民法典》第 1034 条规定：“自然人的个人信息受法律保护。个人信息是以电子或者其他方式记录的能够单独或者与其他信息结合识别特定自然人的各种信息，包括自然人的姓名、出生日期、身份证件号码、生物识别信息、住址、电话号码、电子邮箱、健康信息、行踪信息等。个人信息中的私密信息，适用有关隐私权的规定；没有规定的，适用有关个人信息保护的规定。”该条界定了个人信息的含义。

《个人信息保护法》第 4 条第 1 款规定：“个人信息是以电子或者其他方式记录的与已识别或者可识别的自然人有关的各种信息，不包括匿名化处理后的信息。”这一规定对个人信息的含义进行了必要的限定。所谓匿名化，是指个人信息经过处理无法识别特定自然人且不能复原的过程。相似的概念还有去标识化，是指个人信息经过处理，使其在不借助额外信息的情况下无法识别特定自然人的过程。

关于个人信息中的生物识别信息，最高人民法院《关于审理使用人脸识别技术处理个人信息相关民事案件适用法律若干问题的规定》指出，人脸信息属于《民法典》第 1034 条规定的“生物识别信息”。这是生物识别信息的内容之一。完整地讲，生物信息是指利用人体固有的生理特性的信息。其中，生物特征有手形、指纹、脸形、虹膜、视网膜、脉搏、耳廓等，行为特征有签字、声音、步态、按键力度等。基于这些特征，已经发展了手形识别、指纹识别、面部识别、发音识别、虹膜识别、签名识别等多种生物识别技术。

（二）个人信息分类

一般个人信息，是指一般社会场景下识别个人身份所需要的信息，通常包括姓名、性别、年龄、身份证号码、电话号码、E－mail 地址及家庭住址等在内的个人基本信息。

《个人信息保护法》首次对敏感个人信息作了规定。敏感个人信息，是指一旦泄露或者非法使用，容易导致自然人的人格尊严受到侵害或者人身、财产安全受到危害的个人信息，包括生物识别、宗教信仰、特定身份、医疗健康、金融账户、行踪轨迹等信息，以及不满 14 周岁未成年人的个人信息。

除未成年人的个人信息之外，对于敏感个人信息的理解，也可以从以下角度进行把握：敏感个人信息，主要是指那些涉及自然人人格尊严、人格自由或者其他重大权益的个人信息。这些个人信息倘若被非法处理，将会对所涉自然人的人格尊严、人格自由或者其他重大的人身权益、财产权益造成严重的威胁或损害。因此，以下信息一般归入敏感个人信息：（1）种族或民族信息；（2）宗教信仰信息；（3）政治主张信息；（4）生物识别信息；（5）基因信息；（6）医疗健康信息；（7）性生活与性取向信息；（8）储蓄、证券等金融账户信息。

个人隐私信息是指隐私中的私密信息。隐私，是自然人的私人生活安宁和不愿为他人知晓的私密空间、私密活动、私密信息。个人隐私信息由于其特殊性，归入隐私权的内容进行保护，通常不再适用《个人信息保护法》进行规制。

（三）个人信息使用

大数据、信息化时代的社会生活、社会管理广泛使用个人信息。个人接受个人信息被处理从而享有巨大的生活便利，但也面临人身、财产、社会活动方面的巨大风险。司法实践中，侵犯个人信息的案件数量众多，相当多的案件后果严重，如江西南昌市东湖区检察院公诉的一起涉嫌抢劫、强奸的刑事案件。被害人赵某是某直播平台主播，被告人黄某多次使用“小煜”的账号进入赵某的直播间观看、打赏，并在帮赵某点外卖时获知其住址。某天黄某通过微信告诉赵某其点了海底捞外卖，随后又冒充外卖员入室，以水果刀进行威胁，并用胶带绑住赵某的手脚，强行与她发生性行为。黄某对赵某先后强奸 6 次，还用手机拍下视频并索财。

最高人民检察院发布2021年1月至9月全国检察机关主要办案数据显示：从起诉罪名看，排在第一位的是危险驾驶罪263,281人，同比上升30.6%；排在第二位的是盗窃罪150,922人，同比上升6.7%；排在第三位的是诈骗罪82,105人，同比下降10.9%；排在第四位的是帮助信息网络犯罪活动罪79,307人，同比上升21.3倍；排在第五位的是开设赌场罪63,238人，同比上升40%。[①] 其中，帮助信息网络犯罪活动罪很多是关联侵害个人信息行为的。这也从一个侧面说明侵害个人信息的违法犯罪情况是严重的。作为检察机关，应当履行检察职能，在促进个人信息正当使用的同时，依法打击侵害个人信息的行为，有力保护个人信息。

对第一个问题做一个小结：个人信息由丰富的内容构成，用于识别个人身份，为民事主体的活动提供保障，但也有受侵害的多重风险，应当加大司法保护。

二、个人信息权益

《民法典》人格权编将个人信息界定为人格权益，是民事权益的一种，而没有将其直接规定为民事权利。究其原因，在于个人信息在民法上整体上属于新兴的受保护的利益内容，且内容复杂、保护方式多样，如作为法定权利种类予以规定尚有很多方面需要研究。但个人信息的保护在法律上非常重要且紧迫，故《民法典》将个人信息和隐私权并列规定在一起予以保护。而从解释的角度看，将个人信息作为民事权益内容予以保护，规则上的羁绊难题反而容易解决，这也有积极的一面。

个人信息需要综合保护，由此个人信息呈现出多层次、多角度的利益内容，对此就产生了对个人信息权益性质的认识分歧。[②] 笔者认为，个人信息作为《民法典》规定的个人权益内容，当属于民事权益。不过，因个人信息保护的需要，个人信息权益保护请求权的行使内容和对象，又超出民事权益的范畴。对此，有学者认为，就个人信息权益的内部构造而言，个人信息权益由“本权权益”与“保护本权权益的权利”构成。[③] 个人对其个人信息享有的“本权权益”主要包括人格尊严、人身财产安全以及通信自由和通信秘密等利益。其他属于保护性权利。这种观点很好地说明了个人信息权益的性质。

---

① 资料来源：最高人民检察院于2021年10月18日发布的《1至9月全国检察机关主要办案数据》，载最高人民检察院官网，https://www.spp.gov.cn/spp/xwfbh/wsfbt/202110/t20211018_532387.shtml#2。

② 参见王利明：《论〈个人信息保护法〉与〈民法典〉的适用关系》，载《湖湘法学评论》2021年第1期。

③ 参见张新宝：《论个人信息权益的构造》，载《中外法学》2021年第5期。

遵从《民法典》和《个人信息保护法》的规定,个人信息权益由信息所有者的信息自身的民事权益和对信息处理者的权利两部分构成。

(一)个人信息自身的民事权益

1. 个人信息的权利属性。个人信息自身在性质上是民事权益,其规定在《民法典》人格权编第六章"隐私权和个人信息保护",因此又属于人格权益。《个人信息保护法》的内容延展了《民法典》的规定,并没有也不可能改变个人信息的权益性质。

人格权益具有绝对性、支配性、自主性、精神利益性的特征。而个人信息权益在这方面具有一定的特殊性,其绝对性、支配性受到一定的限制,因为个人信息的处理利用是社会发展所需,体现了相当程度的公共利益,法律需要平衡个人的信息权益和社会使用的关系,由此需要对个人信息权益给予必要的限制,这就导致个人信息权益在绝对性、支配性上弱于其他人格权益。

2. 个人信息权益在人格权中的类别。人格权有较为明确的分类,常见的分类方式有:具体人格权与一般人格权;物质性人格权与精神性人格权;标表性人格权与尊严性人格权。不同种类人格权的权利客体、权利内容及保护方式有所区别。个人信息权益和姓名权、名称权、肖像权一样,属于精神性人格权和标表性人格权,对内主要体现为精神利益,对外主要用于对民事主体的识别。个人信息权益自身不具有财产内容,但受侵害可能会产生财产损失。

3. 个人信息权益内容。自然人对个人信息享有保有、支配、使用、许可他人使用等权益,具体体现为个人享有信息安全、人格尊严、因信息使用获得的社会生活方面的利益等。

4. 个人信息权益限制。在信息社会条件下,虽然个人信息权益是人格权益,但个人信息作为一种社会资源,受到较多的限制是不可避免的。国家可能会因公共利益的需要处理、使用个人信息,在性质上构成合理使用;其他信息处理者可能会基于合同处理和使用个人信息,在性质上构成协议使用。无论哪种方式的使用,都不构成对个人信息权益的侵害。例如,《民法典》第 999 条规定:"为公共利益实施新闻报道、舆论监督等行为的,可以合理使用民事主体的姓名、名称、肖像、个人信息等;使用不合理侵害民事主体人格权的,应当依法承担民事责任。"《民法典》第 1036 条规定:"处理个人信息,有下列情形之一的,行为人不承担民事责任:(一)在该自然人或者其监护人同意的范围内合理实施的行为;(二)合理处理该自然人自行公开的或者其他已经合法公开的信息,但是该自然人明确拒绝或者处理该信息侵害其重大利益的除外;(三)为维护公共利益或者该自然人合法权益,合理实施的其他行为。”再如,《个人信息保护法》第13条规定:“符合下列情形之一的,个人信息处理者方可处理个人信息:(一)取得个人的同意;(二)为订立、履行个人作为一方当事人的合同所必需,或者按照依法制定的劳动规章制度和依法签订的集体合同实施人力资源管理所必需;(三)为履行法定职责或者法定义务所必需;(四)为应对突发公共卫生事件,或者紧急情况下为保护自然人的生命健康和财产安全所必需;(五)为公共利益实施新闻报道、舆论监督等行为,在合理的范围内处理个人信息;(六)依照本法规定在合理的范围内处理个人自行公开或者其他已经合法公开的个人信息;(七)法律、行政法规规定的其他情形。依照本法其他有关规定,处理个人信息应当取得个人同意,但是有前款第二项至第七项规定情形的,不需取得个人同意。”又如,最高人民法院《关于审理使用人脸识别技术处理个人信息相关民事案件适用法律若干问题的规定》第5条规定:“有下列情形之一,信息处理者主张其不承担民事责任的,人民法院依法予以支持:(一)为应对突发公共卫生事件,或者紧急情况下为保护自然人的生命健康和财产安全所必需而处理人脸信息的;(二)为维护公共安全,依据国家有关规定在公共场所使用人脸识别技术的;(三)为公共利益实施新闻报道、舆论监督等行为在合理的范围内处理人脸信息的;(四)在自然人或者其监护人同意的范围内合理处理人脸信息的;(五)符合法律、行政法规规定的其他情形。”

(二)对个人信息处理者享有的权利

1. 权利内容。(1)知情权、决定权。个人对其个人信息的处理享有知情权、决定权,除法律、行政法规另有规定的以外,有权限制或者拒绝他人对其个人信息进行处理。(2)查阅、复制权。自然人可以依法向信息处理者查阅或者复制其个人信息。(3)携带权。个人请求将个人信息转移至其指定的个人信息处理者,符合国家网信部门规定条件的,个人信息处理者应当提供转移的途径。(4)维护信息完整权。自然人发现信息有错误、不完整的,有权请求及时采取更正、补充等必要措施。(5)要求删除权。出现以下情形的,个人信息处理者应当主动删除个人信息;个人信息处理者未删除的,个人有权请求删除:处理目的已实现或者为实现处理目的不再必要;个人信息处理者停止提供产品或者服务,或者保存期限已届满;个人撤回同意;个人信息处理者违反法律、行政法规或者违反约定处理个人信息;法律、行政法规规定的其他情形。要求删除权虽是在《个人信息保护法》中首次得到规定,但此前在司法层面已经有所运用。最高人民法院《关于审理使用人脸识别技术处理个人信息相关民事案件适用法律若干问题的规定》第 12 条规定:“信息处理者违反约定处理自然人的人脸信息,该自然人请求其承担违约责任的,人民法院依法予以支持。该自然人请求信息处理者承担违约责任时,请求删除人脸信息的,人民法院依法予以支持;信息处理者以双方未对人脸信息的删除作出约定为由抗辩的,人民法院不予支持。”在被称为“国内人脸识别第一案”的郭某诉杭州野生动物世界有限公司服务合同纠纷案件中,法院判决被告野生动物园删除原告郭某办理指纹年卡时提交的包括照片在内的面部特征信息。[①]

2. 权利性质。个人对信息处理者享有的权利在《民法典》中既已规定,在《个人信息保护法》中也作了细化,那么,从民法人格权保护的角度看,这项权利属于什么性质?笔者认为,在人格权体系中,其属于人格请求权的内容,是基于人格请求权的扩展性权利。《民法典》第 995 条规定:“人格权受到侵害的,受害人有权依照本法和其他法律的规定请求行为人承担民事责任。”《民法典》关于人格请求权的规定,可以将个人对信息处理者享有的权利行使包容进去。

第二个问题小结:个人信息权包括基本人格权益和在此基础上的人格请求权扩展权利内容,决定保护方式的专门性和保护依据的多样性、系统性。

三、个人信息处理的法律规制

按照《民法典》和《个人信息保护法》的规定,个人信息的处理包括个人信息的收集、存储、使用、加工、传输、提供、公开、删除等。而个人信息处理者,是指在个人信息处理活动中自主决定处理目的、处理方式的组织、个人。

(一)个人信息的处理原则

《民法典》第 1035 条第 1 款规定:“处理个人信息的,应当遵循合法、正当、必要原则,不得过度处理,并符合下列条件:(一)征得该自然人或者其监护人同意,但是法律、行政法规另有规定的除外;(二)公开处理信息的规则;(三)明示处理信息的目的、方式和范围;(四)不违反法律、行政法规的规定和双方的约定。”该条款规定是关于个人信息处理原则和条件的基本规定。

《个人信息保护法》进一步完善了个人信息处理的原则。其第 5 条规定:“处理个人信息应当遵循合法、正当、必要和诚信原则,不得通过误导、欺诈、胁迫等方

---

① 案件情况参见余建华:《采集利用消费者个人信息需尊重个人选择权》,载《人民法院报》2020 年 12 月 2 日,第 3 版。

式处理个人信息。”第6条规定:“处理个人信息应当具有明确、合理的目的,并应当与处理目的直接相关,采取对个人权益影响最小的方式。收集个人信息,应当限于实现处理目的的最小范围,不得过度收集个人信息。”第7条规定:“处理个人信息应当遵循公开、透明原则,公开个人信息处理规则,明示处理的目的、方式和范围。”

从以上规定来看,个人信息处理的主要原则包括:

1. 合法原则。个人信息处理者不得违反法律、行政法规的规定处理个人信息;不得从事危害国家安全、公共利益的个人信息处理活动;处理者应当对其个人信息处理活动负责,并采取必要措施保障所处理的个人信息的安全。

2. 正当原则。正当原则包含多方面的含义。具体而言,处理个人信息应当具有明确、合理的目的,不得进行与处理目的无关的个人信息处理;处理个人信息应当遵循公开、透明的原则,公开个人信息处理规则,明示处理的目的、方式和范围;处理个人信息应当保证个人信息的质量,避免因个人信息不准确、不完整对个人权益造成不利影响。

3. 必要原则。处理个人信息符合比例原则,即处理个人信息应当限于实现处理目的所必要的最小范围、采取对个人权益影响最小的方式。

4. 诚信原则。信息处理者应告知真实情况,不得通过误导、欺诈、胁迫等方式处理个人信息。

个人信息处理的原则适用于信息社会生活场景中的自动化决策,对此《个人信息保护法》第24条作了专门的针对性规定:“个人信息处理者利用个人信息进行自动化决策,应当保证决策的透明度和结果公平、公正,不得对个人在交易价格等交易条件上实行不合理的差别待遇。通过自动化决策方式向个人进行信息推送、商业营销,应当同时提供不针对其个人特征的选项,或者向个人提供便捷的拒绝方式。通过自动化决策方式作出对个人权益有重大影响的决定,个人有权要求个人信息处理者予以说明,并有权拒绝个人信息处理者仅通过自动化决策的方式作出决定。”

(二)一般信息处理的规则

一般信息处理的规则通常被称为“知情+同意”,这是从信息被处理者单方的角度而言的。从双方的角度看,被处理者知情的前提是信息处理者的告知,因此我们把信息处理的一般规则概述为“告知+同意”。同时,信息处理的面向往往是群体性的,因此告知也含有公开的意蕴。

1. 告知。个人信息处理者在处理个人信息前,应当以显著方式、清晰易懂的语言真实、准确、完整地向个人告知相关事项。包括:个人信息处理者的身份和联系方式;个人信息的处理目的、处理方式,处理的个人信息种类、保存期限;个人行使本法规定权利的方式和程序;法律、行政法规规定应当告知的其他事项。个人信息处理者通过制定个人信息处理规则的方式告知的,处理规则应当公开,并且便于查阅和保存。

关于公共场所采集信息的告知,《个人信息保护法》第 26 条规定:"在公共场所安装图像采集、个人身份识别设备,应当为维护公共安全所必需,遵守国家有关规定,并设置显著的提示标识。所收集的个人图像、身份识别信息只能用于维护公共安全的目的,不得用于其他目的;取得个人单独同意的除外。"

告知的例外:个人信息处理者处理个人信息,有法律、行政法规规定应当保密或者不需要告知的情形的,可以不向个人告知。紧急情况下为保护自然人的生命健康和财产安全无法及时向个人告知的,个人信息处理者应当在紧急情况消除后及时告知。

2. 同意。首先,个人对处理其信息的行为应在充分知情的前提下自愿、明确作出同意。同意以适当的方式进行。其次,个人信息的处理目的、处理方式和处理的个人信息种类发生变更的,应当重新取得个人同意。再次,基于个人同意而进行的个人信息处理活动,个人有权撤回其同意。个人信息处理者应当提供便捷的撤回同意的方式。个人撤回同意,不影响撤回前基于个人同意已进行的个人信息处理活动的效力。最后,个人信息处理者不得以个人不同意处理其个人信息或者撤回其对个人信息处理的同意为由,拒绝提供产品或者服务。

不需要个人同意的情形:为订立或者履行个人作为一方当事人的合同所必需;为履行法定职责或者法定义务所必需;为应对突发公共卫生事件,或者紧急情况下为保护自然人的生命健康和财产安全所必需;依法在合理的范围内处理已公开的个人信息;为公共利益实施新闻报道、舆论监督等行为,在合理的范围内处理个人信息;法律、行政法规规定的其他情形。

尽管《民法典》和《个人信息保护法》是新近的立法,但"告知 + 同意"规则在司法实践中一直被遵循。如在淘宝(中国)软件有限公司诉安徽美景信息科技有限公司案件中,法院审理认为:从规则公开方面来看,淘宝公司已向淘宝用户公开了涉及个人信息、非个人信息收集规定的《法律声明及隐私权政策》;从取得用户同意方面来看,淘宝公司在其用户注册账号时通过服务协议、法律声明及隐私权政策的形式取得了授权许可;从行为的合法正当性来看,淘宝公司经授权后收集使用的原始数据均来自淘宝用户的主动提供或平台自动获取的活动痕迹，不存在非法渠道获取信息的行为；从行为必要性来看，淘宝公司收集、使用原始数据的目的在于通过大数据分析为用户的经营活动提供参谋服务，其使用数据信息的目的、方式和范围均符合相关法律规定。①

（三）敏感个人信息处理的规则

敏感个人信息处理的规则，较一般个人信息的处理要求更严，需要符合特定目的和“告知 + 同意”的特殊要求。

1. 符合特定目的。只有在具有特定的目的和充分的必要性，并采取严格保护措施的情形下，个人信息处理者方可处理敏感个人信息。

2. 特别告知。处理敏感个人信息，除向个人告知一般事项外，还应当向个人告知处理敏感个人信息的必要性以及对个人的影响。

3. 特别同意。处理敏感个人信息的，处理者应当取得个人的单独同意或者法律、行政法规规定的书面同意。个人信息处理者处理不满 14 周岁未成年人个人信息的，应当取得未成年人的父母或者其他监护人的同意，还应当制定专门的个人信息处理规则。

（四）对国家机关处理个人信息的规制

1. 符合法定职责。国家机关为履行法定职责处理个人信息，应当依照法律、行政法规规定的权限、程序进行，不得超出履行法定职责所必需的范围和限度。

2. 告知同意。除妨碍国家机关履行法定职责外，国家机关处理个人信息应当向个人告知并取得其同意，并应当保密。

3. 境内存储。国家机关处理的个人信息应当在我国境内存储。确需向境外提供的，应当进行风险评估。

上述关于国家机关处理个人信息的规定，适用于法律、法规授权的具有管理公共事务职能的组织履行法定职责处理个人信息的情形。

（五）个人信息的跨境提供规制

关键信息基础设施运营者和处理个人信息达到国家网信部门规定数量的个人信息处理者，应当将在我国境内收集和产生的个人信息存储在境内。对个人信

---

① 案件情况参见《淘宝（中国）软件有限公司与安徽美景信息科技有限公司不正当竞争纠纷案》，载浙江法院新闻网，http://www.zjsfgkw.cn/art/2019/4/2/art_80_16841.html。

息的跨境提供应进行以下严格管理:

1. 满足条件。因业务等确有必要向境外提供个人信息的,需满足以下条件之一:通过国家网信部门组织的安全评估;经专业机构进行个人信息保护认证;按照国家网信部门制定的标准合同与境外接收方订立合同,并监督其个人信息处理活动达到保护标准;法律、行政法规或者国家网信部门规定的其他条件。向境外的司法或者执法机构提供存储于我国境内的个人信息的,须经我国主管机关批准。

2. 告知并同意。向境外提供个人信息,应当向个人告知境外接收方的身份、联系方式、处理目的、处理方式、个人信息的种类以及个人向境外接收方行使权利的方式等事项,并取得个人的单独同意。

3. 限制、禁止性清单。境外的组织、个人从事损害我国公民的个人信息权益,或者危害我国国家安全、公共利益的个人信息处理活动的,国家网信部门可以将其列入限制或者禁止个人信息提供清单,予以公告,并采取限制或者禁止向其提供个人信息等措施。

4. 对等措施。任何国家和地区在个人信息保护方面对我国采取歧视性的禁止、限制或者其他类似措施的,我国可以根据实际情况采取对等措施。

第三个问题小结:虽然法律明确了个人信息处理的基本原则和规则,但由于个人信息处理的情形复杂、主体多样,加之"告知 + 同意"是当事人双方自我互动型处理模式,监管自然弱化,因此风险环节较多,侵权情况复杂,治理上需要协同。

四、个人信息保护及相关法律责任

(一)个人信息保护规范要求

按照《民法典》和《个人信息保护法》的规定,信息处理者不得泄露、篡改、向他人非法提供个人信息。国家机关、承担行政职能的法定机构及其工作人员对于履行职责过程中知悉的自然人的隐私和个人信息,应当予以保密。为此,《个人信息保护法》要求对信息处理参与者进行相关的规范、制度建设。

1. 对信息处理者的规范建设要求。信息处理者应当采取必要措施确保信息安全:制定内部管理制度和操作规程;对个人信息实行分类管理;采取相应的加密、去标识化等安全技术措施;合理确定个人信息处理的操作权限,并定期对从业人员进行安全教育和培训;制定并组织实施个人信息安全事件应急预案;法律、行政法规规定的其他措施。

《个人信息保护法》第 58 条还要求提供重要互联网平台服务、用户数量巨大、业务类型复杂的个人信息处理者,应当履行下列义务:(1)按照国家规定建立健全个人信息保护合规制度体系,成立主要由外部成员组成的独立机构对个人信息保护情况进行监督;(2)遵循公开、公平、公正的原则,制定平台规则,明确平台内产品或者服务提供者处理个人信息的规范和保护个人信息的义务;(3)对严重违反法律、行政法规处理个人信息的平台内的产品或者服务提供者,停止提供服务;(4)定期发布个人信息保护社会责任报告,接受社会监督。

2. 对监管者的职责履行要求。履行个人信息保护职责的部门应当履行下列个人信息保护职责:(1)开展个人信息保护宣传教育,指导、监督个人信息处理者开展个人信息保护工作;(2)接受、处理与个人信息保护有关的投诉、举报;(3)组织对应用程序等个人信息保护情况进行测评,并公布测评结果;(4)调查、处理违法个人信息处理活动;(5)法律、行政法规规定的其他职责。

国家机关不履行《个人信息保护法》规定的个人信息保护义务的,由其上级机关或者履行个人信息保护职责的部门责令改正;对直接负责的主管人员和其他直接责任人员依法给予处分。履行个人信息保护职责的部门的工作人员玩忽职守、滥用职权、徇私舞弊,尚不构成犯罪的,依法给予处分。

(二)法律责任

个人信息保护受到民事、行政、刑事法律共同调整,违法可能产生责任竞合。

1. 侵害个人信息的民事责任。有关侵害个人信息的民事责任问题,重点介绍以下五方面的内容。

(1)侵害个人信息的表现。侵害个人信息有多种表现形式,最高人民法院《关于审理使用人脸识别技术处理个人信息相关民事案件适用法律若干问题的规定》第2条规定:“信息处理者处理人脸信息有下列情形之一的,人民法院应当认定属于侵害自然人人格权益的行为:(一)在宾馆、商场、银行、车站、机场、体育场馆、娱乐场所等经营场所、公共场所违反法律、行政法规的规定使用人脸识别技术进行人脸验证、辨识或者分析;(二)未公开处理人脸信息的规则或者未明示处理的目的、方式、范围;(三)基于个人同意处理人脸信息的,未征得自然人或者其监护人的单独同意,或者未按照法律、行政法规的规定征得自然人或者其监护人的书面同意;(四)违反信息处理者明示或者双方约定的处理人脸信息的目的、方式、范围等;(五)未采取应有的技术措施或者其他必要措施确保其收集、存储的人脸信息安全,致使人脸信息泄露、篡改、丢失;(六)违反法律、行政法规的规定或者双方的约定,向他人提供人脸信息;(七)违背公序良俗处理人脸信息;(八)违反合法、正当、必要原则处理人脸信息的其他情形。”对于其他种类个人信息的侵害,可根据具体案件判断。

(2)过错推定的责任构成和赔偿责任确定。对于侵害个人信息的民事责任适用何种归责原则,《个人信息保护法》第69条第1款规定:“处理个人信息侵害个人信息权益造成损害,个人信息处理者不能证明自己没有过错的,应当承担损害赔偿等侵权责任。”也就是说,侵害个人信息适用过错推定原则确定民事责任。同时,侵害个人信息的损害赔偿责任按照个人因此受到的损失或者个人信息处理者因此获得的利益确定;个人因此受到的损失和个人信息处理者因此获得的利益难以确定的,根据实际情况确定赔偿数额。

(3)关于诉讼时效。按照《民法典》规定,人格权受到侵害的,受害人的停止侵害、排除妨碍、消除危险、消除影响、恢复名誉、赔礼道歉请求权,不适用诉讼时效的规定。这对于侵害个人信息也是适用的。因个人信息受侵害而遭受损失的,受害人可以要求赔偿损失。不过,赔偿损失请求权是适用诉讼时效的。

(4)有权申请禁令。个人有证据证明行为人正在实施或者即将实施侵害其个人信息的违法行为,不及时制止将使其合法权益受到难以弥补的损害的,有权依法向人民法院申请采取责令行为人停止有关行为的措施。

(5)可以要求精神损害赔偿。个人信息作为人格权益遭受侵害导致严重精神损害的,受害人可以要求精神损害赔偿。因信息处理者违约行为损害对方人格权益并造成严重精神损害,受损害方选择请求其承担违约责任的,不影响受损害方请求精神损害赔偿。

2. 侵害个人信息的行政责任。侵害个人信息的行政责任包括一般侵权人承担行政责任、信息处理者承担行政责任和监管者承担行政责任等形态。

(1)一般侵权人承担行政责任。侵害自然人个人信息,构成违反治安管理行为的,依法承担治安管理处罚责任。违反法律、行政法规规定,侵害自然人个人信息的,依法承担行政处罚责任。对违法行为依法记入信用档案,并予以公示。对此,可以适用《治安管理处罚法》《行政处罚法》等处理。

此外,《居民身份证法》第19条规定:“国家机关或者金融、电信、交通、教育、医疗等单位的工作人员泄露在履行职责或者提供服务过程中获得的居民身份证记载的公民个人信息,构成犯罪的,依法追究刑事责任;尚不构成犯罪的,由公安机关处十日以上十五日以下拘留,并处五千元罚款,有违法所得的,没收违法所得。单位有前款行为,构成犯罪的,依法追究刑事责任;尚不构成犯罪的,由公安机关对其直接负责的主管人员和其他直接责任人员,处十日以上十五日以下拘留,并处十万元以上五十万元以下罚款,有违法所得的,没收违法所得。有前两款行为,对他人造成损害的,依法承担民事责任。”

(2)信息处理者承担行政责任。信息处理者违反规定处理个人信息,或者处理个人信息未履行个人信息保护义务的,由履行个人信息保护职责的部门责令改正,给予警告,没收违法所得,对违法处理个人信息的应用程序,责令暂停或者终止提供服务;拒不改正的,并处100万元以下罚款;对直接负责的主管人员和其他直接责任人员处1万元以上10万元以下罚款。情节严重的,由省级以上履行个人信息保护职责的部门责令改正,没收违法所得,并处5000万元以下或者上一年度营业额5%以下罚款,并可以责令暂停相关业务或者停业整顿、通报有关主管部门吊销相关业务许可或者吊销营业执照;对直接负责的主管人员和其他直接责任人员处10万元以上100万元以下罚款,并可以决定禁止其在一定期限内担任相关企业的董事、监事、高级管理人员和个人信息保护负责人。

(3)监管者承担行政责任。国家机关不履行个人信息保护义务的,由其上级机关或者履行个人信息保护职责的部门责令改正;对直接负责的主管人员和其他直接责任人员依法给予处分。履行个人信息保护职责的部门的工作人员玩忽职守、滥用职权、徇私舞弊,尚不构成犯罪的,依法给予处分。

3. 侵犯个人信息的刑事责任。《刑法》第253条之一规定,“违反国家有关规定,向他人出售或者提供公民个人信息,情节严重的,处三年以下有期徒刑或者拘役,并处或者单处罚金;情节特别严重的,处三年以上七年以下有期徒刑,并处罚金。违反国家有关规定,将在履行职责或者提供服务过程中获得的公民个人信息,出售或者提供给他人的,依照前款的规定从重处罚。窃取或者以其他方法非法获取公民个人信息的,依照第一款的规定处罚。单位犯前三款罪的,对单位判处罚金,并对其直接负责的主管人员和其他直接责任人员,依照各该款的规定处罚。”最高人民法院、最高人民检察院《关于办理侵犯公民个人信息刑事案件适用法律若干问题的解释》对《刑法》的有关规定进行了细化,并涉及一些关联性罪名的适用。

第四个问题的小结:个人信息保护受到复合性法律调整,侵害个人信息可能产生民事、行政、刑事责任竞合,更可能涉及多主体的责任,需要系统性处理。

五、“四大检察”对个人信息保护的协同和融合

单独看“四大检察”保护个人信息的方式,刑事检察通过提起公诉的方式,追究责任人的刑事责任来保护个人信息;民事检察通过对涉及个人信息保护的相关

裁判进行监督,以及依法支持起诉来保护个人信息;行政检察通过对信息处理的主管单位、监管机构以检察建议方式等予以监督来保护个人信息;而公益诉讼检察则通过对侵害个人信息的主体提起民事公益诉讼或者提起行政公益诉讼来保护个人信息。从个人信息内容及保护的特点出发,“四大检察”协同保护有明显的积极意义。

(一)协同保护的必要性

1. 个人信息的重要性。在信息社会,个人信息于个人、社会、国家都非常重要。对个人而言,个人信息不仅仅是作为人格权益而事关自然人的尊严和利益,更重要的是其业已成为自然人的核心权利,事关自然人的安全和生存、生活;对社会而言,个人信息是信息社会有效运行的重要支撑,同时不特定自然人的个人信息安全事关公众利益,这些都体现出公共利益;对国家而言,信息资源是重要的国家资源,自然人的个人信息安全事关公共安全、国家安全。

2. 个人信息受大规模侵害的严重性。对信息主体而言,个人信息本身虽然不属于物质财富,但处理者会因使用他人的个人信息而获利,甚至利益巨大。因此,在信息社会,个人信息受大规模侵害的风险很大,现实中也常有发生。而个人信息一旦遭受侵害,很多情况下会造成严重的后果。而严重侵害个人信息的,往往触犯多个法律规范,需要承担多种法律责任,需要多种法律治理。这无疑会加大社会治理成本。

3. 个人信息保护的体系性。个人信息广泛用于社会管理,全方面予以保护是社会责任,因此保护个人信息需要行业、行政、司法的共同参与。体系性的融合保护能够提高保护效率和保护程度。为此,《个人信息保护法》第 11 条明确要求:“国家建立健全个人信息保护制度,预防和惩治侵害个人信息权益的行为,加强个人信息保护宣传教育,推动形成政府、企业、相关社会组织、公众共同参与个人信息保护的良好环境。”

4. 检察机关职能的针对性、有效性。首先,检察机关是保护公共利益的重要力量,同样适合于对个人信息所涉及的公共利益案件的办理;其次,检察机关是国家的法律监督机关,其既可以监督司法活动,也可以依法监督执法活动,适合于在个人信息案件中监督各相关机关,调动各相关职能,实现对个人信息的共同保护;再次,“四大检察”虽然职能有分工,但其又是有体系性的;最后,“四大检察”能够相互协作、配合,发挥整体的效能。就此而言,也契合个人信息保护的特点。

5. 协同保护的优越性。“四大检察”职能有交汇点,比如对公共利益的保护。

个人信息保护具备调动“四大检察”协同保护的聚焦点,协同保护能够提升保护效率,从外部而言可以促进提高个人信息保护的整体效应,从内部而言可以促进案件办理和监督效果的提升。同时,对个人信息的“四大检察”协同保护,有助于个人信息保护专门化、专业化检察的建设,反过来会进一步推动个人信息保护力度。

另外,应该看到“四大检察”职能有重叠部分,如果单独适用各项检察职能,则有产生内容冲突之虞,这在检察实践中已有发生。如刑事责任中的“追缴财产”责任形式,公益诉讼能否适用?又如,一般民事责任和公益损害责任中都有“赔偿损失”,那么民事责任和公益损害责任如何区分?再如,私益损害和公益损害中都有“赔礼道歉”责任,其区别何在?还如,行政检察和行政公益诉讼检察常用的监督方式都是制发检察建议,有无区分?同时,程序问题也不可忽视,如刑事附带民事公益诉讼程序是刑事程序、民事程序还是公益诉讼程序?等等。凡此种种,如果从“四大检察”协同的角度处理,问题就会迎刃而解。

(二)协同保护的实践

检察职能协同发展的需要,伴随公益诉讼检察职能的确立而凸显出来。在最高人民检察院发布的公益诉讼指导性案例或典型案例中,涉及不同检察职能协同的情况比较常见。如 2021 年 4 月 22 日最高人民检察院发布的检察机关个人信息保护公益诉讼典型案例中的广东省湛江经济技术开发区人民检察院督促保护银行客户信息行政公益诉讼案,是和刑事程序衔接的;广东省惠州市人民检察院督促整治违法采集消费者生物识别信息行政公益诉讼案,是和行政磋商程序衔接的;河南省固始县人民检察院督促保护公民个人信息行政公益诉讼案,也是和刑事程序衔接的;河北省保定市人民检察院诉张某东等 65 人侵害公民隐私权民事公益诉讼案、江苏省泰州市高港区人民检察院诉钟某某等 11 人侵犯公民个人信息刑事附带民事公益诉讼案,运用的都是刑事附带民事公益诉讼程序。

检察职能协同办案动用了多种检察职能,无疑是程序和工作创新。但存在的问题是:案件分开(分阶段)办理常见,且过于倚重刑事检察,一体化检察职能运用不充分,检察职能融合不够。

(三)从“四大检察”协同保护到融合发展

1. 融合发展比协同保护具有更高质效。融合发展和协同保护所不同的是,前者更强调职能行使的一体化,而后者含义宽泛,只要是检察职能之间能够提供协助的,都可以视为协同。“四大检察”融合发展,能促进不同检察职能的联系更紧密,保护效率更高。融合发展的情形下,也能进一步理顺检察职能的关系,更有利于实现对个人信息的保护,更体现《个人信息保护法》的价值。

2. 融合发展具备法律适用基础。“四大检察”职能本身是一种分工,融合发展需要具备检察职能基础和法律适用基础。上文我们分析了检察职能基础,而就法律适用基础而言,《民法典》的诞生起到了补缺的作用。《民法典》不但具备体系性,而且具有贯通性。《民法典》的贯通性,非常重要的一个方面是其实现了法律适用上从民事法律到行政法律、刑事法律的延伸。鉴于新时期社会活动的复杂性,民事法律行为越界,同时触犯行政法律、刑事法律的情况越来越普遍,既需要民事法律调整,也需要其他法律发挥作用,《民法典》对此以“引致”条款的方式应对,打通了法律适用的壁垒,也给检察职能的一体化运用创造了条件。而《个人信息保护法》更加细化了对个人信息民事、行政、刑事三位一体、相互衔接的保护,更加有助于个人信息保护上“四大检察”的融合发展。

3. 融合发展需要机制建设。机制建设需要解决以下三方面问题:一是以《民法典》为契机,研究相关民事权利的一体化检察保护领域。个人信息保护领域,是比较适合检察职能融合保护的。二是打破基于现有检察职能的机构分设,成立“四检合一”的专门机构或者专班。就个人信息保护而言,可以成立专班办案。三是优化基于对个人信息“四大检察”融合保护的管辖制度,优化案件办理流程。

同时,“四大检察”融合发展需要注意防止检察职能混同、刑民不分的情况出现。2020 年 5 月 29 日习近平总书记在中央政治局就“切实实施民法典”举行的第二十次集体学习时指出,要加强民事检察工作,加强对司法活动的监督,畅通司法救济渠道,保护公民、法人和其他组织合法权益,坚决防止以刑事案件名义插手民事纠纷、经济纠纷。

(四)个人信息保护的公益诉讼

1. 从“等”外探索到正式立法

检察机关一直重视运用公益诉讼检察职能保护个人信息。2018 年 11 月,最高人民检察院张军检察长在第五届世界互联网大会的“大数据时代的个人信息保护”分论坛上的专题发言指出,探索个人信息保护领域的民事、行政、公益诉讼检察工作,促进全方位司法保护。对个人信息保护领域裁判确有错误的民事、行政判决裁定,依法提出抗诉或检察建议。同时,探索对侵害众多公民个人信息权的行为,以及相关行政机关违法行使职权或者不作为致使众多公民个人信息被侵害的,提起公益诉讼。此后,很多检察机关开展了保护个人信息公益诉讼的积极探索,取得了较好的效果。①

最高人民法院《关于审理使用人脸识别技术处理个人信息相关民事案件适用法律若干问题的规定》第 14 条规定:“信息处理者处理人脸信息的行为符合民事诉讼法第五十五条、消费者权益保护法第四十七条或者其他法律关于民事公益诉讼的相关规定,法律规定的机关和有关组织提起民事公益诉讼的,人民法院应予受理。”

中共中央《关于加强新时代检察机关法律监督工作的意见》要求检察机关探索办理安全生产、公共卫生、妇女及残疾人权益保护、个人信息保护、文物和文化遗产保护等领域公益损害案件,总结实践经验,完善相关立法。

《个人信息保护法》第 70 条规定:“个人信息处理者违反本法规定处理个人信息,侵害众多个人的权益的,人民检察院、法律规定的消费者组织和由国家网信部门确定的组织可以依法向人民法院提起诉讼。”至此,保护个人信息的检察公益诉讼有了明确的法律依据。最高人民检察院在《关于贯彻执行个人信息保护法推进个人信息保护公益诉讼检察工作的通知》中明确要求,各级检察机关根据《个人信息保护法》有关规定,在履行公益诉讼检察职责时应当突出重点、从严把握以下方面:生物识别、宗教信仰、特殊身份、医疗健康、金融账号、行踪轨迹等敏感个人信息应当严格保护;儿童、妇女、残疾人、老年人、军人等特殊群体的个人信息需要特别保护;教育、医疗、就业、养老、消费等重点领域处理的个人信息,以及处理 100 万人以上的大规模个人信息应当重点保护;对因时间、空间等联结形成的特定对象的个人信息加强精准保护。

2. 建议探索路径

鉴于个人信息保护的检察公益诉讼工作刚刚起步,可以相对集中于消费领域的个人信息侵害,同时以《消费者权益保护法》等法律作为依据,增加可操作性。鉴于提起诉讼面临的问题较多,法律供给依然不足,诉前程序能较好实现双赢多赢共赢的目标,因此应更重视诉前程序的作用发挥。侵害个人信息比较严重的情况多发生在网络环境中,证据形式特殊,应当及时固定证据。收集证据应当发挥技术人员的作用,在办案人员组成中,注意邀请技术人员加入。

---

① 参见《张军在第五届世界互联网大会“大数据时代的个人信息保护”分论坛上的专题发言》,载人民网,http://media.people.com.cn/n1/2018/1108/c14677-30388773.html。

结　语

个人信息权益作为民事权益具有结构性的特征,由自身的人格权益和带有专门性特点的请求保护的权利组成。个人信息保护以《民法典》为基础,以《个人信息保护法》为本位,同时融通其他相关法律、法规的相关规定进行,反映个人信息法律规制的系统性和法律责任的复合性。这些特点契合适用"四大检察"协同保护,并进一步实现融合发展。个人信息保护是当今社会热点,值得进行"四大检察"融合保护的探索实践,这也为"四大检察"融合发展提供了一块很好的试验田。